Ulli Kammigan

Quer durchs Herz – Ein Leben in Hamburg-Niendorf

AF200994

Ulli Kammigan

Quer durchs Herz

Ein Leben in Hamburg-Niendorf

Unser Haus im Ohmoor 43 in den 60er-Jahren
(im Hintergrund: das kleine Häuschen von Oma
Christine)

Bibliografische Informationen der Deutschen Nationalbibliothek:
Die Deutsche Nationalbibliothek verzeichnet diese Publikation in der Deutschen Nationalbibliografie. Detaillierte bibliografischen Daten über www.dnb.de im Internet abrufbar

Impressum
© Ulli Kammigan 2020 »Quer durchs Herz«
Erste unveröffentlichte Auflage 2012
www.ulli-kammigan.de
Lektorat/Korrektorat: Angela Hochwimmer
Satz: Ulli Kammigan
Coverfoto: © Ulli Kammigan
Das Bild auf der Rückseite ist eine Bleistiftzeichnung meiner Tochter Ilka aus dem Jahre 2002
Herstellung und Verlag: BoD – Books on Demand, Norderstedt
ISBN 978-3-75041-258-3

Inhalt

Mein Dank gilt vor allem Katja Sengelmann, die mir wertvolle Tipps zum Schreiben gegeben hat, und meinen Freunden Axel, Mecki, Piet und Robert, die mit »Weißt du noch, Kämmi …?« dazu beigetragen haben, etliche Erinnerungslücken zu schließen.

Vorwort zur erweiterten Auflage

In dieser überarbeiteten Auflage habe ich die Namen einiger Personen und gelegentlich die ihnen zugeordneten Texte so verändert, dass eine Identifizierung für Außenstehende schwierig ist. Ich kann natürlich alles verändern und dem Leser mit erfundenen Geschichten die Hucke voll lügen. Dann bin ich auf der sicheren Seite. Doch das will ich nicht. Also gehe ich das Risiko ein, dass sich Personen trotzdem hierin wiederfinden.

Das, was ich geschrieben habe, ist meine subjektive Sicht der Dinge und die muss nicht die richtige sein. Menschen, die hierin vorkommen und sich wiedererkennen, obwohl ich die Namen geändert habe, haben möglicherweise eine andere Sicht.

Ich habe mich bemüht, alles so aufzuschreiben, wie ich es empfunden und erlebt habe. Es gibt einige wenige Begebenheiten, die von mir so geschildert wurden, wie sie hätten sein können, aber vielleicht nicht genauso waren, weil ich nicht selbst dabei war. Ich habe meine Biografiekursleiterin im Ohr, die sagte: »Mensch, Ulli, das ist der Hammer, das musst du unbedingt ausbauen.«

Ulli Kammigan, im Herbst 2014

Else und Paul

Als ich geboren wurde, war es eine Katastrophe für Hamburg.

Also schaffte man mich, noch fest eingebaut im Bauch meiner Mutter, in ein außerhalb der Stadt gelegenes, aber der Stadt gehörendes Krankenhaus. Hier ging die Entbindung relativ störungsfrei vor sich, während die Engländer kurz vorher ihr hoch explosives Eisen auf Hamburg abgeworfen hatten und etliche Stadtteile in Schutt und Asche legten. Es war September 1943 und sie nannten ihre Altmetallentsorgung *Unternehmen Gomorrha*.

Womit dann auch geklärt ist, dass es weniger meine Geburt war, die für Hamburg eine Katastrophe bedeutete, sondern dass sich die Katastrophe unabhängig von meiner Geburt kurz vorher über Hamburg abgespielt hatte.

Doch dieses Drama muss ich mir so sehr zu Herzen genommen haben, dass ich prompt mit einem Herzfehler zur Welt kam und länger als geplant im Hamburger Krankenhaus in Wintermoor in der Lüneburger Heide verbringen musste. Die damalige Medizin traute sich noch nicht, an Babyherzen herumzuoperieren. Christiaan Barnard war gerade 20 und hatte noch nicht einmal sein Medizinstudium angefangen. Er brauchte schließlich noch 24 Jahre, bis er in der Lage war, die erste Herztransplantation auszuführen. Also schüttelte man ob meines Daseins nur den Kopf und betete zum Hakenkreuz (das ist das Ding, was damals für viele Menschen Gott ersetzte), dass sich das Loch in der Herzkammer von allein schließen würde. Das tat es denn auch, obwohl Gott in meiner Familie nicht sonderlich angesagt war und das Hakenkreuz noch weniger. Denn schließlich war der Mann, den fast alle für meinen Vater hielten, überzeugter Kommunist und daher natürlich auch Atheist. Und da er zu der Zeit gerade einmal nicht im KoLaFu (Konzentrationslager Fuhlsbüttel) saß, wurde ich nicht Florian genannt, wie es meine Mutter gern gehabt hätte, sondern Ulrich, nach dem berühmten adligen Kämpfer gegen Staat und Kirche, Lutherfreund und Obrigkeitsfeind Ulrich von Hutten. Meine Mutter allerdings war in diesen Dingen nicht so bewandert und war der irrigen Meinung, dass der Name Ulrich grundsätzlich mit Doppel-*l* geschrieben würde. Also hieß ich fortan *Ullrich*.

Ich wurde daher mit einiger Verspätung in den Kreis der Familie in Hamburg-Dulsberg in der Tonndorfer Straße aufgenommen.

Diese Familie bestand neben meiner Mutter Else aus Franz Kammigan, ihrem Mann, dem Kommunisten, meinen beiden zehn und acht Jahre älteren Schwestern Ursula und Elke und meinem vier Jahre vorher geborenen Bruder Thomas, benannt nach Thomas Müntzer, Ur-Christ mit kommunistischem Gedankengut, ebenfalls zu Luthers Zeiten. Dann gab es noch Paul. Paul hieß mit vollständigem Namen Paul Seytres und war, wie man unschwer dem Namen entnehmen kann, Franzose. Was macht, fragt man sich da, ein Franzose, damals Erzfeind des Nazi-Deutschlands, in einer Hamburger Familie, deren Familienoberhaupt aktiv gegen Hitler und sein faschistisches Regime agitierte und zwei KZ-Aufenthalte überlebte? Franz Kammigan wurde aus dem zweiten Aufenthalt im KolaFu nur entlassen, weil man ihm nichts nachweisen konnte. Meine Großmutter hatte eine Vervielfältigungsmaschine zum Herstellen von Flugblättern rechtzeitig im Niendorfer Moor, dem Ohemoor versenkt. Und dann brauchte man ihn, denn er war nach langer Arbeitslosigkeit in einer verantwortungsvollen Position als Chemotechniker, so hieß das damals, bei der Hamburger Firma Kopperschmidt angestellt, einer Firma, die in Hamburg Farben herstellte und im Südschwarzwald in unterirdischen Anlagen Flugzeugkanzeln aus Plexiglas.

Nun, was der Franzose Paul alles so machte, wird der Leser vielleicht schon vermuten, aber eigentlich sollte er malen. Er war nämlich als Kriegsgefangener einer Malerfirma zugeteilt, bei der er tagsüber arbeiten musste. Und da unsere Wohnung nach einem Bombeneinschlag im Nachbarhaus Ende 1942 stark renovierungsbedürftig war, hatte der Hausbesitzer eben diese Malerfirma beauftragt, das Heim meiner Familie wieder wohnlich herzurichten. Also malte Paul nicht nur, sondern machte sich auch sonst unentbehrlich und half in der Familie, wo er nur konnte.
Wer also glaubt, Konrad Adenauer und Charles de Gaulle hätten die deutsch-französische Freundschaft begründet, der irrt. Es waren vielmehr Else und Paul,

nur durfte das zu der damaligen Zeit keiner wissen. Natürlich wusste Franz davon, aber als überzeugter Kommunist hielt auch er selbst nicht viel – eigentlich gar nichts – von ehelicher Treue. Die Einstellungen von Franz und wohl auch von Else zur Ehe entsprachen ganz denen, die von den Kommunisten der zwanziger Jahre propagiert worden waren.

Nachdem die Ärzte des Krankenhauses in Wintermoor mir die Transportfähigkeit bescheinigt hatten, nahm ich also meinen Platz als siebentes Familienmitglied in der Tonndorfer Straße ein, die heute Bredstedter Straße heißt.

Doch Pauls und mein Gastspiel im halb zerstörten Hamburg war nur ein kurzes.

Paul haute ab nach Frankreich, wo er mit heimlicher Unterstützung von Franz und Else heil ankam, und Franz wurde von der Firma Kopperschmidt in den Südschwarzwald versetzt.

Mit drei Monaten gelangte ich in ein kleines Kaff mit Namen Aulfingen. Dort wohnte die Familie vorübergehend im Rathaus über der Wohnung des Bürgermeisters, denn auch in kleinen Kaffs im Südschwarzwald herrschte Wohnungsmangel. Franz mietete einen Dachboden in einem Bauernhaus und baute ihn zu einer Wohnung aus; er war nämlich nicht nur künstlerisch begabt, wie Hunderte von Aquarellen, Ölzeichnungen und Linolschnitten bewiesen, sondern auch handwerklich sehr geschickt.

Hier, im Süden des Schwarzwaldes, verbrachte ich die meiste Zeit im Kinderwagen, der ununterbrochen draußen vor der Tür stand, wenn man den unzähligen kleinen Schwarzweißfotografien Glauben schenken darf. Dieser Wagen nebst Inhalt blieb sogar draußen vor der Tür als die Engländer Tieffliegerangriffe auf die benachbarte Bahnlinie flogen. Meine älteste Schwester war vor lauter Angst ins Haus geflüchtet und hatte mich schlicht vergessen, was ihr einen mächtigen Rüffel von ihrem Vater einbrachte. Vielleicht dachte sie auch, dieses nervende, weil ewig plärrende, kleine Monster könne gut einmal ein bisschen Krach von außerhalb ab.

Hier lernte ich auch laufen und natürlich sprechen. Offenbar hatten mich dabei all die *Tanten* und *Onkel*, die ständig in den Kinderwagen hereinguckten und in Entzückensschreie ausbrachen wegen des ach so niedlichen Buben mit den wunderschönen dunklen Locken, mehr beeindruckt als die eigene Sippe, denn ich sprach bald reines Schwäbisch, ganz im Gegensatz zu dem Rest der Familie, die ihre hamburgische Herkunft nicht verleugnen konnte.

Dann war der Krieg zu Ende, von dem ich eigentlich gar nichts mitbekommen hatte, jedenfalls nicht bewusst.

Als die französischen Panzer vorrückten, überredete Franz Kammigan den Pfarrer und den Bürgermeister des Dorfes, mit denen er befreundet war, die weiße Fahne der Kapitulation zu hissen, obwohl in den umliegenden Wäldern sich noch Verbände der SS aufhielten. Somit war es ihm zu verdanken, dass der Ort vor größerem Schaden bewahrt blieb.

Französische Panzer zogen durch das Dorf und die Vorhänge mussten geschlossen bleiben.

Irgendeine hysterische Frau rannte in einem schwarzen Armeemantel über die Straße und wurde prompt erschossen, weil man sie für einen deutschen Soldaten gehalten hatte.

Die Besatzungssoldaten inspizierten auch unsere Wohnung, nahmen ein paar Kleinigkeiten mit, für die man in der Kommandantur Verwendung hatte, aber ließen uns im Wesentlichen in Ruhe.

Aus Erzählungen meiner Familie weiß ich, dass es nun mit der Nahrungsmittelversorgung knapp wurde.

Meine Geschwister sammelten mit ihrem Vater Holz und Tannenzapfen in den umliegenden Wäldern sowie Bucheckern und Pilze, die Mutti dann trocknete, um sie später zu Mahlzeiten zu verarbeiten.

Bei den Bauern wurde mit angepackt, man half bei der Kartoffelernte und sammelte im Sommer die Reste der Ähren auf den Feldern. Elke ging bei den Bauern betteln und nahm auch gelegentlich ihren Bruder Thomas mit. Sie kam fast immer mit etwas zum Essen nach Hause ganz im Gegensatz zu ihrer älteren Schwester, die leer ausging. Sie bekam so gut wie nie etwas von den Bauern; ihr fehlte einfach das Talent zum Hamstern, so nannte man damals das Betteln bei den Bauern. Irgendwie gab es also immer etwas zu essen und die große Not, wie sie zum Beispiel die Hamburger erlebten, litten wir nicht.

Der Schwarzwald gehörte dann zu der französischen Besatzungszone und meine zweite Feindberührung bestand darin, dass mir ein schwarzer Mann liebevoll über den Kopf strich. Er war einer der französischen Besatzungssoldaten aus Afrika, denen der Ruf vorausging, ausgesprochen kinderlieb zu sein. An die erste *Feindberührung* hatte ich naturgemäß keine Erinnerung, fand sie doch exakt neun Monate vor meiner Geburt statt.

Nach vier Jahren übersiedelte die Familie in den benachbarten Ort Blumberg, mit dem sich meine zweiten eigenen Erinnerungen verbinden. Die ersten sollten erst sehr viel später wieder auftauchen, als ich bereits 15 Jahre alt war und mit der Schulklasse einen der ersten Antikriegsfilme des Nachkriegsdeutschlands ansah. Aber dazu komme ich später.

Mit Blumberg verbinde ich Baden, Schlittenfahren und karierte Tischdecken. Baden war überhaupt nicht mein Ding. Erstens musste ich mindestens zwanzig Minuten mit meinen Geschwistern zu der Badestelle an der Wutach gehen, in einem Tempo, das meine Geschwister bestimmten, und zweitens konnte ich der Badestelle überhaupt nichts abgewinnen. Es fehlte ihr einfach der gewohnte Badewannenrand aus Zink mit Griffen zum Festhalten, und das Wasser hatte eine Temperatur, die weit unter meiner Wohlfühlgrenze lag. Ich galt folglich als extrem wasserscheu.

Schlittenfahren war da schon eher meine Sache. Es gab den Buchberg und den Eichberg und im Winter immer Schnee. Vom Buchberg konnte man durch den *kleinen Weg* bis fast vors Haus rodeln. Man überquerte dabei zwar zwei Straßen, aber die Wahrscheinlichkeit, dass hier eines der fünf Autos vorbeikam, die die Blumberger Bevölkerung ihr Eigen nannte, war außerordentlich gering.

Besonders angesagt war es, lange Schlittenketten zu bilden. Dazu musste man sich bäuchlings auf den Schlitten legen und sich mit den Füßen seitwärts in die beiden vorderen Kufenbögen des nachfolgenden Schlittens einhaken. Diese Methode hätte jeden Orthopäden oder Unfallchirurgen in Entzücken versetzt, versprach sie ihm doch immense Verdienstmöglichkeiten. Aber, soweit ich mich erinnern kann, kamen dabei nur ein paar Schlitten zu Schaden.

Die karierten Tischdecken waren nicht nur Tischdecken und Sesselbezüge, sondern auch Fenstervorhänge und alles Mögliche, was an Stoffteilen so in einer Wohnung herumhängt, einschließlich der Schürzen meiner Mutter. Die Kammigans mussten wohl gerade ihre karierte Phase durchmachen, zwar nicht kleinkariert, aber immerhin kariert, und da ich noch recht kurz war, flatterte das alles in meiner Augenhöhe herum.

Franz Kammigan war dann damit beschäftigt, die Blumberger KPD zu gründen, und dabei tauchte irgendwann Liesel auf. Liesel war jünger als meine Mutter und wohnte bei uns. Bald trat ich mit meinen kleinen Kinderfüßen heftig ins Fettnäpfchen. Ich deutete nämlich vor versammelter Familienmannschaft auf ihren schon leicht angeschwollenen Bauch und fragte, ob da ein Kind drin sei. Mein älterer Bruder hatte mir irgend so etwas gesteckt. Ich konnte anschließend weder die Aufregung verstehen noch die Ermahnung, dass man solche Fragen nicht stellt, und am wenigsten konnte ich verstehen, dass mein Bruder stinkesauer auf mich war, weil er eine Tracht Prügel bezogen hatte.

Liesel war zwar nicht die Erste, die auftauchte; es gab da vorher schon Brummelchen, Inge, Ti und Hänschen, lauter Labormiezen der noch existierenden Farbenfabrik, in der Franz Kammigan in verantwortlicher Position stand, wohl ganz besonders den jungen Laborantinnen gegenüber. Aber sie war die Erste, deren Bauch schwoll.

Es dauerte noch einige Monate, dann brachte Liesel Heiko zur Welt, und Franz und Else ließen sich scheiden. Es war Frühjahr 1949, man teilte die vier Kinder unter sich auf, und es begann der soziale Abstieg. Die neu gegründete Bundesrepublik hatte für Kommunisten keine Verwendung, und die Arbeitslosigkeit von Franz, der inzwischen Liesel geheiratet hatte, bestimmte die nächsten Jahre das Leben von Liesel, meinen beiden Schwestern, und schließlich das von Heiko und Kai, den Kindern von Franz und Liesel. Kai wurde etwa zwei Jahre nach Heiko geboren.

Else, mit dem Makel einer geschiedenen Frau behaftet, und das war zu der Zeit ein großer Makel, setzte sich, Thomas und mich in die Eisenbahn und fuhr zurück nach Hamburg zu ihren Eltern Johannes und Christine Kettner in Hamburg-Niendorf, in den Wikingerweg 55. Hier am Rande des Ohemoores sollte ich meine gesamte Kindheit, ja, sogar fast mein ganzes Leben verbringen.

Oma Christine

Auch Else war erst einmal arbeitslos. Sie hatte zwar einen richtigen Beruf gelernt; sie war Buchhalterin, aber der Arbeitsmarkt lag 1949 danieder. Und eine Frau mit zwei kleinen Gören und ohne Mann war für jeden Arbeitgeber ein Albtraum. Also lebte Else mit uns beiden Jungs und Oma Christine von dem kärglichen Gehalt, das Opa Johannes als Krankenpfleger im Hafenkrankenhaus bezog. Aber immerhin gab es da ein großes Grundstück voller Obstbäume und Gemüsebeete und ein winzig kleines Häuschen, das noch Franz Kammigan in den 30er-Jahren mit aufgebaut hatte.

Oma Christine, schon über sechzig, war nicht gerade begeistert über den Familienzuwachs. Zumal sie immer noch große Stücke auf Franz Kammigan hielt, der schließlich ihr Eigenheim gebaut hatte. Er hatte es zwar nicht allein getan, ihr Sohn Carl, unser Onkel Calli, der zwei Jahre jüngere Bruder meiner Mutter, hatte ebenfalls dazu beigetragen. Schließlich hatte er den Beruf des Architekten erlernt. Aber das vergaß sie. Ebenso verdrängte sie die Tatsache, dass beim Bau des Hauses, aus Mangel an Bausand und Geld, der Zement mit dem extrem feinkörnigen schneeweißen Sand, der sich in etwa zweieinhalb Metern Tiefe überall unter dem Grundstück befand, zu Mörtel vermischt wurde. Die Folge war, dass wir uns im Giebelbereich möglichst nicht gegen die Wand lehnen durften. Es konnte passieren, dass man ein paar Ziegelsteine durch die Wand nach außen schob.

Christine war also nicht gut auf ihre Tochter, auf uns beiden Jungen und überhaupt auf alle und jeden, darunter auch ihren Mann Johannes, zu sprechen. Möglicherweise lag das an ihrer ausgesprochen miserablen Kindheit.

Sie wurde am 21. Dezember 1887 geboren. Als zweites Kind einer Familie von elf Kindern, eigentlich dreizehn, denn zwei waren schon frühzeitig gestorben, hatte sie bereits als junges Mädchen die Betreuung sämtlicher Geschwister übernehmen müssen. Ihre Mutter, Friederike Johanne Luise Sophie Schwenke, geborene Schramm, war als Köksch, das ist die norddeutsche Bezeichnung für eine Küchenmagd, bei feinen Herrschaften angestellt, die sich entschlossen, nach Amerika auszuwandern. Friederike packte die Gelegenheit beim Schopfe und wanderte mit. Zurück blieben zehn Kinder und ein Mann, der, obwohl er *nur* ein einfacher Schuster war, furchtbar vornehm tat, weswegen er auch überall im Stadtteil der *Lord von Hoheluft* hieß. In Wirklichkeit aber war er ein rechter Tunichtgut, der sich um nichts kümmerte, vor allem nicht um seine zehn Kinder.

Friederike war durchaus keine Rabenmutter. Sie stellte sich vor, im Land der unbegrenzten Möglichkeiten genau das große Geld zu machen, das ihr Mann immer vorgab zu besitzen, und dann die Familie nachkommen zu lassen. Kurz gesagt: Sie kam nicht dazu, großes Geld zu machen, weil sie unter entsetzlichem Heimweh litt. Stattdessen kehrte sie wenig später reich an Erfahrungen, aber arm wie eine Kirchenmaus in den Schoß der Familie zurück. Die Herrschaften hatten ihr die Rückfahrt bezahlt. Der Lord vom Hoheluft war darüber so erfreut, dass kurz darauf auch das elfte Kind, meine mir wohl bekannte Tante, eigentlich Großtante *Mauschi* geboren wurde.

Christine musste also die Familie zusammenhalten. Da gab es zwar noch ihre ältere Schwester Agnes, aber Agnes hatte es geschickt verstanden, die Last der Verantwortung auf Christines schmale Schultern abzuwälzen, indem sie sich flugs nach Dänemark abgesetzt hatte, um dort einen Dänen namens Anton Hojberg zu heiraten.

Großtante Agnes entwickelte sich später zu meiner Lieblingstante. Sie kam immer einmal zu Besuch nach Niendorf, manchmal allein, denn ihr Mann Anton war schon frühzeitig verstorben, manchmal mit ihrer Tochter Karla, die dicke Zigarren rauchte, und ihrem verzogenen Enkelkind Hans, genannt Hansemann. Gelegentlich kam auch ihr Sohn Herbert mit Frau und seinen zwei Mädchen auf dem Motorrad mit Beiwagen aus Dänemark auf dem Weg nach Italien vorbei.

Tante Agnes war anders als Oma und alle ihre Geschwister und Brüder, die beide Kriege überlebt hatten.

Sie war gütig. Und sie war natürlich für mich exotisch, denn sie sprach mit stark dänischem Akzent. Sie erzählte uns nie, wie gut wir es doch hätten und wie schwer sie es als Kind gehabt habe, wie wir es nur zu oft von Tante Mimi, Mauschi, Manda und Onkel Ernst vorgebetet bekamen.

Tante Agnes war so, wie ich mir meine Oma immer gewünscht hätte. Sie konnte lachen. Ich kann mich nicht erinnern, jemals Oma Christine oder eines ihrer Geschwister lachen gesehen zu haben.

Tante Agnes verzog ihr Enkelkind, und wenn Oma Christine sich wieder über uns Kinder aufregte, höre ich noch heute Tante Agnes und ihr »Noo, Christine, lass mal gut sein«, was sie mit dänischem Akzent aussprach.

Sie lud mich ein nach Kopenhagen. Als ich vierzehn war, fuhr ich in den Sommerferien mit dem Fahrrad zu ihr und übernachtete unterwegs in Jugendherbergen. Sie zeigte mir Kopenhagen und wir hatten eine herrliche Zeit miteinander.

Leider starb sie einige Jahre später.

Doch zurück zu unserer Ankunft aus dem Schwarzwald im Frühjahr 1949.

Es wurde eng in dem kleinen Haus am Rande des Ohemoores. Christine, im Erziehen von Kindern nach den Idealen des auslaufenden neunzehnten Jahrhunderts wohl geübt, machte sich daran, uns, besonders aber meinen inzwischen zehn Jahre alten Bruder, zu drangsalieren. Unser Pech war, dass ein halbes Jahr nach unserer Ankunft in Hamburg ihr Mann starb, der bis dahin als Opfer ihrer nicht verarbeiteten Kindheit hergehalten hatte, wie mir viele Jahre später die Nachbarin, Frau Apel, erzählte. Oma hackte ständig auf ihm herum, und er konnte ihr nichts recht machen.

Christines allererste Erziehungsprämisse war, dass Kinder im Garten zu arbeiten hatten, und der Garten war groß: Etwa zweitausend Quadratmeter von ihr und Johannes im Schweiße ihrer beider Angesichte, wie wir hundertfach zu hören bekamen, urbar gemachtes Land, mit Obstbäumen und Büschen und voller Bohnen-, Erbsen-, Karotten-, Kohl- und anderer Gemüsebeete und dazu zirka eintausend Quadratmeter wildes Heideland. Die Grenze zur Straße bildete ein alter Holzlattenzaun. Eine Holzpforte mit dem Adressschild *Johs Kettner* – Johannes Kettner darauf zu schreiben, war wohl zu teuer gewesen – führte auf einen zirka 50 Meter langen Sandweg, der zu beiden Seiten von einer Bodendeckerpflanze, etwa zehn Zentimeter breit, in schnurgerader Linie begrenzt wurde. Dieser Weg knickte vor dem kleinen Haus nach rechts ab und führte dann an der Terrasse vor der Veranda vorbei bis hinters Haus zu den beiden Schuppen.

Gleich hinter dem Gartenzaun stand auf der linken Seite ein großer alter Kirschbaum, eine Glaskirsche. Dahinter folgten in größeren Abständen diverse Apfelbäume, eine Kochbirne, ein kleiner Quittenbaum und kurz vor dem kleinen Häuschen ein Birnbaum, dessen Früchte der Marke *Bürgermeister* ein besonderes Objekt meiner Begierde war. Rechts von der Pforte begann der Garten mit einem Feld für Kartoffeln. Dahinter folgten an der rechten Grundstücksgrenze ein Süßkirschenbaum und eine Reihe von Sauerkirschen. Zwischen Weg und Baumreihe war wieder ein Feld zum Anpflanzen diverser Gemüse und Kohlsorten, das am Ende in ein Spargelbeet überging. Zum Haus hin versperrte ein großer Rhododendron die Sicht, dessen Ableger noch heute in meinem Garten als inzwischen große Büsche überlebt haben. Links und rechts von dem kleinen Haus wuchs Flieder, der auf der rechten Seite eine Laube umrahmte, die aber, soweit ich mich erinnern kann, nie benutzt wurde.

Ins Haus gelangte man durch einen Vorbau, eine nach allen Seiten geschlossene Veranda. Auf der Fensterbank rechts von der Tür begrüßte den Eintretenden jahrein jahraus Lieschen. Lieschen war außerordentlich fleißig, weshalb sie auch *Fleißiges Lieschen* hieß. Es war eine etwa einen halben Meter hohe, buschähnliche Pflanze, die ununterbrochen blühte.

Ich weiß von Bekannten, dass auch sie sich an eine solche Pflanze erinnern. Aber heute scheint es sie nicht mehr zu geben. Das was heute unter Bezeichnung Fleißiges Lieschen oder lateinisch Impatiens angeboten wird, ist eine kleine, mickrige und außerdem nur einjährige Pflanze.

Von der Veranda aus ging es links in einen kleinen Flur mit einer Garderobe. Hier drängelte sich auf dem Fensterbrett eine Unmenge von Topfpflanzen. Darunter Alpenveilchen, Sansevieria und ein hässliches Dickblattgewächs, das vielen unter der Bezeichnung Geldbaum bekannt ist, aber von Oma als *russische Eiche* bezeichnet wurde. Schließlich stand da noch das buschige

Schießblatt. Letzteres war eine Busch-Begonie, deren Klonkinder, also durch vegetative Vermehrung gezogene Ableger, sich noch heute auf der Fensterbank meines Arbeitszimmers langweilen.

Geradeaus vom Flur kam man in die gute Stube, in der nur ein Sofa, ein Tisch mit zwei Stühlen, ein kleines Buffet und ein Bord mit einem Volksempfänger aus der Nazizeit Platz hatten. In der Ecke hinter der Tür war der gusseiserne Bollerofen. Die Wand hinter dem Sofa verzierte ein Ölgemälde von Franz Kammigan, das eine Baumgruppe vor einem Wald während der Schneeschmelze zeigte, und über dem Büffet rechts hing in einem vergoldeten Rahmen ein Kunstdruck von Max Klinger: *die Elfe und der Bär.* Darauf war eine nackte Frau auf einem Baum zu sehen, die mit einem Stock einen Bären ärgerte. Das Bild faszinierte mich natürlich, während ich dem Franz Kammigan nichts abgewinnen konnte. Das Klingerbild hängt heute in meinem Wohnzimmer.

Durch die Tür zur Rechten betrat man vom Flur aus die kleine Küche mit dem damals üblichen großen Kohleherd mit Backofen und Messingstange rundherum. Von der rechten hinteren Seite der Küche gelangte man in eine Speisekammer. Sie bildete den hinteren Teil des Veranda-Anbaus. Gegenüber der Tür zur Speisekammer führte eine dritte Tür in die Kammer, in der Oma später ihr Bett hatte. Von dieser kleinen Kammer kletterte man über eine steile Leiter durch eine offene Luke unters Dach. Der Vorraum oben war völlig kahl. Man sah auf die Holzsparren und die Dachpfannen. Hier schlief ich eine Zeitlang auf einem Feldbett. Hinter einer richtigen Tür öffnete sich das eigentliche Schlafzimmer mit einem Fenster zur entfernten Straße hin. Das Zimmer war ebenfalls äußerst spartanisch eingerichtet. Zwei alte Holzbetten, in denen Thomas und Mutti schliefen, standen jeweils an den schrägen Seitenwänden. Neben beiden befand sich jeweils ein hoher Nachtschrank. Hinter der Tür hatte eine Waschkommode mit einer Marmorplatte und einem kleinen Marmoraufsatz Platz. Ein großer Porzellankrug mit Wasser und eine Schüssel dienten der morgendlichen Wäsche. Fließend Wasser hatten wir damals noch nicht. Das Wasser bezogen wir aus einer Gartenpumpe hinter dem Haus.

An das kleine Häuschen schloss ein noch kleinerer Hühnerstall an, mit einem Vorraum für Gartengeräte, Tierfutter, Kohlenlager und Plumpsklo. Abgetrennt davon war ein zweiter offener Stall, in dem die Kaninchen untergebracht waren. Die weiteren 50 Meter Gartenlänge waren wieder in Obstbäume und freie Flächen für Gemüse unterteilt.

Dahinter fing unsere Kinderwelt an: wildes Heide- und Torfland, dazwischen kleine Birken und Gestrüpp. Hier ging unser Grundstück auf der rechten Seite ohne sichtbare Grenze zum Nachbargrundstück der Familie Apel über. Hinter Apels Grundstück begann das Moor. Hier hätten wir uns wohl nur aufgehalten, wenn da nicht diese riesigen Flächen bestellbaren Landes auf Omas Grundstück gewesen wären, und die mussten

26

ständig von Unkraut freigehalten werden. Zum Unkrautjäten befand sie auch mich nicht zu klein; auch zum Jauche ausfahren kamen wir Kinder ihr gerade recht. Letzteres war das Schrecklichste, was wir uns vorstellen konnten. Das Plumpsklo im Schuppen hatte nämlich eine tiefe Grube, in die einmal im Jahr ein Wasserschlauch gehalten wurde, um die Brühe zu verdünnen. Dann wurden von unserem Leiterwagen die Seitenteile entfernt, sodass nur noch Deichsel, Räder und zwei Bodenbretter übrig blieben. Auf diese Bretter wurden drei Blecheimer gestellt, die mit einem kleinen Zinkeimer an einer langen Stange aus der Jauchegrube mit der stinkenden Brühe gefüllt wurden. Der Wagen wurde dann mit der herumschwappenden Flüssigkeit durch den Garten gezogen bis zu der Stelle, wo zuerst Christine allein, später mein Bruder, das Land unter den Obstbäumen umgrub. Dann wurde der Inhalt der Eimer in die jeweilige Grabefurche entleert. Mir war jedes Mal speiübel, aber die Äpfel-, Kirsch-, Pflaumen- und Zwetschgenbäume dankten es uns im Folgejahr mit Unmengen wurmzerfressener Früchte.

Auch die Obsternte hatte so ihre Tücken. Die Erntesaison wurde damit eröffnet, dass Thomas und ich je einen Korb in die Hand bekamen und das heruntergefallene, weil wurmstichige Obst aufsammelten. Großzügig erlaubte uns Oma Christine, davon zu essen. Wir durften sogar mit einem Messer die von einer kleinen weißen Made okkupierten Teile entfernen und dem Recycling, sprich: Kompost zuführen. Später pflückten wir sogar die Äpfel, Birnen, Pflaumen und Zwetschgen richtig vom Baum, die es wider Erwarten geschafft hatten, jeglichem Wurmbefall, Fäulnis, Sturm und anderen widrigen Umständen, wie Äpfelklauen, bis in den späten Herbst hinein zu widerstehen. Aber wehe, wenn wir die Frechheit besaßen, bei der Ernte oder später von diesem Obst zu essen! Es wurde säuberlich in Körben gelagert. Einen Teil verarbeitete Oma zu Mus, Suppe oder Kompott, oder es wurde eingemacht. Den nicht unbeträchtlichen Rest gab sie erst zum Verzehr frei, wenn auch er von der Fäulnis befallen war oder die Maden und Würmer ihr Domizil gewechselt hatten und sich voll Schadenfreude über die von Thomas und mir so heiß begehrten noch genießbaren Obstsorten hermachten.

Ein- oder zweimal in der Erntesaison erschien Onkel Calli, der Bruder von Mutti. Er inspizierte wohlwollend die im Schuppen lagernden Kisten mit Obst, und dann machte er etwas, was Thomas noch heute die Zornesröte ins Gesicht treibt, wenn wir uns zusammen daran erinnern. Er packte nämlich ein bis zwei Kisten Obst in den Beiwagen seines Motorrades und düste die zwei Kilometer ab nach Hause, nach Schnelsen, in die Oldesloer Straße. Oma ließ es zu, und Thomas war erbost, denn zum Obstpflücken hatte Onkel Calli natürlich nie Zeit. Er musste ja schwer in einem Architektenbüro arbeiten.

Oma wachte also mit Argusaugen über den gesamten Obstbestand, ob noch an den Bäumen hängend oder bereits im Schuppen lagernd. Doch diese scheinbar lückenlose Überwachung hatte eine Schwachstelle. Das war jeder zweite und dritte Dienstag im Monat. Dienstags pflegte Oma nämlich Skat zu spielen mit zwei Damen in ihrem Alter mit Namen Lina und Frau Kaiser, abwechselnd bei uns oder bei den Skatdamen zu Hause. An zwei dieser Dienstage war Oma also aushäusig. Folglich fielen auch immer genau dienstags Unmengen von Staren über die fast reifen Kirschen her, bis Thomas und ich Bauchschmerzen bekamen, und böse Äpfel-, Birnen- und Pflaumendiebe machten sich genau an diesen Tagen auf, um die Bäume zu besteigen und sich an dem Obst gütlich zu tun.

Unsere Neigung, fauliges und wurmzerfressenes Obst zu verzehren, nahm folglich rapide ab, und Oma hielt uns für undankbare Briten. *Brit* war bei ihr ein Synonym für Gauner, ungezogener Mensch, der nur *Fisimatenten* im Kopf hatte. Woher ersteres Schimpfwort stammt, ist leicht nachzuvollziehen, hatte sie doch zwei Weltkriege erlebt und nicht ganz bewältigt. Das letztere Wort ist den älteren Hamburgern durchaus geläufig, und ist ein Synonym für *Unsinn* machen. Es muss noch aus der napoleonischen Besatzungszeit Hamburgs stammen, als die schneidigen Franzosen die Hamburger Deerns aufforderten, »visitez ma tente«, vermutlich, um dort Fisimatenten zu machen. Christine hatte noch mehr solcher Verballhornungen der französischen Sprache auf Lager. So gab es zu besonderen Festtagen wie Weihnachten den köstlichen *Zitronenfrommasch*, den Thomas und ich, in völliger Unkenntnis jeglicher Fremdsprachen außer Plattdeutsch respektlos mit *Zitronen vorm Arsch* bezeichneten. Dies war nicht etwa, wie der Kenner der französischen Zunge vermutet, eine Art Käse, also *frommage*, sondern eine Cremespeise aus Zitronen, Zucker und geschlagenem Eiweiß.

Oma Christine bestimmte auch exakt die Mengen, die ein Kind an Essen zu sich zu nehmen hatte. Die Mahlzeiten, meistens irgendeine Gemüsezubereitung in einer Mehlpampe mit den Rohstoffen aus dem Garten, wurden uns beiden genau zugeteilt und mussten aufgegessen werden. Für Thomas war es in der Regel zu wenig, denn er befand sich zu dieser Zeit in einer starken Wachstumsphase und hatte daher ständig Hunger. Den versuchte er dadurch zu beheben, dass er heimlich Zucker aus der Zuckerdose verspeiste und dafür verprügelt wurde. Es war für uns unbegreiflich, wieso Oma sogar die Zuckermenge im Zuckertopf kontrollieren konnte.

Ich hatte genau das entgegengesetzte Problem mit der Nahrungsaufnahme. Ich hasste Gemüse. Es war schließlich dafür verantwortlich, dass ich zwischen diesem grässlichen Zeug Unkraut jäten musste, während meine Altersgenossen spielen konnten. Neben Rosenkohl, Blumenkohl und Spargel – wir hatten auch ein paar Spargelbeete, die besonderer Pflege bedurften – feindete ich mich besonders mit Wirsingkohl an. Der wurde mit Hammelfett zubereitet. Und weil ich lustlos und endlos auf meinem Teller herumstocherte, wurde das Zeug kalt. Wirsingkohl mit kaltem Hammeltalg führte zur endgültigen Feindschaft zwischen mir und allem, was Kohl heißt, bis auf den heutigen Tag.

Es gab hin und wieder auch Fleisch, besonders zu Festtagen. Wir hatten ja in den ersten Jahren noch Hühner, Kaninchen und sogar zwei Schafe. Doch genau dieses Fleisch war für mich gar kein richtiges. Ich mochte es nicht, genau so wenig wie das Gemüse aus dem Garten. Was die Schafe anging, so fand ich ihr Fett, nämlich Hammeltalg, im Wirsingkohl wieder. Grässlich! Siehe oben!

Hühnerfleisch mochte ich nur so lange, bis ich Thomas beim Schlachten helfen musste. Ich musste das Huhn an beiden Beinen halten und Thomas legte den Hals des Tieres auf den Hauklotz. Dann schlug er mit einem Beil zu. Mit Entsetzen nahm ich wahr, dass das Huhn auch ohne Kopf noch mit den Flügeln schlug und ließ erschreckt das Tier los. Das fiel auf seine Füße und rannte noch einige Meter durch die Gegend, bis es umfiel. Dieses *Störtebeker-Huhn* dann zu verzehren, empfand ich schon als Kannibalismus.

Zum Kaninchenschlachten kam Milchmann Timm. Ich musste zwar nicht beim Schlachten dabei sein, aber ich sah später das abgehäutete und ausgenommene Kaninchen im Schuppen hängen; das Kaninchen, welches ich vorher immer gestreichelt und mit Löwenzahn und Kartoffelschale gefüttert hatte. Also hatte auch Kaninchenfleisch bei mir keine Chance, als richtiges Fleisch durchzugehen.

Nicht nur Thomas, sondern auch ich wurde von Oma gelegentlich vermöbelt. Es kam zwar nicht oft vor, aber manchmal war ich einfach zu gierig und wartete nicht auf den Dienstag, um Obst von den eigenen Bäumen zu klauen. Wenn sie mich dann erwischte, gab es was mit dem Teppichklopfer auf den Hintern.

Ich schrie Zeter und Mordio und wollte Oma so deutlich machen, dass ich kurz vor dem Exitus stünde. In Wirklichkeit tat es nicht sonderlich weh. Oma hatte erstens nicht viel Kraft und zweitens schlug sie auf meine kurze Lederhose, die meinen Allerwertesten gut schützte. Aber ich durfte sie auf keinen Fall merken lassen, dass ihre Erziehungsmaßnahme keinen großen Eindruck auf mich machte.

Dass Kinder ein natürliches Bedürfnis zum Spielen mit anderen Kindern hatten, war für Christine nicht nachvollziehbar. Als ich später Freunde, unter anderem auch Schulfreunde hatte, bestand ein absolutes Verbot, diese fremden Kinder mit nach Hause oder auch nur aufs Grundstück zu bringen. Das Einzige, was sie tolerierte, war, dass diese fremden Gören den hinteren, noch wilden Teil des Grundstücks entweihten. Die Ausnahme von dieser Regel bildete Robert

Robert war mein erster Freund in Hamburg, den ich kurz nach unserer Ankunft aus Süddeutschland im Sommer 1949 kennenlernte. Er wohnte in derselben Straße, zwei Häuser weiter, das waren aber immerhin 200 Meter, denn neben uns war nur noch das Grundstück der Nachbarfamilie Apel. Dann kam Moor- und Heidelandschaft und schließlich das Grundstück, auf dem Robert mit seiner Oma hauste.

Mein neuer Freund war ein Jahr jünger als ich und konnte überhaupt nicht begreifen, wieso ich die meisten meiner Sätze mit einem *gell* beendete. Ich konnte ihm den Sinn dieses Nachsatzes auch nicht erklären: »Das war eben so, gell!« Überhaupt fand er meine Sprache etwas merkwürdig, war allerdings verblüfft darüber, dass er mich zum größten Teil verstehen konnte. Also stuften wir unsere Sprachbarriere als nicht unüberwindbar ein und wurden dicke Freunde, bis auf den heutigen Tag.

Robert lebte allein mit seiner Mutter und Oma, später nur mit der Oma, in einer noch kleineren Behausung als unsere. Aber sie war ebenfalls ein Haus aus Stein und bestand aus drei Räumen. Man betrat durch eine Haustür direkt die Küche. Hier stand an der Wand zum Wohnzimmer ein Kohleofen. Durch eine Tür gegenüber dem Eingang betrat man das kleine Wohnzimmer mit Schrank, Couch, Tisch, einer kleinen Kommode und einem Kachelofen. Durch eine zweite Tür gelangte man vom Wohnzimmer ins Schlafzimmer. Alle drei Räume lagen hintereinander und hatten je etwa acht Quadratmeter.

Das Klo war in einem Holzschuppen untergebracht, der bis zum Ende des Krieges als Wohnung gedient hatte, als es das Haus noch nicht gab. Im Garten hinter dem Haus war die Wasserpumpe. Das Grundwasser war stark eisenhaltig und daher immer etwas bräunlich und zum Kaffeekochen wenig geeignet. Das Kaffeewasser holte Robert, als er schon groß genug dafür war, in einem Eimer von den Nachbarn auf der anderen Seite der Straße. Deren Grundstück reichte nämlich bis zur nächsten Parallelstraße, die Erikastraße, und hatte von dort einen Wasseranschluss ans städtische Netz. Auch Roberts Grundstück von insgesamt dreitausend Quadratmetern bestand, wie unseres, im hinteren Teil aus Torf- und Heideland.

Tagsüber ging Robert in den Kindergarten am Niendorfer Kirchenweg, dem heutigen Behrenberg-Gossler-Haus, auch, als er bereits in der Schule war. Jeden Morgen brachte seine Mutter ihn dorthin und holte ihn abends wieder ab.

Später verschwand seine Mutter, erst in einen anderen Stadtteil, dann nach Schweden und England, und über einen Vater wurde erst gar nicht geredet. Seine Oma zog ihn also allein groß, und dafür arbeitete sie tagsüber in einer Fabrik, die Marzipan und Nougat herstellte.

Durch ihn, genauer durch seine Oma, lernte ich diese für mich bislang völlig unbekannten Köstlichkeiten in Form von Marzipan- und Nougat-Rohmasse kennen, jedenfalls um die Weihnachtszeit herum. Meine Verehrung für diese Frau, die außerdem immer freundlich zu mir war, kannte keine Grenzen. Außerdem hatte sie den Vorzug, zu den *alten Niendorfern* zu gehören, den einzigen Menschen, die von meiner Großmutter akzeptiert wurden. Und weil das so war, stimmte meine Oma einer Vereinbarung zu, nach der Robert nicht mehr in den schrecklichen Kindergarten gehen musste, sondern sich tagsüber bei uns aufhalten durfte. Da sie dieses fremde Kind ja nicht als Arbeitskraft im Garten einsetzen konnte, hatte auch ich mehr Möglichkeiten, dem Unkrautjäten zu entkommen.

Oma Christine war auf Grund ihrer eigenen harten Kindheit eine Frau mit festen Meinungen und Vorstellungen und stand nach dem Tode ihres Mannes vor der Aufgabe, den viel zu großen Garten entsprechend ihrer Vorstellungen in Schuss zu halten. Diese Vorstellungen waren detailliert; so hatte darin eine Rasenfläche nur einen sehr begrenzten Platz, nämlich etwa 50 Quadratmeter unmittelbar vor ihrem kleinen Häuschen. Die restlichen 1950 Quadratmeter mussten ständig von Unkraut freigehalten werden, umgegraben, geharkt, in Beete eingeteilt, gedüngt, bepflanzt, mit Samen oder Setzlingen versehen und überhaupt gepflegt werden. Sie selbst gönnte sich dabei keine Ruhe, und sie sah nicht wirklich ein, dass sie von zwei halbwüchsigen Jungen nicht immer das Gleiche erwarten durfte.

Irgendwann schritt meine Mutter ein. Ich war schon ein Schulkind von etwa 9 Jahren, als Oma mich vom Spiel auf dem hinteren Teil des Grundstücks zurückrief, weil ich das Stück unter dem Birnbaum von Unkraut befreien sollte. Ich hielt das natürlich für besonders unfair, da sie selbst mir kurz vorher die Erlaubnis zum Spielen erteilt hatte. Also sagte sie mir zu, dass ich, wenn ich das genau festgelegte Stück Land vom Unkraut befreit hätte, wieder zu meinen Freunden könne. Das war ein Wort. Ich legte mich mächtig ins Zeug und hatte meine Arbeit in einem Bruchteil der Zeit erledigt, die ich gewöhnlich dafür benötigte. Das hatte Oma nicht erwartet, zumal auch die Qualität der Unkrautvernichtung nichts zu wünschen übrig ließ. Dann machte sie einen schwerwiegenden Fehler. Sie verlangte nämlich von mir, nun noch ein weiteres Beet zu bearbeiten. Widerspruch war zwecklos. Mit Tränen vor Wut und Enttäuschung in den Augen begann ich unter ihrer Aufsicht mit der neuen Arbeit. Kaum war sie jedoch nach hinten verschwunden, lief ich fort. Ich lief ungefähr zwei Kilometer weit zu einem Schulfreund, bei dem ich ab und zu schon einmal gespielt hatte, erzählte unter Tränen die Geschichte, traf natürlich auf großes Verständnis, denn auch er hatte, wie die meisten meiner Schulkameraden, Angst vor der strengen alten Frau. Ich durfte mich auf seinem Grundstück verstecken. Dort blieb ich bis zum Abend, als mein Bruder kam und mich zurückholte.

Mein Verschwinden hatte zu Hause inzwischen für Aufregung gesorgt, insbesondere, als meine Mutter von der Arbeit nach Hause kam und von der Geschichte erfuhr. Da es aber nicht viele Möglichkeiten gab, wo ich hätte hingehen können, wurde Thomas beauftragt, alle diese Orte aufzusuchen und fand mich dann auch relativ schnell. Ich hatte natürlich Angst vor den Folgen meiner Flucht, insbesondere vor Omas Reaktion. Aber sie sagte kein Wort und ich wurde ins Bett geschickt.

An diesem Abend hatte Else einen heftigen Disput mit ihrer Mutter, der Konsequenzen haben sollte.

Sie machte ihr klar, dass das Spielen bei Kindern keine unnütze Zeitverschwendung, sondern wichtig war, unter anderem für die Entwicklung ihrer Fantasie.

Das konnte Oma gar nicht verstehen. Fantasie stand für sie auf der gleichen Ebene wie das Unkraut im Garten: zu nichts nütze. Aber sie gab ein bisschen nach, nur, um dem ständigen Streit mit ihrer Tochter zu entgehen.

Doch Oma konnte auch Fremden gegenüber richtig rabiat werden.

Es gibt aus dem Zeitraum zwischen meinem sechsten und elften Lebensjahr nur wenige Fotos von mir, so etwas wie einen Fotoapparat konnten wir uns natürlich nicht leisten, und nur eines, auf dem ich zu erkennen bin, ohne dass man ein Elektronenmikroskop aktivieren müsste. Es zeigt mich als Achtjährigen in einem Mantel, den meine Mutter aus dem Stoff eines alten Armeemantels von Opa genäht hatte. Der Mantel hatte einen breiten, runden Kragen und wurde von vier überdimensionalen Knöpfen vorn zusammengehalten. Er war dunkelblaugrau. Das kann man allerdings auf dem Schwarzweißfoto nicht sehen. Das Foto ist auf der Straße entstanden, die zu meinem Freund Robert führt. Da lief ich nämlich einem Mann mit einem Fotoapparat in die Arme. Der knipste mich. Dann fragte er mich, wo ich wohne, denn er wollte später das Foto meinen Eltern verkaufen. Ich gab bereitwillig Auskunft.

Einige Tage später duckte sich ein fremder Mann vor unserer Haustür furchtsam unter den wütenden Beschimpfungen meiner Oma: Wie er dazu käme, Geld zu verlangen für etwas so Unnützes wie ein Foto von *Ulemann*, das sie überdies gar nicht bestellt hätte. Dann rannte sie zurück ins Haus, um mit dem Teppichklopfer zurückzukommen, den sie drohend gegen den Eindringling schwang. Um sie zu beruhigen, drückte er ihr schnell eines der Fotos in die Hand und machte sich schleunigst vom Acker.

Ulemann! So nannte man mich in der Familie. Als ich etwa neun oder zehn Jahre alt war, fand ich es an der Zeit, dass man mich bei meinem richtigen Namen rief. Es dauerte mindestens ein Jahr, bis ich auch dem letzten Familienmitglied die grässliche Verniedlichung abgewöhnt hatte. Thomas war natürlich der Letzte, vor allem deswegen, weil er wusste, man konnte mich mit diesem Namen ärgern, denn das tat er gern und häufig.

Die Pantherbande

Thomas und ich mussten zwar viel im Garten arbeiten, aber fürs Spielen blieb immer noch Raum. Natürlich besonders im Spätherbst und im frühen Frühjahr, wenn die Gartenarbeit ruhte.

Unser gesamter Spielbereich maß eine Fläche von vielen Quadratkilometern.

Dazu muss erwähnt werden, dass Anfang der 50er-Jahre die Stadt Hamburg auf die *glorreiche* Idee kam, das Ohemoor trockenzulegen. Zuerst begann man, die etwa zwei Meter dicke Torfschicht zu gewaltigen Halden, den *Torfbergen*, wie wir sie nannten, zusammenzuschieben. Dann wurden tiefe Entwässerungsgräben ausgehoben, Schotterstraßen angelegt und gewaltige Dampfmaschinen herbeigeschafft, von denen je eine an den gegenüberliegenden Enden eines großen Feldes postiert wurden. Diese Maschinen zogen an langen Stahlseilen einen riesigen Pflug zwischen sich hin und her, der den Untergrund bis auf über 1,50 Meter Tiefe umpflügte. Auf dem so erschlossenen Land wurden bäuerliche Vertriebene aus dem Osten angesiedelt, die das Land bestellen sollten. Gleichzeitig wurde das Gebiet mit elektrischem Strom und fließend Wasser versorgt. Bei letzterem machte allerdings der Hamburger Senat schlapp, oder der Rotary-Club, der einen großen Teil der *Kultivierung* des Ohemoores finanzierte, meinte, es sei nun genug Geld geflossen. Jedenfalls waren wir und unser Nachbar Apel die letzten, die an das städtische Wassernetz angeschlossen wurden. Die Folge war, dass täglich einmal ein Trecker mit einem großen Wassertank bis an den Hydranten vor unserem Grundstück fuhr, der die neuen Ohemoorsiedler mit dem notwendigen Nass versorgte. Wir Kinder durften manchmal oben auf dem Trecker ein Stück mitfahren.

Auch hatte man kleinere Flecken bei der Trockenlegung ausgespart, da hierfür die gewaltigen Maschinen etwas überdimensioniert waren. Dazu gehörte auch das schon erwähnte kleine Moorgebiet zwischen dem Grundstück unseres Nachbarn Apel und Roberts Oma.

Gleichzeitig fiel der rührigen Hamburger Stadtverwaltung ein, dass noch vor dem Weltkrieg, nämlich genau 1937, die Nazis ein *Großhamburgisches Gesetz* verabschiedet hatten, in dessen Folge unter anderen auch Niendorf, das vorher zu Pinneberg gehörte, nun ein Stadtteil *Groß-Hamburgs* geworden war. Und pingelig, wie die Hamburger Verwaltung nun einmal ist, meinte man auch, dass es nicht angehen könne, dass in Hamburg zwei Straßen in verschiedenen Stadtteilen denselben Namen trugen. So wurden Anfang der 50er-Jahre unter anderem die Erikastraße und die Jägerstraße, die von Niendorfs Norden bis zum alten Ortskern im Süden führten, in König-Heinrich-Weg und Paul-Sorge-Straße umbenannt, und unser Wikingerweg erhielt den Namen *Ohmoor*. Zudem schien es so, als ob den ehemaligen Herren des Grundbuchamtes bei der Zahlenfolge von 1 bis 55 nicht alle Zahlen geläufig wären. So wohnten wir fortan nicht mehr im Wikingerweg Nr. 55, sondern im Ohmoor 43.

Dieses ehemalige Moorgebiet war unser Spielplatz. Wir fingen Molche und Frösche, die sich zu Hunderten in den immer noch vorhandenen Tümpeln tummelten. Wir holten uns ständig *einen Nassen*, das war unser Ausdruck dafür, nasse Füße zu bekommen. Es war zu schön, auf den moorigen, mit Flechten und Moosen zugewachsenen ehemaligen Tümpeln zu wippen.

Wir klauten unserem hinteren Nachbarn die verrosteten eisernen Pfosten, klägliche Überreste eines Vorkriegszaunes. Letztere brachten wir auf dem schon erwähnten Leiterwagen zum Schrotthändler bei den Rieselfeldern. Der entlohnte uns je nach Gewicht mit einem Betrag zwischen 20 Pfennig und einer Mark. Das teilten wir unter uns auf und waren eine kurze Zeit reich.

Wir, das war die Pantherbande. Oberkommandierender und absolutistischer Herrscher war mein Bruder Thomas, der Älteste unserer Gruppe. Da natürlich Cowboy- und Indianerspielen angesagt war, hieß er *Falkenauge*. Dann gab es *Adlerauge* Horst, den Nachbarjungen, ein Jahr jünger als der Boss, immer etwas linkisch und bei Thomas nicht gerade in großem Ansehen. *Brauner Bär* Günther wohnte ein paar Häuser weiter auf der anderen Seite der Straße, war noch ein Jahr jünger, aber wohlgelitten bei unserem Despoten, denn er war handwerklich sehr geschickt. Dann kam ich, *Tigerauge* und Dummbeutel des ganzen Haufens, wenn es nach Thomas ging. Und es ging nach ihm. Mein Freund Robert, der *Flinke Hirsch*, hatte es viel leichter. Als Zweitjüngster wurde ihm vieles nachgesehen und aus einem unerfindlichen Grund mochte unser Herrscher ihn besonders. Unser Benjamin hieß Klaus, genannt *Blesende Meser*. Als Jüngster war er gerade in die Schule gekommen und konnte noch nicht richtig *Blitzendes Messer schreiben*, was wir ihm so übel nahmen, das er fortan mit dem Schreibfehler leben musste. Dann gab es noch Petra, die *Rote Rose*. Petra war etwas Besseres. Ihre Eltern hatten einmal einen richtig hohen Zaun um ihr Grundstück, dem allerdings jetzt die Eisenpfähle fehlten. Petra, eigentlich ihre Eltern, galten also bei uns als reich, und sie besaß sogar eine richtige Schaukel. Sie spielte auch nicht ständig mit uns, und Thomas war, so glaube ich, immer mal ein bisschen verliebt in sie. Sie war etwa gleich alt, aber sie kam bald aufs Gymnasium, das damals noch Oberschule hieß, und entschwand damit unseren Niederungen.

Außer im Sommer endete ein Spieltag im Moor damit, dass die Laternen angingen. Damit waren die Straßenlaternen in unserer Straße gemeint, die man kilometerweit über das Moor sehen konnte. Im gesamten Bereich von unserer Straße bis zur Landesgrenze Hamburgs gab es anfangs noch keine Versorgung mit Elektrizität. Es gab auch kaum Bäume, die die Sicht behinderten. Allenfalls begannen hier und da die ersten Birken zu wachsen. Wenn also die Laternen angingen, mussten wir nach Hause, denn eine Uhr besaßen wir natürlich nicht.

Im Sommer wurden wir nach Hause gerufen, denn dann gingen die Straßenlaternen viel zu spät an. Das war meist so zwischen sieben und halb acht. Am Abend oder auch tagsüber, wenn wir nach Hause kommen sollten, riefen unsere Großmütter oder Mütter laut über das Moor: »Uuu-le-maaan!« oder »Rooo-bert!« Das war über die gesamte noch freie Fläche des Moorgebiets zu hören. Wir antworteten dann mit einem endlos gedehnten »Jaa-aa«. Dann wusste man zu Hause, dass wir in der nächsten Viertelstunde dort eintrudeln würden.

Im Frühjahr sammelten wir das Heu wilder Gräser und bauten daraus Hütten. Dazu wurden kleine Birken abgeschnitten, in die Erde gesteckt, quer verflochten und die Zwischenräume mit dem trockenen Heu gefüllt. Die beste Hütte war die, die innen ganz dunkel war. Man kroch durch ein schmales Loch am Boden hinein und hatte gerade so viel Platz darin, um der Länge nach zu liegen, allenfalls zu hocken.

Dann sammelten wir Zigarettenkippen. Da es noch keine Filterzigaretten gab, sammelten wir die Tabakstummel von der Straße auf, rollten sie in Papier zu neuen Zigaretten, verkrochen uns in die Heuhütten und qualmten, dass der Rauch nach außen durch die Heuwände hindurch waberte. Das Schicksal ließ uns diese misslungenen Brandstiftungen wohl nur deshalb überleben, damit uns von dem mit Nikotin hochkonzentrierten Zeug so richtig schlecht werden durfte. Und das wurde es. Wir kotzten uns die Seele aus dem Leib.

In heißen Sommern brannte es im Moor regelmäßig. Ursache war oft eine unachtsam fortgeworfene Zigaret-te, aber auch Glasscherben, die wie ein Brennglas wirkten, denn etliche Leute entsorgten ihren Hausmüll illegal im Moor. Neben dem Grundstück vom Nachbarn Apel war das der Stadt gehörende Grundstück sogar zu einer richtigen Müllhalde angewachsen.

Manchmal war es aber auch fahrlässige Brandstiftung, wenn zum Beispiel Kinder (!) achtlos mit Feuer umgingen. Dann ging mit ohrenbetäubendem Geheul die Sirene am Garstedter Weg kurz vor dem Krähenweg los. Sie war ein Überbleibsel aus dem Krieg und es gab damals in regelmäßigen Abständen Probealarme. Das hörte sich unheimlich an, denn alle Sirenen in Hamburg gingen dann gleichzeitig los und es war ein Heulen, Singen und Vibrieren in der Luft.

Einmal brannte die Fläche links neben unserem hinteren Grundstück, dort, wo wir im Winter bei Überschwemmungen Schlittschuh liefen. Wir hatten Panik, denn wir konnten eine gewisse Beteiligung an der Ursache des Brandes nicht ausschließen. Also bildete die komplett angetretene Pantherbande einschließlich Petra eine Eimerkette vom Regenfass an Petras Haus zur brennenden Moorfläche. Das war natürlich völlig sinnlos und auch die falsche Methode; das bisschen Wasser hatte die Wirkung eines Tropfens auf dem heißen Stein.

Da tauchte auf einmal mitten im Qualm von der anderen Seite eine Kette von Feuerwehrleuten mit Gasmasken auf, die das Feuer mit großen Schaufeln ausschlugen. Sie hatten sich vom Schippelsweg aus zu uns durchgearbeitet. Wir erschraken zu Tode, stoben wie eine Horde aufgescheuchter Kaninchen auseinander und verkrochen uns zu Hause.

Im Herbst klauten wir Runkelrüben. Hinter dem Chaukenweg hatte einer der neuen Ohemoorbauern ein Feld mit Runkelrüben angelegt. Diese Rüben sind den Steckrüben ähnlich, dienen aber eigentlich als Viehfutter. Die zogen wir aus dem Boden, wischten sie an der Lederhose ab und zerteilten sie dann mit einem Taschenmesser. Eigentlich mochte ich ja kein Gemüse, aber ich machte eine Ausnahme, wenn es geklaut und roh war. Manchmal klauten wir auch Karotten aus den Gärten. Auch die wurden oberflächlich an der Hose abgewischt und dann gegessen. Heutige Mütter würden wahrscheinlich auf der Stelle tot umfallen, wenn sie ihre Kinder solch schmutziges Gemüse würden verzehren sehen. Und wenn man sie dann reanimiert hätte, würden sie ihren Kindern anschließend den Schock ihres jungen Lebens verpassen und sie ins Krankenhaus einliefern, um ihnen den Magen auspumpen zu lassen. Aber heute gibt es ja auch genügend Psychotherapeuten, die das dann wieder hinkriegen würden; die standen natürlich damals noch nicht in solch großer Anzahl zur Verfügung. Also ließ man den Dreck im Magen, der dann später auf natürlichem Wege wieder ans Tageslicht kam.

Uns hat der Schmutz nicht geschadet, im Gegenteil, wir erfreuten uns blühender Gesundheit nach dem damaligen Motto: *Dreck reinigt den Magen!*

Regelmäßig im Spätherbst und Winter stand ein Teil des Moores unter Wasser. Da gab es das im hinteren Bereich noch wilde, über einen Hektar große Grundstück unseres Nachbarn Roche zur Linken. Der Boden bestand überwiegend noch aus Torf, Heide und Binsen und im Winter war eine große Fläche überschwemmt – womit *Roches Feuchtgebiete* eine völlig neue Bedeutung gewinnen. Das Wasser stand zwischen zehn und vierzig Zentimeter über dem Boden, und überall schauten die trockenen Binsenbüschel wie kleine Inseln aus dem Nass hervor.

Mein Bruder Thomas baute uns ein Floß. Dazu verband er mehrere alte metallene Benzinkanister miteinander, die er von unserem hinteren Nachbarn, Petras Vater, bekommen hatte, und darauf und darunter befestigte er mit Stricken zwei alte Holztüren.

Mit diesem Floß schipperten wir zwischen den Binsenbüscheln hindurch und holten uns nasse Füße. Denn das Floß konnte gerade einmal zwei Kinder tragen, und das Wasser schwappte dabei ständig über die Tür. Manchmal fiel man auch herunter. Dann gab es Ärger zu Hause, wenn man triefnass vor der Haustür stand. Mit Spielen war es dann für die nächsten Tage vorbei. Wir bekamen Hausarrest.

Im Winter war diese Wasserfläche oft zugefroren. Dann liefen wir Schlittschuhe. Wir hatten jeder ein paar gebrauchte Schlittschuhe bekommen, die man sowohl in der Länge als auch in der Breite verstellen konnte. Je zwei Winkel wurden mit dem Schlüssel durch Drehen einer Spiralachse vorn und hinten gegen beide Seiten der Sohle und Hacke gepresst. Wenn man Glück hatte, hielt das. Wenn man Pech hatte, löste sich die Hacke oder Sohle vom Schuh und der Schuster hinten in unserer Straße musste es wieder richten. Nur Petra, die Nachbarstochter, besaß richtige Schlittschuhstiefel, bei denen die Kufen fest unter die Stiefel geschraubt waren. Ihre Eltern waren ja auch reich.

Mit abgeschnittenen Birkenstöckchen als Schläger und einer zusammengedrückten Kondensmilchdose der Marke Glücksklee als Puck spielten wir Hockey.

Beliebt waren auch die Springwettbewerbe. Dazu nahm man einen gewaltigen Anlauf, um dann mit hohem Tempo über eine oder mehrere Binseninseln zu springen. Hier war natürlich Thomas der absolute Meister. Ich landete eher auf meinem Allerwertesten statt auf den Schlittschuhen.

Nach der Regulierung der Tarpenbek und Kollau, zwei kleinen Flüssen durch Niendorf, und besonders, als dann 1963 der Krohnstiegtunnel und die Startbahn II des Flughafens gebaut wurden, sank der Grundwasserspiegel im ganzen Ohemoor so drastisch, dass es nie mehr Überschwemmungen gab.

Im Winter war auch Rodeln angesagt, wenn denn Schnee lag. Sobald die Schneedecke ausreichte, um eine Rodelbahn herzustellen, und das schien damals öfter der Fall zu sein als heute, holten wir Omas Schlitten aus dem Schuppen und zogen zu den Torfbergen. Dieser Schlitten war etwas Besonderes, denn er hatte Bremsen. Am hinteren Ende des Schlittens konnte man zwei Metallhebel ziehen, wodurch sich zwei Stifte neben den Kufen in den Schnee oder das Eis bohrten und so die Fahrt bremsten. Auch war der Schlitten etwas länger als die Schlitten unserer Freunde und damit ein begehrtes Leihobjekt. Am Ende unserer Straße lag immer noch der zu großen Halden aufgeschüttete Torf aus der Zeit der Trockenlegung des Ohemoores nach dem Krieg. Da es mehrere Halden hintereinander waren, gab es *Berge* und *Täler* und immer irgendwo mögliche Rodelabfahrten. Besonders beliebt war die *Todesbahn*. Dies war eine Abfahrt mit einer kleinen Kuppe in der Mitte. Diese Erhöhung bewirkte, dass sich der Schlitten nebst menschlichem Aufsatz den Bruchteil einer Sekunde in der Luft befand, um darauf umso heftiger wieder mit dem Boden in Kontakt zu treten. Unsere Bandscheiben überlebten diesen Kontakt meist ohne Schaden, die Schlitten jedoch weniger. Insbesondere die neumodischen, leicht gebauten Nachkriegsschlitten wurden unter dem Anfeuern begeisterter Zuschauer in ihre Bestandteile zerlegt. Wer sich aus dem Kleinholz ohne ein Zeichen von Schmerz heraussammelte, konnte sich vorübergehend in der Bewunderung der Anwesenden sonnen, die jedoch später ein jähes Ende an der Haustür der elterlichen Wohnung fand. Unser guter alter, robuster Schlitten überstand alle Mutproben auf der Todesbahn und machte uns zu den unbestrittenen Siegern jedes Rodelwettbewerbs. Wir liebten die Torfberge.

Den täglichen Einkauf hatten meistens Thomas und ich zu erledigen. Da gab es den Milchmann Timm an der

Ecke Langobardenweg und König-Heinrich-Weg, und bei ihm konnte man auch nur Milch, Butter und Käse kaufen. Andere Lebensmittel durfte er nicht verkaufen. Ebenso gab es beim Grünhöker Thiele im Langobardenweg, kurz vor der Ecke zum Ohmoor, nur Obst und Gemüse, beim Schlachter Dammaceau am Garstedter Weg, dort, wo sich heute die Bushaltestelle *Langobardenweg* befindet, nur Fleisch, beim Bäcker Staack schräg gegenüber gab es Brot, Brötchen und Kuchen und schließlich beim Kolonialwarenhändler Schmidt die restlichen Lebensmittel. Auch er durfte Anfang der 50er-Jahre kein Fleisch, kein Brot, keine Milch und kein Obst und Gemüse verkaufen.

Die Bäckerei Staack wurde bald von der Familie Heidenreich übernommen, die dann später ein neues Haus mit modernem Verkaufsraum und großer Backstube gegenüber vom Krämer Schmidt errichtete. Dann heiratete das alte Niendorfer Traditions-Kolonialwarengeschäft Keller, das im und nach dem Krieg am Niendorfer Markt direkt neben *Café Meyer* lag, bei den Schmidts ein und gab dem Geschäft seinen Namen. Erst einige Jahre später wurde das Verbot, artfremde Waren zu verkaufen, aufgehoben, und wir kauften die Milch beim Krämer Schmidt, später Keller, in Ein-Liter-Flaschen mit einem Deckel aus Aluminiumfolie.

Doch in den 50er-Jahren mussten wir noch die Runde machen. Besonders zum Milchmann Timm schickte uns Oma immer vor, denn sie lag mit *Timm sin Olsch* oder nur *de Olsch*, wie sie meist sagte, im Clinch; und das bereits seit den letzten Jahren des zweiten Weltkrieges. Damals war Timm sin Olsch die absolute Herrscherin in Nord-Niendorf. Sie bestimmte, wer Milch und Butter für seine Lebensmittelkarten bekam, und Oma bekam die oft nicht. «De Sozis kricht nix», hieß es dann. Für Timm sin Olsch waren alle, die nicht auf der Regierungslinie der Nationalsozialisten lagen, Sozis. Sie war eine dominante Frau und ihr Mann hatte nicht viel zu melden. Allerdings hatte sie ein Manko. Sie konnte nicht rechnen. Und das nutzte ihr Mann später, als das Wirtschaftswunder begann, schamlos aus. Er schaffte eine Menge Geld an ihren Argusaugen vorbei beiseite und verlieh es illegal als Darlehen an Nord-Niendorfer, die Geld brauchten. So finanzierte er auch den späteren Anbau an unser Häuschen mit. Zudem hatte er einen kleinen Nebenverdienst, indem er Kaninchen und andere Kleintiere schlachtete und ausnahm, die manche Niendorfer, wie anfangs auch wir, noch hielten.

Milch wurde mit einer Kelle, die genau einen halben Liter fasste, in die mitgebrachten Milchkannen gefüllt, auch Butter wurde lose aus einem großen Butterfass mit einem Holzspatel in Papier gewickelt und mit einer Waage abgewogen. Später wurde die Milch mit einem Hebel, ähnlich einem englischen Bierzapfhahn, in die Kannen gefüllt. Eine volle Hebelbewegung entsprach genau einem halben Liter.

Beim Milchholen gab es gelegentlich ein Problem für uns Jungen. Das Geld, das wir abgezählt von Oma mitbekamen, konnten wir in der Regel nicht in die Hosentasche stecken, denn die Taschen hatten immer Löcher.

Also legten wir es in die Milchkanne. Und wenn wir dann vergessen hatten, es vorher herauszunehmen, gab es Ärger. Das Geld befand sich unten in der Milch. De Olsch war am Zetern und wir mussten anschreiben lassen, was sie bei uns Sozis nur widerwillig tat. Auch Oma zu Hause war nicht begeistert. Sie fischte das Geld aus der Milch und wir mussten sofort damit zurück, denn bei Timm sin Olsch wollte Oma auf keinen Fall Schulden haben.

Die Timms hatte auch eine Aushilfe. Das war Tante Erna. Tante Erna wohnte ganz hinten auf dem langen Grundstück von Nachbar Apel in einem kleinen Holzhaus. Ihr Mann Willi fuhr zur See und starb sehr früh. Tante Erna war älter als Mutti, aber jünger als Oma, mit zu einem Knoten gebundenen Haaren, und sie trug meistens einen vorn geknöpften, geblümten blauen Kittel. Sie war natürlich nicht mit uns verwandt, sie war nur eine Nenntante.

Tante Erna war der Vorläufer des Niendorfer Wochenblattes, das es damals noch nicht gab. Sie wusste durch ihre Arbeit im Milchgeschäft immer das Neueste, das in Niendorf passiert war, und erzählte es jedem, ob er es hören wollte oder nicht. Niemand war vor ihrem Klatsch sicher. Sie wusste einfach alles: Dass der blinde Skoerat in Wirklichkeit gar nicht blind war, der hatte sich im Krieg nur vor dem Militärdienst drücken wollen; wann und warum Frau Peters ihren Mann vor die Tür gesetzt oder der *olle Mahlstedt* seine Frau verprügelt hatte, oder wann und wie oft sich *Vadder Böhme* im Birkenhof beim Wirt Kleekam am Tresen aufhielt und wann er besoffen nach Hause gewankt war.

Ich brachte regelmäßig unsere Kartoffelschale zu ihr. Sie fütterte damit ihre Kaninchen. Davon hatte sie etliche im Stall hinter ihrem Holzhaus. Zu Weihnachten kam Milchmann Timm zum Schlachten und wir kauften unseren Weihnachtsbraten bei ihr. Nicht nur wir brachten ihr Kartoffelschale, sondern auch alle Nachbarn rings herum. Über ihre Nachbarin zur Linken hinter unserem Grundstück, die Mutter von Petra, beschwerte sie sich eines Tages bei mir. Die schälte ihre Kartoffeln nämlich neuerdings mit so einem *neumod'schen Sparschäler*. Die Schale war viel zu dünn und gab nicht genug für ihre Kaninchen her. Darüber konnte sie sich schon sehr aufregen.

Und sie besaß Ende der 50er-, Anfang der 60er-Jahre etwas, das sonst keiner in der Nachbarschaft, von Petras Eltern einmal abgesehen, hatte: einen Fernseher!

Also marschierte ich manchen Abend zu ihr und hockte mit ihr zusammen vor dem Schwarzweißgerät. Sie freute sich, wenn ich kam, denn sie war immer allein.

Der Rückweg, insbesondere in Herbst- und Winternächten, durch zweihundert Meter Heide- und Birkenlandschaft in völliger Dunkelheit, war nicht ganz problemlos, besonders dann, wenn es einen Krimi gegeben hatte. Ich sah aus den Tümpeln nebenan den *Frosch mit der Maske* auftauchen, aus dem Hinterhalt schoss *der grüne Bogenschütze* seinen vergifteten Pfeil auf mich ab, und hinter der nächsten Birke lauerte *der schwarze Abt*.

52

Ich schlich dann recht furchtsam nach Hause, ständig mich umdrehend und nach allen Seiten äugend, und durch meinen Kopf irrlichterte die erste Zeile des Gedichtes *Der Knabe im Moor* von Annette von Droste-Hülshoff: *Oh schaurig ist's übers Moor zu gehen*. Das hielt mich aber nicht davon ab, wieder hinzugehen. Oft schien ja auch der Mond, und dann fürchtete ich mich eher nicht.

Doch zurück zur Pantherbande und meinem Bruder: Thomas hatte handwerklich eine Menge drauf, und dafür bewunderten wir ihn. Er baute uns aus alten Holzlattenresten eine richtige Hütte, mit Tür und Dach und Boden, der einen Viertel Meter in die Erde eingelassen war. Mir schnitzte er, in einem Anfall von Mitleid, ein richtiges Holzgewehr, das auch wie ein Gewehr aussah und nicht wie ein Stock mit einer Astgabel. Eigentlich hatte ich es gar nicht verdient, denn ich war mit *meinen zwei linken Händen* restlos ungeschickt; konnte nichts von dem, was er konnte, nicht einmal richtig Fußball spielen, war der Liebling unserer Mutter, was ihn besonders erboste. Aber ich war sein Bruder. Ansonsten verhielten wir uns wie Katz und Maus zueinander, wobei er die Katze und ich die Maus war, denn er war viel stärker als ich. Wir stritten und prügelten uns, wo wir nur konnten. Die Prügel bezog allerdings immer nur ich. Aber todesmutig legte ich mich immer wieder mit ihm an, nur, um dann noch eins mehr auf die Mütze zu bekommen. Zwischen all dem Streit gingen wir aber durchaus wie gesittete Menschen miteinander um, besonders dann, wenn irgendeine Störung von außen an uns herantrat. Und das geschah in Form der *Moorbande*. Das waren einige Kinder aus einer Straße weiter, die in unserer Abwesenheit unsere Hütte überfielen, ausraubten und zerstörten. Wir übten Rache, und zum ersten Mal prügelten Thomas und ich auf der gleichen Seite. Dass ich mit den Jungen, die zu unseren erklärten Feinden zählten, vormittags in der Schule in den Pausen spielte, weil sie in meine Klasse gingen, wie Dieter Unglaube aus dem Ohmoor ganz weit hinten, Günther Franke und der Schlachterssohn Manfred Geiselhard aus dem Langobardenweg, tat unserer Fehde keinen Abbruch. Schule war eben Schule und Spielen am Nachmittag war etwas anderes.

Mädchen sind die besseren Menschen

Die Schule hieß natürlich *Moorschule* und wurde ein halbes Jahr, nachdem ich in die alte Schule am Niendorfer Markt eingeschult worden war, eingeweiht.

Am Tag meiner Einschulung vergoss ich bittere Tränen. Nicht etwa, weil ich nicht in die Schule wollte. Im Gegenteil: Ich ging unheimlich gern zur Schule. Aber ich hatte als Einziger keine Schultüte, mit kleineren Schulutensilien und ein paar Süßigkeiten. Meine Mutter konnte sich das nicht leisten. Mein gebraucht erworbener Schulranzen bestand aus schwarz bemalter Pappe, die von weitem wie Leder aussah. Auch hatte ich keine schwarze Schiefertafel mit Stift und Schwamm, sondern ein merkwürdiges weißes, kunststoffähnliches Brettchen mit Linien, auf dem man mit Bleistift schrieb und das Geschriebene mit einem nassen Gummi wieder entfernen konnte. Meine Mutter versuchte mich zu trösten und sagte, dass wir eben sehr arm wären. Aber eine schwarze Schiefertafel hätte ich trotzdem gern gehabt.

So ging ich ein halbes Jahr lang jeden Morgen mehr als eine halbe Stunde zu Fuß vom Ohmoor zum Niendorfer Markt und mittags wieder zurück und in jeder zweiten Woche dasselbe am Nachmittag, denn das alte Schulgebäude neben der Kirche hatte nur wenig Klassenräume und das größere Schulgebäude nebenan war den Bombenangriffen der Alliierten zum Opfer gefallen. Daher fand der Unterricht im wöchentlichen Wechsel einmal vormittags und einmal nachmittags statt. Es fuhr zwar schon ein Bus entlang der einzigen asphaltierten Straße, dem *Garstedter Weg* zum Niendorfer Markt, der Leichenwagen, wie er genannt wurde, aber der kostete 10 Pfennig pro Fahrt. Warum der Bus Leichenwagen hieß, weiß ich nicht mehr. Vielleicht weil er so schäbig war, dass er eigentlich nur noch zum Leichentransport taugte. Aber auch eine zweite Erklärung ist möglich. Der Buseigner war nämlich ein dürres und hageres Männchen mit einem eingefallenen, einem Totenkopf ähnlichen Schädel. Er war das völlige Gegenteil zu seiner Konkurrenz, die ein Jahr später ebenfalls ein paar Mal täglich den Garstedter Weg vom Grotkoppelweg bis zum Marktplatz und zurück befuhr. Letzterer, *Herr Knoery*, lenkte den *Sausewind* über den Garstedter Weg. Später kam die *Heidemarie* hinzu. Er war so dick, dass er zwischen Lenkrad und Bauch ein Ledertuch liegen hatte, damit sein Hemd nicht durchscheuerte.

Sehr viel später, ich war bereits in der 5. Klasse, stellte Herr Knoery Busfahrer ein, denn er war inzwischen so dick geworden, dass er nicht mehr hinters Lenkrad passte. Einer seiner Fahrer hatte sich unsterblich in die große Schwester zweier meiner Klassenkameraden, die Brandt-Zwillinge, verliebt. Deren Schwester ging auch in unserer Schule, und zwar in die Oberstufe, denn sie war schon richtig alt. Folglich ließ er alle Familienmitglieder sowie auch deren Freunde, die zusammen mit seiner Angebeteten den Bus bestiegen, umsonst mitfahren. Davon profitierte auch ich und sparte so gelegentlich die 20 Pfennige, die inzwischen eine Fahrt kostete.

Diese Ersparnis wurde dann meistens bei Café Meyer in zwei Kugeln Eis umgesetzt.

Doch ich war nun gerade zur Schule gekommen und ging brav zweimal am Tag den König-Heinrich-Weg hinunter und herauf. Dies jedoch nur ein halbes Jahr lang, denn dann wurde die *Moorschule* an der Paul-Sorge-Straße fertig und es gab einen Umzug und eine richtige Einweihungsfeier. Ich war beeindruckt. Wichtige Leute, die ich nicht kannte, hielten imponierende Reden, die ich nicht verstand. Ich zeigte also die gebührende Begeisterung, denn ich hatte schon gelernt, dass ich als ein armes Kind, das offiziell nicht einmal einen Vater hatte, auf keinen Fall auffallen durfte, und wenn überhaupt, dann nur durch äußerste Bescheidenheit.

Die Schule war denn auch das Modernste, was man sich vorstellen konnte. Alle Räume waren ebenerdig und jeder Klassenraum hatte hinten, durch eine Glaswand getrennt, einen Gruppenraum. Wozu er dienen sollte, wurde denn auch bald klar. Dort musste sich zur Strafe die *Ein-Personen-Gruppe* aufhalten, die auf irgendeine Art durch Unbotmäßigkeit aufgefallen war. Vor den Fenstern der Klassenräume gab es einen Schulgarten, in dem ich mein von Oma Christine eingebläutes Wissen über die Natur so gut anbringen konnte, dass ich später vom Schulleiter Wennebeck mit einer Urkunde bedacht wurde.

Unser Klassenlehrer, Herr Dammann, war, wie sein Rohrstock, hart, aber gerecht. Denn ich bekam nie Schläge, weil ich durch außerordentliche Lernwilligkeit bei natürlich höchster Bescheidenheit auffiel. Doch er wurde schon nach einem Jahr pensioniert und es ging das Gerücht, wir bekämen als neue Klassenlehrerin eine von den berüchtigten *Gurks-Schwestern*. Am schlimmsten, hieß es, sei die große Gurks, eine dünne alte Jungfer, die schon vom Aussehen her alle das Fürchten lehrte. Ihre Schwester, klein und etwas rundlich, sei sehr viel umgänglicher.

Wir bekamen die kleine Gurks. Sie war streng und konnte sehr giftig werden, wenn man nicht parierte. Aber ich fand sie schon deswegen nett, weil sie uns mit unseren Vornamen aufrief, während der alte Dammann grundsätzlich Waldhelm, Schwarzarius, Moje, Meisel, Kudla oder Kammigan rief.

Noch etwas rechne ich ihr im Nachhinein hoch an: Das vierte Volksschuljahr ging seinem Ende entgegen und es stand die Entscheidung an, wer auf die Oberschule sollte, so hieß das Gymnasium damals noch. Ich war zwar der Beste in der Klasse, aber es fiel meiner Oma und auch meiner Mutter nicht im Traum ein, eine solche Frage in Erwägung zu ziehen. Stammten wir doch traditionell aus dem Arbeitermilieu, wo so etwas nicht angesagt war, und schon gar nicht, wenn man nicht einmal einen Vater vorweisen konnte. Außerdem hatten die entsprechenden Kandidaten der Klasse eine Aufnahmeprüfung ablegen müssen, die bereits abgeschlossen war. Da wurde meine Mutter offiziell in die Schule bestellt und ich versank zu Hause vor Angst im Boden, und auch Oma warf mir einen vernichtenden Blick zu, war so etwas doch noch nie in ihrer Familie seit Kaisers Zeiten vorgekommen. Dann kam Else nach Hause und berichtete, dass die kleine Gurks mit Engelszungen auf sie eingeredet hätte, mich aufs Gymnasium zu schicken. Zur Aufnahmeprüfung hätte ich bei meinen Schulleistungen überhaupt nicht gemusst. Mutti hatte sich schweren Herzens dazu durchgerungen, wusste sie doch, dass der Besuch des Gymnasiums, trotz schon damaliger Lernmittelfreiheit in Hamburg, mit einigen Kosten verbunden sein würde. Hedwig Gurks sei Dank!

Ich war fast fünfzig, als ich einem ehemaligen Mitschüler aus der Grundschule zum ersten Mal wiederbegegnete. Er erinnerte sich an mich in einem Zusammenhang, den ich völlig vergessen hatte. Er erzählte von meinen damaligen Science-Fiction-Bildergeschichten.

Es gab nämlich zu der Zeit kleine streifenartige Heftchen, schmal und zirka 15 cm lang, unter anderem mit Bildergeschichten von einem Raumfahrer, der auf irgendwelchen Planeten wie Mars oder Venus landete und dort mit Riesenpilzen kämpfte. So ein Heftchen kostete 20 Pfennig und das konnte ich mir insgesamt vier oder fünf Mal von dem Geld kaufen, das wir beim Schrotthändler gegen geklaute Eisenpfähle eintauschten. Das mit den Riesenpilzen fand ich damals schon dumm, aber Weltraum und Raumfahrt war mein Ding. Also machte ich mich daran, teils eben aus Geldmangel, teils, weil ich meinte, man könne das Ganze etwas glaubwürdiger gestalten, Science-Fiction Bildergeschichten selbst zu malen. Daher schlug sich mein

Raumfahrer nicht mit botanischen Abnormitäten herum, sondern traf auf nette Außerirdische, die tolle Dinge machen konnten und die ihm das All zeigten. Von Superman hatte ich damals noch nichts gehört. Diese Bildergeschichten machten dann in der Klasse die Runde und wurden mit Begeisterung gelesen. Bis heute habe ich mir dieses Faible für Science-Fiction bewahrt, ärgere mich aber immer darüber, dass in vielen Science-Fiction-Romanen und später auch in den Filmen die Menschen fast immer die Guten und die Aliens die Bösen sind, die nichts anderes im Sinn haben, als die Erdbewohner abzuschlachten, zu versklaven, in Monster zu verwandeln oder zumindest mit ekligem Schleim zu bewerfen.

Mit der Volksschulzeit verbinde ich viele angenehme Erinnerungen, und die hatten weniger mit den Lehrern zu tun als mit den Klassenkameraden, genauer: Kameradinnen. Es muss wohl etwas damit zu tun haben, dass ich im Wesentlichen nur von Frauen erzogen worden bin. Wie ich schrieb, bestand bei mir nicht das geringste Interesse für Fußball und für manche anderen jungentypischen Beschäftigungen. Ich wich auch, wenn es irgend ging, Prügeleien aus, denn ich war immer einer der kleinsten meiner Altersgenossen, und meine Chancen, als Sieger aus solch einem Kampf hervorzugehen, waren eher gering. Also stellte ich schnell fest, dass es da eine Sorte Mensch gab, die sich auch nicht gern prügelte, die auch nicht gern Fußball spielte, die sich auch nicht gern in den Vordergrund drängte, die überhaupt gesittetere Umgangsformen an den Tag legte und die die hochinteressante Eigenschaft besaß, an einigen Körperstellen anders auszusehen als die Jungen.

Ich fühlte mich also von Anfang an zum anderen Geschlecht hingezogen. Mit Mädchen konnte man viel besser spielen und vernünftiger reden als mit Jungen, von meinen Freunden zu Hause, den Mitgliedern der Pantherbande, einmal abgesehen. Ich lief nachmittags oft meilenweit, um bei Bärbel Moje, Anke Simon, Heidi Blöß und wie sie alle hießen, zu Hause zu spielen. Ich war überall wohlgelitten, besonders bei den Müttern. Ich galt als intelligent, bescheiden und ausgesprochen niedlich und war somit der ideale Schwiegersohn in spe, obwohl gerade einmal 8 bis 10 Jahre alt. Dass ich für mein Alter immer recht klein war, sollte sich erst in der Pubertät als Handicap erweisen, als es eher weniger darauf ankam, niedlich zu sein und vor allem nicht klein.

Mit Anschi und Heidi aus der Nachbarschaft wurde ich von den Müttern verkleidet, und wir liefen als Braut und Bräutigam durch das Moor und ich versuchte, sie zu überreden, genauere Untersuchungen an ihnen über ihre geschlechtliche Andersartigkeit anzustellen. Sie waren dem im Prinzip nicht abgeneigt, aber sie wussten, dass das etwas war, was man eigentlich nicht tun durfte. Die frühen 50er-Jahre waren eben noch sehr prüde. Also blieb es bei einer genauen Besichtigung, und eine tiefer gehende Forschung blieb mir aus *Anstellerei*, wie ich verärgert bemerkte, verwehrt.

Dann wurde in der Schule eine neue Mitschülerin an-gekündigt, die mein allerhöchstes Interesse weckte. Sie würde aus Afrika zu uns kommen und zwar aus Liberia, wo immer das lag. Ich sah vor meinem geistigen Auge eine kleine dunkelhäutige Schönheit, exotisch und fremdartig, etwa so wie die Frau auf dem Bild, das im Wohnzimmer meiner Großmutter hing, nur jünger. Voller freudiger Erwartung harrte ich also der Neuen.

Und dann kam sie! Blond, bleich und blauäugig! Ich überwand meine Enttäuschung und erkor sie trotzdem zu meiner neuen Spielgefährtin, denn ihr Blond war nicht irgendein Blond, sondern ein besonders helles, fast weißes Blond, und das war eben auch exotisch. Es zeigte sich schon damals, dass ich ein äußerst positiv denkender Mensch werden sollte. Bevor ich jedoch ihre Exotik genauer unter die Lupe nehmen konnte, zog sie schon wieder fort. Ihr Vater war im diplomatischen Dienst tätig, und folglich blieb die Familie nie lange an einem Ort, jedenfalls nicht so lange, wie ich für meine Exotikstudien gebraucht hätte, die noch wenig ausge-feilt waren.

Der Wechsel auf die Oberschule beendete später abrupt meine sozial-erotische Situation. Auf der Grundschule war ich das absolute As in der Klasse, das Lernen fiel mir leicht und Schulaufgaben erledigte ich im Hand-umdrehen. Jetzt war es völlig anders. Da waren auf einmal lauter Asse, die genauso gut wie ich waren oder sogar besser. Und dann kamen noch die Fremdspra-chen hinzu, erst Englisch und zwei Jahre später Latein; zu beiden fand ich nicht den rechten Zugang. Das

Schlimmste aber war, dass bei den Mädchen die Pubertät einsetzte und auf einmal große, kräftige Jungen angesagt waren, die es verstanden, sich in den Vordergrund zu drängen. Ich, mindestens einen halben Kopf kleiner als der Durchschnitt der Jungen, zurückhaltend und bescheiden, war abgeschrieben.

In der Klasse gab es ein reh-äugiges Mädchen mit dunklen Haaren, Rosemarie, das ich besonders verehrte. Ich fuhr sogar nachmittags in die Straße, in der sie wohnte und trieb mich stundenlang vor ihrem Haus herum, in der Hoffnung, einen Blick auf sie erhaschen zu können und vielleicht sogar mit ihr ins Gespräch zu kommen. Ich erhaschte weder einen Blick noch sie selbst. Sie nahm mich überhaupt nicht zur Kenntnis. Das hatte meinem Selbstbewusstsein doch einen mächtigen Schlag versetzt. Dabei nahm ich wiederum nicht zur Kenntnis, dass sich neben mir noch eine Horde Jungen aus der Klasse vor dem Haus herumtrieb, die ebenso wenig bei ihr landen konnten wie ich. Ich jammerte, entsprechend einem ausgesprochen grässlichen Schlager der Zeit, vor mich hin: »Rosemarie, Rosemarie, sieben Jahre mein Herz nach dir schrie …« Nun, es schrie keine sieben Jahre, sondern höchstens ein halbes. Aber meine Schulnoten sanken rapide ab. Zum zweiten Mal wurde meine Mutter in die Schule zitiert.

Mein Klassenlehrer, Herr Burow, legte ihr nahe, mich doch jetzt, mitten im 7. Schuljahr, ein Jahr zurückzunehmen. Ich sei für diese etwas raubeinige Klasse doch zu zart besaitet und ja auch noch sehr klein. Außerdem war abzusehen, dass meine Noten bis zum

Schuljahresende weiterhin in den Keller gehen würden. Also wechselte ich mitten im Schuljahr die Klasse und ging ein Jahr zurück.

Onkel Bert

Mit dem Wechsel auf die Oberschule gab es auch zu Hause eine bedeutende Veränderung. Meine Mutter machte sich daran, den Konflikt ihrer Kinder mit ihrer Mutter zu entschärfen. Sie hatte inzwischen eine Anstellung in einem kleinen Niendorfer Baugeschäft als Sekretärin und Mädchen für alles. *Alles* bezog auch ihren Chef ein, den sie dazu überredete, ihr ein eventuell nicht rückzahlbares Darlehen zu gewähren, damit sie für sich und ihre beiden Jungen für fünftausend Mark ein kleines Häuschen auf dem vorderen Teil des großen Grundstücks im Ohmoor 43 bauen lassen konnte.

1954 bezogen wir ein winziges Wohnzimmer, eine Küche und einen kleinen Eingangsflur, von dem eine steile Treppe durch eine Luke unters Dach führte, den Schlafbereich. Ein Bad gab es natürlich nicht und zum Klo mussten wir die 50 Meter bis zu Omas Hühnerstall gehen. Das war lästig, aber mein Bruder war erfinderisch. Es waren nämlich noch eine Menge Steine, Hohlblocksteine, vom Hausbau übriggeblieben. Diese schichtete Thomas zu einem Schuppen auf, indem er sie einfach aufeinanderstapelte. Durch ihr enormes Eigengewicht wurde so auch ohne Mörtel eine Stabilität erreicht, die ein einfaches Pappdach tragen konnte. Kleinere Unebenheiten glich mein Bruder mit Holzstücken oder Brettern aus. Das Türloch wurde mit einer schwarzen Bahn verhängt, die aus einer Art Kunststoff bestand, wohl eine der Ersten seiner Art. Hinter diesem schwarzen Vorhang auf einem Holzkasten mit einem Kloeimer saß ich nun und fürchtete jeden Windstoß, der freien Blick auf die Straße gewährte.

Beim Bau hatten wir wohl wieder einmal eine unserer üblichen heftigen Streitereien gehabt, denn unter den Ausgleichshölzern entdeckte ich eines schlechten Tages den abgebrochenen Schaft meines Holzgewehres, welches er mir vor einiger Zeit geschnitzt hatte. Meine körperlichen Kräfte reichten leider immer noch nicht für einen Brudermord aus; folglich endete der Versuch, wie immer, mit blutender Nase und blauen Flecken auf meiner Seite.

Thomas schmiss kurz darauf die Mittelschule und begann eine Zimmererlehre im benachbarten Ein-Mann-Betrieb, der auch für den Dachstuhl unseres Häuschens verantwortlich zeichnete. Also hatte ich allein für Sauberkeit im Haus zu sorgen, was ich eher schlecht als recht erledigte. Neben den Schularbeiten hatte ich nun aber noch einen zweiten Grund, mich vor der Gartenarbeit zu drücken und Oma war sauer. Aber ihr direkter Zugriff auf mich war nun etwas eingeschränkt.

Unsere Mutter verlor ihre Arbeit, weil die Ehefrau des Bauunternehmers dahinterkam, wie gut sie ihren Job erledigte. Doch das deutsche Wirtschaftswunder begann heftig zu blühen, und sie hatte schnell wieder eine Anstellung als Buchhalterin in einer Kürschnerei und einen neuen Freund namens Onkel Bert. Albert Heitmann, wie Onkel Bert eigentlich hieß, wohnte in einem Holzhaus ein paar Straßen weiter, zusammen mit Rollo einem Wolfshund. Albert war ausgesprochen gutaussehend, charmant und sprach mit einem rollenden *R*, was ihn für mich sehr interessant machte. Er war häufig auf *Geschäftsreisen*, wie er es nannte, doch wenn er zu Hause war, gab es ungarisches Gulasch: ein weiterer Grund, ihn für mich einzunehmen.

Muttis Kochkünste waren eigentlich miserabel. Durch stundenlanges Kochen verstand sie es, dem Essen jeden Geschmack zu entziehen. Soßen wurden mit einer geschmacksneutralen Mehlpampe zubereitet, und als Geschmacksverstärker langweilten sich im Gewürzbord ein Pfefferstreuer und ein Salznapf, und Pfeffer war, das hatte sie von ihrer Mutter übernommen, nicht geeignet für Kinder vor oder in der Pubertät, allenfalls ein ganz kleines bisschen.

Anders war das Gulasch. Onkel Bert brachte ihr bei, wie man dieses Gericht richtig zu würzen hatte, denn, so sagte er: »Es muss brrennen bei rrein und brrennen bei rraus.« Und ich, erklärter Gemüsefeind, schwelgte in Fleisch und in Schärfe.

Was Onkel Bert machte, wenn er nicht Gulasch aß, war mir nicht klar. Nach eigenen Angaben war er Erfinder. Er bastelte automatische Einweckmaschinen und andere mehr oder weniger nützliche Dinge. Die nützlichen Dinge erkannte man daran, dass sie ihm regelmäßig kurz nach Fertigstellung, trotz Wachhund, gestohlen wurden. Die unnützen Sachen stapelten sich in seiner Hütte.

Ein paar Jahre später, als er zwischen zwei Geschäftsreisen bei uns wohnte, weil er sein Grundstück verkauft hatte, um unseren Anbau mitzufinanzieren, erfand er gerade eine mechanische Gardinen-Schließ-Maschine, die im kleinen Modell sogar funktionierte. Die Bewegung eines kleinen Hebels übertrug er durch Zahnradübersetzungen auf eine spiralförmige Gardinenstange, deren Drehung die Gardinenhalter zur Mitte bewegte. Das Ganze hakte zwar mächtig, aber daran arbeitete er noch. Ich war auf dem Gymnasium und hatte bereits ein bisschen Physikunterricht genossen. Also wagte ich einzuwenden, dass seine Erfindung im Großen nicht funktionieren könne, da bei einer Zahnradübersetzung, die eine Bewegung von etwa zwei Zentimetern in eine Gardinenbewegung von einem oder mehreren Metern übersetzen sollte, so große Reibungskräfte auftreten, dass eher von den Rädern sämtliche Zähne abbrachen, als dass sich da etwas bewegte. Außerdem, wagte ich ihn zu belehren, gäbe es inzwischen so etwas wie Elektromotoren, mit denen jeder Dummbeutel Gardinen automatisch öffnen oder schließen könne.

Ich wusste, dass ich recht hatte, er wohl auch, aber er war schon wieder der Stärkere, und ich flog auf Grund seiner Ohrfeige vom Stuhl.

Doch ich verzieh ihm, denn irgendwann durfte ich in seinem neu erstandenen gebrauchten Opel Kapitän mit in den Sachsenwald fahren. Ich durfte sogar meinen Freund Robert mitnehmen. Mit von der Partie waren noch zwei vogelgesichtige, uralte und hagere Kumpels, mindestens 45 Jahre alt, die ich noch nie vorher gesehen hatte. Ihren Gesprächen konnte ich jedoch entnehmen, dass sie so etwas wie Vertreter für Nylonstrümpfe waren, die biederen deutschen Hausfrauen unzerreißbare Strümpfe andrehten. Das bewiesen sie, indem sie die Nylons über einen spitzen Gegenstand zogen, ohne dass sie ein Loch bekamen. Damals wusste ich noch nicht, dass man das mit allen Nylonstrümpfen machen kann, wenn man die Spitze in einem bestimmten Winkel hält. Ich war also entsprechend beeindruckt. Noch mehr waren Robert und ich allerdings von der Tachonadel beeindruckt, die tatsächlich auf der Rückfahrt über 100 anzeigte.

Wir waren völlig aus dem Häuschen, und Onkel Bert und die Kumpels sonnten sich in unserer Bewunderung.

Dann fuhr Onkel Bert wieder auf Geschäftsreise.

Es ist ein regnerischer, trüber Oktobermorgen 1954. Ich habe Ferien und bin wie immer allein zu Haus. Es klopft an der Haustür und ich öffne vorsichtig. Vor der Tür stehen zwei finstere Gestalten in abgewetzten Ledermänteln. Erschreckt will ich die Tür sofort wieder zuschlagen. Da stellt der eine Ledermantel seinen Fuß in den Türspalt. Mein Herz fällt mindestens bis zum Erdmittelpunkt. Mit Entsetzen nehme ich wahr, dass die Tür gegen meinen Widerstand aufgedrückt wird. Doch bevor mein junges, blühendes Leben ein schreckliches Ende nimmt, hält mir der Ledermantel eine Marke vor die Nase: Kriminalpolizei!

Mein Herz verlässt das Erdmagma und nimmt in meiner Hose Platz. Ich erhalte den Befehl, noch am selben Tag zu einem Verhör auf die Polizeiwache zu kommen, die sich zu dieser Zeit beim Niendorfer Marktplatz im Niendorfer Kirchenweg in einem alten Gebäude befindet, das an Schäbigkeit den Ledermänteln in nichts nachsteht.

Oma, die ich daraufhin konsultiere, sagt mir, dass ich da wohl hin müsse. Aber Polizei heißt nichts Gutes. Das weiß sie noch aus der Zeit, als die Gestapo Franz Kammigan abholte.

Ich fahre mit meinem alten rostigen Fahrrad in den Niendorfer Kirchenweg und schließe es auf dem Polizeihof an; es könnte dort ja gestohlen werden. Dann betrete ich zitternd die Wache.

»Setz dich auf den Stuhl«, herrscht mich der erste Ledermantel an, während er und sein Kollege jeder auf einem Stuhl mit der Lehne zu mir breitbeinig Platz nimmt.

»Sag mal, was macht deine Mutter eigentlich so den ganzen Tag?« Ich fühle mich wie ein Kaninchen, das von zwei Klapperschlangen fixiert wird.

»Meine Mutter arbeitet! Sie muss Geld verdienen.«

»Ach, und womit verdient sie ihr Geld?«, kommt es wie ein Pistolenschuss zwischen seinen zusammengekniffenen Lippen hervor. Bevor ich antworten kann, haut mir sein Kumpel die nächste Frage um die Ohren.

»Du kennst doch einen gewissen Albert Heitmann? Was treibt der denn so bei euch?« Er starrt mich mit lauerndem Blick aus seinen zu Schlitzen verengten Schweinsäuglein an.

Ich bin verängstigt und stottere herum.

»Ich w-w-weiß nicht, was Onkel B-B-Bert macht, ich glaube, er ist Erfinder.«

Dann setzt der erste Kriminalbeamte noch einen drauf.

»Und du? Du gehst doch da am Sootbörn auf die Oberschule! Da wurde doch in letzter Zeit so Verschiedenes gestohlen! Deinen Onkel Bert haben wir ja schon erwischt.«

Wenn die beiden mich völlig einschüchtern wollen, dann ist es ihnen gelungen. Ich wäre am liebsten im Boden versunken. Mir wird mit Erschrecken bewusst, dass die beiden meine Familie offensichtlich für eine Diebesbande halten.

Plötzlich stößt eine Hand des Polizisten vor und umklammert meine eigene. Mit einem Schmerzensschrei lasse ich den Fahrradschlüssel fallen, den ich die ganze Zeit krampfhaft in meiner Faust gehalten habe. Er bückt sich und reicht mir den Schlüssel ohne ein Wort der Entschuldigung.

Dann bin ich entlassen.

Das gesamte Verhör ergab natürlich nichts, da ich keine Ahnung von all dem hatte, aber ich fuhr völlig verstört und verängstigt nach Hause und erzählte abends meiner Mutter von dem Vorfall. Ich habe sie noch nie so erbost und wütend gesehen. Sie berichtete mir, dass sie schon vor Tagen von den beiden Männern verhört worden sei, weil Onkel Bert wohl etwas ange-

stellt hätte. Aber sie hatte der Polizei schon klarge-
macht, dass wir von Albert Heitmanns Doppelleben
nichts mitbekommen hätten. Und vor allem hatte sie
gesagt, solle man ihre Kinder da heraushalten.

Und nun war ich, ihr kleiner Liebling, ohne ihr Wissen zum Verhör zitiert worden, und auch Thomas sollte
noch verhört werden, nur hatten sie ihn noch nicht zu
fassen bekommen da er tagsüber arbeitete.

Am nächsten Morgen ließ sie in ihrer Firma ausrich-
ten, dass sie später kommen werde. Dann sagte sie zu
uns, dass sie jetzt zur Wache fahren werde und dass
wir sicher sein könnten, von diesen beiden Gestalten
nie wieder belästigt zu werden. Wie eine Furie zog sie
davon.

Und sie sollte Recht behalten.

Was auf der Polizeiwache genau vorgefallen ist, habe
ich nicht erfahren. Aber Thomas erschien Mutti wohl
alt genug, dass er Einzelheiten erfahren durfte, die er
mir ein paar Jahre später erzählte.

Die beiden Kriminalbeamten waren meiner Mutter
durchaus nicht unbekannt. Schon bei ihrem ersten Verhör wusste sie sofort, wen sie vor sich hatte, nur die
beiden wussten offensichtlich nicht mehr, wer ihnen
gegenübersaß. Und sie hielt ihr Wissen zurück. Sie sah
keinen Anlass, alte Geschichten aufzurühren. Doch nun
hatten sie ihre Kinder mit hineingezogen. Und das ließ
sie nicht zu.

Auf der Wache muss Mutti erst einmal auf dem Flur
warten. Als nach etwa zehn Minuten immer noch

nichts geschieht, steht sie auf, stößt die Tür zum Verhörzimmer auf und geht mit energischen Schritten auf die beiden Beamten zu, die von ihren Sitzen aufgesprungen sind. Mit herrischen Worten wollen sie Mutti in ihre Schranken verweisen. Doch dazu kommen sie nicht mehr.

Denn schlagartig sind die Rollen vertauscht. Muttis zorniger Blick fällt auf zwei verstummte alte Männer, klein und in sich zusammengesunken.

Mutti hatte nur wenige Worte gesagt:

»Ich kenne Sie beide! Sie sind diejenigen, die als Gestapo-Schergen des Dritten Reiches meinen Mann, Franz Kammigan, abholten und ins Konzentrationslager Fuhlsbüttel schleppten. Sie werden sich erinnern! Herbst 1942! Hamburg-Dulsberg, Tonndorfer Straße! Sollten Sie es noch einmal wagen, eines meiner Kinder zum Verhör zu zitieren, dann sind Sie die längste Zeit Beamte gewesen. Dafür werde ich sorgen!«

Sie dreht sich um und verlässt hocherhobenen Hauptes den Raum.

Vermutlich haben beide auch danach weiterhin ihren Beruf bis zur Pensionierung ausgeübt. Aber uns ließen sie in Ruhe. Das Kapitel Albert Heitmann war somit fast beendet. Bis auf den Tag nach ungefähr drei Jahren, als er wieder einmal von seiner *Dienstreise* entlassen worden war und bei uns Unterschlupf suchte. Thomas, inzwischen noch kräftiger, weil ausgebildeter Zimmermann, und zum Haushaltsvorstand aufgestiegen, bekam den Auftrag von unserer Mutter, Albert Heitmann, sollte er nach dem Gefängnisaufenthalt bei uns auftauchen, hochkant hinauszuschmeißen.

Dann steht Onkel Bert vor der Tür und verlangt eingelassen zu werden. Er ist viel kleiner, als ich ihn in Erinnerung habe. Thomas baut sich vor ihm auf und sagt, er solle sich zum Teufel scheren. Doch Albert Heitmann denkt gar nicht daran. Da packt Thomas ihn vorn am Revers und hebt ihn hoch. Seine Beine zappeln hilflos in der Luft. Thomas hält ihm seine Pranke vors Gesicht, und die ist groß. Mein Bruder kann inzwischen locker mit seiner Hand meine geschlossene Faust so umschließen, dass nichts mehr von ihr zu sehen ist. Das macht endlich den gewünschten Eindruck auf Albert Heitmann. Thomas lässt ihn los und Onkel Bert verschwindet schneller, als er gekommen ist und wurde danach nie wieder gesehen.

Asyl für Ursel

Die Ruhe, die nun in unsere Idylle am Rande des Ohemoores einkehrte, war nur von kurzer Dauer. Wieder war es eine junge geschiedene Mutter, die mit Kind, diesmal in der Einzahl, und Kegel aus dem Schwarzwald zu ihrer Mutter nach Hamburg flüchtete. Meine älteste Schwester Ursula, Ursel genannt, bat mit Sohn Andreas 1961 um Asyl.

Ursel war zusammen mit ihrer Schwester Elke nach der Scheidung von Franz und Else beim Vater im Schwarzwald geblieben. Dort wuchs sie unter dem Einfluss seiner kommunistisch geprägten Weltsicht auf und lernte die Wirtschaftswunder-Republik von ihrer schlechten Seite kennen. Davon war die anfängliche Arbeitslosigkeit des Vaters nur ein Teil. Ein anderer waren die kommunistischen Demos, bei denen die bundesrepublikanischen Polizeiknüppel beileibe nicht Halt machten vor jungen Mädchen. Es war die deutsche McCarthy-Ära unter Konrad Adenauer. Also flüchtete sie sich als junges Mädchen, um dem Elternhaus zu entkommen, in die starken Arme von Norbert Schmitt, dem Herrgottsschnitzer. Leider war das Schnitzen von hölzernen Jesusfiguren, die ans Kreuz genagelt manch schwarzwäldischen Wanderpfad zieren, eine brotlose Kunst, auch dann, wenn man begabt war und gleich die kunstvoll verzierten hölzernen Wegweiser mitlieferte. So musste Ursel in einer Spinnerei immer hinzu verdienen, und als dann ein Kind kam, hielt die Ehe der

Belastung nicht lange stand. Also ließ sie sich alter Kammiganscher Tradition folgend scheiden.

Wie weit diese Tradition zurückreicht, konnte ich nicht ganz zurückverfolgen. Die frühesten Aufzeichnungen, Anfang des neunzehnten Jahrhunderts, berichten von einem Fräulein Kammigan in Leipzig, die sich von einem Kölner Handwerksburschen schwängern ließ. Der Kölner suchte schnell das Weite, als William Franz I. Kammigan 1843 geboren wurde. Der Vorname William deutet auf eine angelsächsische Abstammung hin. Tatsächlich erfuhr ich, als ich 1985 mit einem Schüleraustausch als Lehrer in England war, von einem englischen Kollegen und Hobby-Heraldiker, woher der Name Kammigan kommt und was er bedeutet.

Kammigan oder auch Cammigan stammt aus dem Irischen. Die Endung *igan* oder *egan* bedeutet so viel wie *son of*, vergleichbar dem schottischen *Mac* oder *Mc* und der skandinavischen und isländischen Endung *son* in Erikson oder Jonasson. Solche Endungen haben die irischen Namen Donnegan, Mulligan oder Finnegan. Kamm oder Camm wiederum ist ein kleiner Fluss in Irland. Kammigan hatte somit die ursprüngliche Bedeutung: Sohn des Mannes, der am Fluss Kamm lebt. So weit, so gut! Nur leider, so sagte der Hobby-Heraldiker mit einem hinterlistigen Grinsen, hat der Name Kamm später eine zweite Bedeutung erhalten. Das Flüsschen Kamm war nämlich gewunden, voller Mäander, und das übertrug man auf den Namen Kammigan. Kammigan wurde somit zu *Sohn eines*

Mannes, der im Kopf ausgesprochen ge- und verwunden ist, kurz: *Sohn des Verrückten.* Wie gut, dass ich das erst so spät herausgefunden hatte, als ich bereits die altersgemäße Abgeklärtheit besaß, den Dank aller Kammigans, und die sind inzwischen sehr zahlreich, an mir abprallen zu lassen.

William Franz I. wurde Zigarrendreher in einer Fabrik, heiratete in Hamburg und zeugte sieben Kinder. Doch die ließ er in Hamburg sitzen, setzte sich ab nach Leipzig, wo er nach Auskunft der politischen Polizei in Hamburg *mit einer gewissen Rosalie Herbold, genannt Vorwerck, ab 1886 im Konkubinat lebte.* In Kneipen verkaufte er selbstgedrehte Zigarren. Von diesen kargen Erlösen war es ihm leider nicht möglich, so schrieb er nach Hamburg, seine Frau und sieben Kinder zu unterhalten. Rosalie brauchte schließlich auch etwas zu essen.

Mindestens eines der sieben Kinder, nämlich Gustav Wilhelm Franz II. überlebte in Hamburg, heiratete Malvine Berta Gretchen und machte ihr auch genau sieben Kinder, darunter Franz III. und Ilse Kammigan. Franz III., am 26. Dezember 1902 geboren, heiratete Ende der zwanziger Jahre Else Elfriede Wilhelmine, geborene Kettner, geboren am 24. Juni 1908, meine Mutter, und ließ sich scheiden. Seine jüngere Schwester Ilse heiratete Carl Kettner, den jüngeren Bruder von Else, und ließ sich auch scheiden. Warum also, um alles in der Welt, sollte Schwester Ursula mit dieser Tradition brechen? Und sie sollte nicht die Letzte sein, die das Familienerbe hochhielt.

Ursel zog also mit Sohn Andreas ins Haus im Ohmoor 43 ein. Thomas hatte kurz vorher das kleine Haus durch einen Anbau und eine Garage eigenhändig erweitert. Dadurch sollte eine zweite Wohnung unterm Dach entstehen, die jedoch vorerst nicht fertig wurde, weil ihm die Militärzeit dazwischenkam. Er hatte gerade Gisela aus Ostfriesland geheiratet und zog mit ihr in die Garage, die eigentlich für seine BMW-Isetta gedacht war.

Seine Isetta hatte wenig mit einem traditionellen Automobil gemeinsam. Man betrat sie, indem man den gesamten Vorderteil aufklappte, wobei das Lenkrad mit herausklappte und man eine Sitzbank vor sich hatte, die nur zwei schlanken Personen Platz bot. Schaltung und andere Bedienungselemente waren natürlich auf der linken Seite, da die Vorderfront nach links aufklappte. Hinten hatte sie zwei kleine, dicht nebeneinanderstehende Räder, vorn zwei größere, die weiter auseinanderstanden. Thomas' Isetta hatte die Eigenschaft, dass sie die meiste Zeit im aufgebockten Zustand verbrachte und weniger ihrer eigentlichen Bestimmung folgte, nämlich Personen von A nach B zu befördern. Obwohl sich mein Bruder inzwischen auf allen handwerklichen Gebieten zum Fachmann entwickelt hatte schaffte er es nur selten, dieses Fahrzeug seiner eigentlichen Bestimmung zuzuführen.

Im kleinen Häuschen im Ohmoor 43 wurde es eng. Nicht nur Ursel, Andreas und Thomas' Frau Gisela bevölkerten das Gelände, sondern gelegentlich kam auch Giselas Sippe zu Besuch.

Wenn aus der Ferne ein lautes Geschnatter in unsere Ohren drang, dann wussten mein Freund Robert und ich: Die Ostfriesen kommen. Es dauerte aber noch etwa fünf Minuten, bis sie bei uns aufschlugen. Man hörte sie bereits aus einer Entfernung von über zweihundert Metern. Sie hatten gerade ihr Haus am Garstedter Weg verlassen.

Die Sippe, das war Oma Sini, also Giselas Mutter Gesine, ihre Schwester Anna mit Mann, ihre Tante Anette und Onkel Theo. Allesamt sprachen reinstes ostfriesisches Platt, eine Sprache, die etwa zwischen Hamburger Platt und Holländisch anzusiedeln ist. Sie hatte es aus den Weiten des ostfriesischen Landes in die Großstadt Hamburg verschlagen, und ihre Kommunikation lief immer noch so ab, wie sie es vom Lande her gewohnt waren.

Dort öffnete man nämlich zum nachbarschaftlichen Klönschnack die obere Hälfte der Haustür – die Türen waren dort zweigeteilt – lehnte sich bequem auf den geschlossenen unteren Teil, und tauschte mit dem Nachbarn den neuesten Klatsch aus. Nur wohnte der Nachbar meist weit weg, also musste man die Phonzahl des Gesprächs auf die einer vorbeifahrenden Lokomotive anheben; andernfalls kam nichts beim Nachbarn an.

Das hatten sie so beibehalten.

Der Lärm draußen schwoll immer mehr an und dann fiel die gesamte ostfriesische Sippe ein. Als Erstes setzte man eine mitgebrachte Kanne Tee auf den Herd, einen

Pott Kandis auf den Tisch und öffnete die erste Flasche Korn zur Begrüßung.

Robert und ich atmeten erst auf, als man sich nach etwa drei leeren Flaschen Korn und Unmengen getrunkenen Tees wieder auf nach Hause machte und der Lärm langsam in der Ferne verebbte.

Nur ein einziges Mal verzichtete die ostfriesische Sippe auf ihren geliebten Tee. Das war zu unserem Richtfest für den Anbau an unser kleines Haus. Thomas war inzwischen ausgebildeter Zimmermann und hatte, wie bereits erwähnt, unser winzig kleines Häuschen durch einen Queranbau vergrößert. Im Erdgeschoss kamen zwei Zimmer hinzu, ein sechzehn Quadratmeter großes Wohnzimmer, ein Acht-Quadratmeter-Zimmer für mich, ein Bad mit WC und eine Speisekammer. Im Obergeschoss sollte eine zweite Wohnung entstehen, in die Thomas mit seiner Frau Gisela dann später einziehen wollte.

Für diesen Anbau wurde nun Richtfest gefeiert und dazu schlug unter anderem Giselas ostfriesische Sippe auf.

Da Richtfest und Tee nicht so gut zusammenpassten, blieben also Teekanne und Kandispott zu Hause, und man widmete sich ausschließlich dem zweiten friesischen Nationalgetränk, dem Korn.

Mein Freund Robert, der dabei natürlich nicht fehlen durfte, und ich konnten diesem hochprozentigen Gesöff eigentlich nichts abgewinnen, jedenfalls solange wir einigermaßen nüchtern waren. Nach dem dritten Bier, das es für uns Außerfriesische gab, legte sich unser Widerwillen und wir entwickelten ordnungsfanatische Züge. Wir sammelten die überall herumliegenden Schnapsgläser ein und stellten sie ordentlich auf dem Tisch zusammen, nicht ohne sie jedoch vorher fein säuberlich von den nicht unerheblichen Korn-Resten zu befreien. Man wollte ja nichts verschwenden.

Kurz darauf setzte absolute Dunkelheit ein. Ich verlor das Bewusstsein.

Als ich es zurückerlangte, war bereits der nächste Morgen angebrochen und ich lag in meinem Bett und kotzte in einen Eimer mit Wasser, den Mutti neben mein Bett gestellt hatte. Ich kotzte stundenlang, bis nur noch gelbe Gallenflüssigkeit herauskam. Alles was ich zu mir nahm, war es trockenes Brot, war es nur ein Schluck Wasser, kam wieder heraus. Ich hatte eine schwere Alkoholvergiftung.

Es dauerte zwei Tage, bis ich wieder unter den Lebenden weilte. Mutti hatte mir mit unendlicher Geduld Wasser teelöffelweise eingeflößt, bis es irgendwann einmal drinnen blieb.

Es sollte dann mehr als fünfundzwanzig Jahre dauern, bevor ich zum ersten Male wieder so etwas Ähnliches wie Korn mit meiner Kehle Bekanntschaft schließen ließ. Aber das Erdgeschoss des neuen Hauses war fertig geworden. Ich hatte, Thomas sei Dank, mein erstes eigenes, acht Quadratmeter großes Zimmer. Ursel schlief mit Mutti im ehemaligen Wohnzimmer im Ehebett, das Onkel Bert hatte räumen müssen, und der kleine Andreas schlief auf einer Kinderliege quer am Fußende.

Und Oma hatte wieder jemanden, den sie zum Un-krautjäten heranziehen konnte.

Mein Verhältnis zu ihr hatte sich nämlich inzwischen radikal verändert. Sie respektierte mich, denn durch meine Schulbildung konnte ich sie in einigen Fällen auf dem ihr ureigenen Gebiet schlagen. Ich konnte ihr, die noch nie etwas von Bakterien, Viren und ähnlichem Zeug gehört hatte, plausibel erklären, warum ihr Obst oft von Maden und Würmern befallen war, ich konnte manchmal den theoretischen Hintergrund für ihre altüberlieferten Gartenregeln bieten. Und sie selbst merkte, dass die Zeiten sich geändert hatten. Der Anbau von Obst und Gemüse hatte nicht mehr den Stellenwert, den er in den Mangelzeiten vor, während und nach dem Krieg hatte. Also schraubte auch sie ihre Ansprüche zurück, deutlich erkennbar an vergrößerten Rasenflächen auf dem Grundstück. Aber Unkraut war immer noch der Feind ihres Gartenlebens und musste ausgerottet werden. Wenn ich ihr damals erzählt hätte, dass es eigentlich überhaupt keine Un-kräuter gäbe, sonders dass jede Pflanze ihren Sinn und ihre Daseinsberechtigung habe, dann hätte sie sofort nach den Leuten aus Ochsenzoll gerufen, damit sie mich in den weißen Kittel mit den überlangen Ärmeln steckten und abtransportierten.

Im hohen Alter wurde Oma deutlich milder. Es änderte sich nicht nur ihre Einstellung zum Garten und zur Gartenarbeit, sondern auch sie selbst veränderte sich. Zu der damaligen Zeit liefen alte Frauen fast ausnahmslos in schwarzen oder gedeckten Farben herum.

Modische Kleidung war etwas, was den jüngeren vorbehalten blieb.

Nicht so Oma. Je älter sie wurde, umso modischer kleidete sie sich. Sie bevorzugte bunte, mit Blumen bedruckte Kleider, Röcke und Schürzen in hellen Farben. Und das behielt sie bis zu ihrem Tod mit 98 Jahren bei, auch als sie Demenzerscheinungen zeigte und die letzten Jahre in einem schrecklichen Altersheim verbringen musste. Sie kippte ständig um, weil sie die korrekte Einnahme ihrer Medizin nicht mehr auf die Reihe bekam, und Mutti war inzwischen auch schon zu alt, um sie wieder hochheben zu können.

Ich holte sie in den letzten Jahren vor ihrem Tod 1985 häufiger aus ihrem Heim ab, fuhr sie mit dem Auto durch Niendorf und zeigte ihr die Veränderungen im Stadtteil. Besonders gern zeigte ich ihr den hinteren Teil des alten Grundstücks, auf dem ich vorhatte, später mein Haus zu bauen. Doch dazu komme ich noch. Sie freute sich, dass immerhin ein Teil ihres großen Grundstücks in der Familie blieb. Es fiel mir schwer, sie danach ins Altersheim zurückbringen zu müssen. Sie wollte dort nicht wieder hin. Ich hatte natürlich längst Frieden mit ihr geschlossen.

Aber erst einmal musste Neffe Andreas im Garten schuften. Ursel bekam einen Job als Briefträgerin bei der Post und machte sich daran, die Männerwelt neu zu erobern, was ihr außerordentlich leichtfiel. Sie hatte eine ausgezeichnete Figur, gute Beine, war hellblond mit dunkelbraunen Augen. Und sie war eine Powerfrau, was auch Nachteile hatte, besonders für ihren

Sohn. Er hatte es bei so einer starken Mutter schwer, sich zu entwickeln und zu behaupten. Folglich fing er an zu stottern.

Später, als ich anfing, unter anderem Erziehungspsychologie zu studieren, versuchte ich ihr klar zu machen, welchen Anteil sie daran hatte, und sie hat es kapiert.

Jedenfalls tauchten Männer auf und verschwanden wieder. Es waren nette dabei, aber auch üble Typen. So erinnere ich mich an einen großen, fetten Taxifahrer mit Leberproblemen, der stolz seinen fünfjährigen Neffen vorführte, welcher schon ein Glas Bier in einem Zug austrinken konnte. Ich war angewidert, und sie hielt es viel zu lange mit ihm aus.

Ab und zu nahm sie mich auch mit ins Kino und ich war mächtig stolz auf meine schöne, zehn Jahre ältere Schwester, die die Blicke der Männer anzog.

Der Blick eines Mannes war denn auch so intensiv, dass sie ihn Mitte der 60er-Jahre heiratete. Er war der Personalchef des Postamtes, geschieden wie sie, mit einer Tochter Kathrin und einer zickigen Exfrau. Sie zog aus ihrer inzwischen gemieteten kleinen Eineinhalb-Zimmer-Wohnung in eine schöne Wohnung in Hamburg-Hamm, wo Platz für Andreas und Kathrin war und für einen Igel. Später ließen sie und ihr Mann Jochen ein Haus in Einhaus, einem kleinen Nachbarort der Stadt Ratzeburg, bauen, wo sie nach dem Auszug der Kinder und dem Tod ihres zweiten Mannes lebte.

Thomas hatte inzwischen die Bundeswehrzeit mit Gehörschaden überstanden und zog aus der Garage aus.

Die Wohnung im Dachgeschoss war fertiggestellt, und Gisela brachte dort bald neue potenzielle Opfer für Oma Christine zur Welt, nämlich erst Steffi und ein paar Jahre später Lars.

Die frei gewordene Garage nahm nun nicht etwa den Isetta-Nachfolger auf, einen Fiat 600, sondern eine Unmenge an Werkzeugen und kleineren Maschinen. Thomas war ja inzwischen auf fast jedem handwerklichen Gebiet zu Hause. Neben allen Zimmererwerkzeugen stapelten sich dort Autoersatzteile, Löt- und Schweißgeräte, Flaschenzüge, Geräte zur Metallverarbeitung, Schnitzwerkzeuge und jede Menge Holzreste. Die Garage wurde denn auch bald zu klein. Also baute Thomas an die Garage einen Schuppen, der aber auch schnell gefüllt war. Wenn Oma nicht ihr Veto eingelegt hätte, hätte er das Grundstück überdacht.

Die neue Klasse

Doch zurück zur Schule, genauer zur *OLO*. So kürzte sich das Gymnasium in Niendorf in der Straße Sootbörn ab: *Oberschule für Jungen und Mädchen in Lokstedt*. Und wir Schüler nannten uns Oloten. Die Schule wurde 1929 in reinem Bauhausstil erbaut als Niendorf noch zu Pinneberg gehörte. Dass die Schule den Namen Lokstedt in sich trug, lag daran, dass 1927 die Landgemeinden Niendorf, Lokstedt und Schnelsen zu der Großgemeinde Lokstedt zusammengefasst wurden, und als diese Großgemeinde dann 1937 zu Hamburg kam, firmierte Niendorf noch bis in die 50er-Jahre postalisch unter Hamburg-Lokstedt 2.

Wegen des Bauhausstiles mit der großen rechteckigen Glasfront hieß die Schule auch unter uns Schülern *Der Glaskasten*.

Die neue 6. Klasse im Glaskasten war ein Glücksgriff. Hier war weniger Fußball angesagt als Handball und Leichtathletik. Und es fiel auf, dass ich enorm schnell laufen konnte. Der Grund dafür war ein bösartiger Ganter. Selbiger wohnte nämlich auf halber Strecke des Weges von zu Hause zur Moorschule und hasste kleine schüchterne Jungen mit Lockenköpfen genauso, wie er eingezäunte Wiesen verabscheute. Regelmäßig überwand er den Zaun, der ihn von der Straße abhalten sollte, nur, um mir aufzulauern. Kaum war ich bis auf zwanzig Meter an sein Revier herangekommen, tauchte er mit ausgebreiteten Flügeln, vorgestrecktem Hals und lautem Zischen auf und stürzte auf mich zu. Ich rannte, was das Zeug hielt. Der Ganter nickte ein paar Male anerkennend mit seinem Kopf, faltete seine Flügel zusammen und watschelte hoch befriedigt zurück in sein Reich.

Mein gefiederter Trainer hatte mich so auf eine Schnelligkeit gebracht, die ich nun endlich an den Sportlehrer bringen konnte.

Meine Klassenlehrerin Fräulein Hunzinger, eine unverheiratete, noch recht junge Pfarrerstochter, beriet mich im Outfit, indem sie mir vorschlug, meine Locken abschneiden zu lassen und die Haare kurz zu tragen, wie es dem damaligen Modetrend entsprach. Das tat ich denn auch, was meinem Ansehen bei ihr und in der Klasse förderlich war. Sie nannte mich dann Kammi, denn viele Kinder in der Klasse hatten Spitznamen, und die Klasse machte daraus Kämmi, denn es gehörte zum Trend der Zeit, alles Englisch auszusprechen. Diesen Namen habe ich bis heute bei meinen Freunden aus der Schulzeit behalten.

Die Klasse akzeptierte mich, obwohl ich weder Kind einer der drei Niendorfer Ärzte noch Sohn eines bekannten Schauspielerehepaares, noch Tochter der Leiterin einer berühmten Hamburger Ballettschule war. Diese hatten sich nämlich alle zufällig in der Klasse versammelt. Da gab es Becke, Axel, Mecki, Sille, Piet, Nico, Christiane und nun auch Kämmi. Kämmi war klein, zäh, schnell und gut in Mathe. Sogar bei den Mädchen kam ich vorübergehend gut an, denn ich war ein Jahr älter.

Nur bei Tina nicht. Tina war klein und drahtig. Sie hatte kurze, zu einem Bubikopf geschnittene, mittelblonde Haare und eine niedliche Stupsnase. Sie war unter den Jungen hochgeachtet, denn sie war außerordentlich sportlich. Sie konnte im Handball und Schlagball, den am häufigsten gespielten Spielen im Sportunterricht, nicht nur mithalten, sondern war sogar besser als die meisten Jungen. Und weil sie überhaupt kein Interesse an mir zu zeigen schien, war ich umso begieriger, sie als meine Freundin zu gewinnen. Da half es überhaupt nichts, so zu tun, als könnte ich gut Fußball oder Handball spielen. Ich konnte es nicht, denn mir fehlte etwas, das man als *Ballgefühl* bezeichnet. Auch im Schlagball traf ich mit der Keule den kleinen Ball eher selten. Aber ich konnte laufen. Ich lief, was das Zeug hielt. Ich trat sogar in den Niendorfer Turn- und Sportverein ein, Sparte Leichtathletik. Dort verbesserte ich meine Lauftechnik und wurde bald der mit Abstand Schnellste in der Klasse. Im Sportverein nahm ich denn auch an Kreis- und Landesmeisterschaften teil und kam schnell an meine Grenzen. Ich landete zwar oft unter den ersten sechs, wurde aber nie Landesmeister oder gar Deutscher Meister wie meine Klassenkameradin Sigrid Hüttenrauch. Dafür entwickelte ich überhaupt keinen Ehrgeiz, wie unser Trainer mit Bedauern feststellte. Ich bedauerte es weniger, richtete sich doch mein Ehrgeiz auf ein ganz anderes Ziel: Ich wollte Tina erobern.

Dann kam der *Dom* nach Niendorf und brachte mich ans Ziel meiner Wünsche.

Dazu muss man dem Nicht-Hamburger erklären, dass der Hamburger unter Dom so etwas wie Kirmes oder Jahrmarkt versteht. Der Name kommt daher, dass früher der Jahrmarkt im alten Hamburg rund um den Hamburger Dom stattfand, eine Kirche, die es schon seit vielen Jahrhunderten nicht mehr gibt.

Für uns Niendorfer Kinder war nicht nur der zweimal im Jahr stattfindende riesige Jahrmarkt auf dem Heiligengeistfeld im Zentrum Hamburgs der Hamburger Dom, sondern auch die Ansammlung zweier Karussells sowie ein paar Buden wurde von uns mit Dom bezeichnet.

Wir, das waren ein paar Jungen und Mädchen aus der Klasse, verabredeten uns auf dem Niendorfer Dom auf dem großen Platz vor dem Hof von Bauer Hinsch hinter der *Pro* an der Ecke Fuhlsbütteler Weg und Tibarg, dort, wo sich heute der Parkplatz hinter der Hamburger Sparkasse befindet. Tina war bei den Mädchen dabei. Während wir an den Buden vorbeischlenderten, ging Tina zufällig – oder auch nicht – neben mir. Verzweifelt das Hämmern meines Herzschlages gegen meinen Hals ignorierend, berührte ich vorsichtig ihre Hand, und als ich merkte, dass sie ihre Hand nicht fortzog, verursachte mein Puls ein donnerndes Getöse in meinem Kopf.

Wer einmal zu Fuß die Hamburger Hauptkirche, den Michel, bestiegen und erlebt hat, wie just in dem Augenblick, in dem er an den Glocken vorbeiklettert, diese zum Stundenschlag ansetzen, kann in etwa nachvollziehen wie es mir erging.

Das Glockengedröhn verebbte langsam und ich fand mich in der Raupe wieder mit Tina im Arm. Die Raupe war ein Karussell mit einem Ring aus Wagen, der sich über einem wellenförmigen Boden mit zunehmender Geschwindigkeit im Kreis drehte. Mitten in der Fahrt stülpte sich ein grünes Verdeck über die Wagen und verbarg so die Mitfahrenden vor den Blicken der neugierig Herumstehenden. Offenbar muss mein Verstand trotz fast totaler Anästhesie noch so weit funktioniert haben, dass ich in unserem Wagen den Platz nach außen hin eingenommen hatte. Mit Unterstützung von Zentrifugalkraft, die Tina gegen mich drückte, und grünlicher Dunkelheit erlebte ich so meinen ersten Kuss.

Drei Tage schwebte ich mit ungewaschenem Gesicht halb betäubt in Watte gepackt irgendwo zwischen Erdboden und siebtem Himmel. Doch dann schlug die Schwerkraft erbarmungslos zu.

Von heute auf morgen hatte ich das Interesse an Tina verloren. Damals hatte ich nicht die leiseste Ahnung, wieso das passierte. Heute weiß ich, dass Tina wohl allein deswegen so begehrenswert für mich war, weil sie unerreichbar schien. Als ich erreicht hatte, was ich wollte, und offenbar war ich noch zu jung, zu schüchtern oder zu naiv, um mehr zu wollen, ließ mein Begehren schlagartig nach. Die Intensität der erlebten Gefühle änderte daran nichts, doch diese Intensität wird einen großen Teil meines zukünftigen Lebens bestimmen.

Später verliebte ich mich in meine Klassenkameradin Elke. Mein Freund Robert konnte das gar nicht verstehen, denn er fand sie zickig.

Sie mochte mich aber recht gern, aber eben nur recht. Wir standen oft stundenlang nach der Schule mit unseren Rädern am Ende der Straße Am Bondenwald. Von dort aus fuhr sie nach Süden gen Eidelstedt und ich nach Norden. Wir konnten uns wunderbar unterhalten, und ich schwebte oft danach mit dem Fahrrad zwei Zentimeter über dem Boden nach Hause.

Dann wieder gestand sie mir, dass sie sich mit Rainer aus der Klasse getroffen hätte. Rainer fand ich nun absolut prollig und ausgesprochen machohaft. Die Heimfahrt fand dann entsprechend flach über dem Boden statt. Ich war an selbigem zerstört.

Kurz darauf schenkte sie mir ein Foto, das sie in einem Bikini zu Hause auf einer Hollywoodschaukel zeigte. Wieder jauchzte ich himmelhoch und war zu Tode betrübt, als sie sich mit einem älteren Jungen aus der Bekanntschaft zusammentat.

Das ging eine lange Zeit so. Letztlich konnte ich nicht wirklich bei ihr landen. Ich war für sie der gute Freund, mit dem man hervorragend über alles reden und bei dem alle seine Kümmernisse abladen konnte. Wir haben uns tausend Mal berührt, aber es hat nie *Zoom gemacht*, um Klaus Lage und Band zu zitieren.

Nach zwei Jahren in der neuen Klasse war Wandertag angesagt. Und der sollte für mich zu einem besonderen Erlebnis werden. Wir wanderten nämlich ins Kino. Das wurde mein zweiter Kinobesuch. Der erste hatte in der Volksschule stattgefunden, als wir auf der Leinwand die Krönung der englischen Königin Elisabeth II. erst ansehen und später im Unterricht in Bildern festhalten mussten. Doch nun waren wir älter, und die Lehrer im Allgemeinen und meine neue Lehrerin im Besonderen waren der Meinung, dass man uns durchaus schon einen damals hochgelobten Antikriegsfilm zumuten könne. Wir wanderten also zu Fuß eine Dreiviertelstunde in das bis dahin einzige *Lichtspieltheater* in Lokstedt am Rütersbarg. Da wurde *Die Brücke* von *Bernhard Wicki* gezeigt. Wir schauten gebannt auf die Leinwand und waren gefesselt von der Handlung.

Dann kommt eine Szene, in der Flugzeugstaffeln in großer Höhe den Ort des Geschehens überfliegen, begleitet von einem hohen, singenden Geräusch. Ohne dass ich es beeinflussen kann, fange ich an zu zittern, bekomme Schweißausbrüche, habe das Gefühl, meine Brust würde sich zusammenziehen, und das Herz pocht rasend gegen die Rippen. Ich habe so unglaubliche Angst, wie ich sie noch nie im meinem Leben empfunden habe. Am liebsten hätte ich mich unter dem Kinositz verkrochen. Das Schlimmste ist, dass ich völlig hilflos dieser Angst gegenüberstehe. Natürlich kannte ich in meinem Leben Angst. Aber wenn ich bisher Angst gehabt habe, dann war es immer die Angst vor etwas. Doch hier gibt es nichts, wovor ich mich fürchten muss. Diese völlige Verunsicherung macht alles nur noch schlimmer.

Erst als das Geräusch der überfliegenden Flugzeugstaffeln verebbt ist, beginnt auch meine Angst sich langsam zu legen.

Der Film Die Brücke entwickelte sich zu einem Pflichtprogramm in der Schule, und ich habe ihn natürlich später auch als Lehrer in meinem Unterricht eingesetzt. Jedes Mal bekam ich bei diesem Geräusch Angstzustände. Allerdings nicht mehr so heftig wie damals als Kind, denn ich hatte inzwischen die Ursache für mein Verhalten herausgefunden.

Es hat etwas mit meiner allerersten Erinnerung im Schwarzwald zu tun. Als Kind von knapp zwei Jahren hatte ich das Geräusch der amerikanischen und britischen Bomberstaffeln wahrgenommen, die hoch in der Luft über dem kleinen Ort im Schwarzwald die Angriffe auf die deutschen Städte in der weiteren Umgebung flogen. Mit dem singenden Geräusch in der Luft muss ich die Angst meiner Eltern und besonders die meiner Schwester Ursel gespürt haben, eine Angst, mit der ich als kleines Kind überhaupt nicht umgehen konnte, und die sich auf mich übertragen hatte. Noch heute habe ich das Gefühl, als krampfe sich mein Herz zusammen, wenn ich im Film oder Fernsehen einen Bericht über die Zeit der alliierten Luftangriffe sehe und dabei dieses Geräusch aus den Lautsprechern dröhnt.

Nach diesem *Wandertag* kam ich verunsichert nach Hause. Ich habe mein gefühlsmäßiges Erlebnis meiner Familie zu Hause natürlich verschwiegen, denn ich schämte mich für meine unerklärliche Angst.

Freunde fürs Leben

Einer meiner Freundes sagte einmal zutreffend: »Für dich, Kämmi, gibt es nur himmelhoch jauchzend oder zu Tode betrübt und nichts dazwischen.«

Dieser Freund war Mecki. Mecki hieß eigentlich Reinhard, mit Nachnamen Mecke. Er hatte wie ich einen älteren Bruder, mit dem er ebenso wie ich ständig stritt. Sein Vater betrieb einen kleinen Großhandel für Büromaterial von zu Hause aus, und seine Mutter sagte der gesamten Familie, wo es langzugehen hatte. Sie war eine ausgesprochen dominante Frau.

Ich lernte Mecki kennen, als ich in die bereits erwähnte neue sechste Klasse in der Oberschule für Jungen und Mädchen am Sootbörn kam.

Er fiel mir dadurch auf, dass er nicht, wie die meisten Kinder in der Pause mit dem Frühstücksbrot in der Hand herum lief, sondern mit einem Messer. Da er ein durch und durch friedliebender Mensch war und nicht etwa die viel später auftretende Gewaltbereitschaft unter vielen Jugendlichen vorwegnahm, handelte es sich bei seinem Gerät auch nicht um eine Waffe, sondern um einen Belichtungsmesser.

Mecki war nämlich der absolute Fachmann für alles, was mit Fotografie zu tun hatte, und musste schon bei seiner Geburt Verschlusszeit und Blende dieses Ereignisses registriert haben. Auf Ausflügen und Klassenreisen waren Mecki und seine Kamera eins, und zu Hause zauberte er später in der Dunkelkammer hervorragende Schwarzweißaufnahmen. Welche Möglichkeiten taten sich da auf? Während wir normales Jungenvolk vergeblich die Mädchen zu bequatschen suchten, doch einmal unsere Briefmarkensammlung zu begutachten, hätte er mit Sprüchen aufwarten können wie: »Kommst du mit in meine Dunkelkammer?« Allein die Tatsache, dass diese Kammer das abgedunkelte Klo im Hause *An der Lohe* war, hielt ihn wohl doch davon ab, sich zu der Zeit eingehender mit dem anderen Geschlecht zu befassen.

Aber er zauberte nicht nur Fotos, er zauberte auch sonst. Er konnte mit Wasser gefüllte Gläser, ohne sie anzufassen, auf dem Tisch bewegen, ließ alles Mögliche verschwinden und wieder erscheinen, zog aus Zeitungspapierrollen bunte Tücher und Papierblumen. Ich war so beeindruckt, dass ich die Fotografie ebenfalls zu meinem Hobby erklärte. Zaubern war mir denn doch zu aufwändig.

Und noch etwas gab es, das wir gemeinsam hatten: Das Interesse für gute Science Fiction. Angefangen bei Isaac Asimov über Stanislaw Lem, Frank Herbert, Robert A. Heinlein, Robert Silverberg bis Doc E. E. Smith verschlangen wir alles und diskutierten über mögliche Zukunftsentwürfe und Techniken. So träumten wir schon Ende der 50er-Jahre von Telefon- und Kommunikationsgeräten in Armbanduhrengröße. Fernsehgeräte – die ersten waren gerade auf den Markt gekommen – mussten keine überdimensionalen, hässlichen Holztruhen mit Klappe sein, sondern hingen als millimeterdicke Bildschirme an der Wand und natürlich in Farbe. Wir nahmen mit alten *Dampftonbandgeräten* in Holzkästen die Hits von Radio Luxemburg auf und fanden es ausgesprochen misslich, dass die Sender nicht in der Lage waren, die gespielten Titel über ein Display anzuzeigen – wir sagten damals noch *magisches Auge* dazu. Wir fanden auch, es müsse doch möglich sein, Tonbandgeräte so klein zu machen, dass man sie in die Tasche stecken konnte, und man nicht lange spulen müsse, um einen gesuchten Titel abzuspielen. Kurz: Wir waren in unseren Fantasien, von denen die meisten heute Realität geworden sind, unserer Zeit weit voraus.

In einem weiteren Punkt waren wir der Welt der beginnenden 60er-Jahre weit voraus. Dummerweise nur theoretisch. Es setzte nämlich die sexuelle Revolution ein. Wir allerdings konnten die Aufregung um so einen Film wie *Das Schweigen* von Ingmar Bergman überhaupt nicht verstehen; unsere Entwürfe einer Gesellschaft betrachteten die Diskussionen, die Bergman oder später Oswald Kolle lostraten, eher als verklemmt und spießig und entsetzlich hinterwäldlerisch.

Nur leider klaffte zwischen Theorie und Wirklichkeit eine Lücke, die zum Teil groteske Züge annahm. Obwohl wir, unserem biologischen Alter entsprechend, auf das andere Geschlecht *scharf wie Nachbars Lumpi* waren, merkten wir nicht einmal, dass wir unsere Diskussionen inmitten eines illegalen Puffs für noch recht junge Mädchen abhielten, der sich, wie wir viel später erfuhren, hinter einer äußerlich biederen Niendorfer

Kneipe verbarg. Wir waren so in unsere Theorien vertieft, dass man uns dort schon für schwul hielt, weil wir nicht so reagierten, wie man es von normalen jungen Männern in unserem Alter erwartet hätte. Erst als der Laden geschlossen wurde, merkten auch wir, wo die Häsinnen gehüpft waren.

Doch zurück zur neuen Klasse. Neben Mecki gab es noch Piet und Axel, die bald zu meinem engsten Freundeskreis zählten. Axel war ebenso wie Piet Sohn eines der drei Niendorfer Ärzte, und beide litten unter einer dominanten Mutter. Alle drei, Mecki, Piet und Axel, erzählten mir viele Jahre später, als wir schon im gesetzten Alter von über fünfzig waren, dass sie mich immer um meine Mutter beneidet hätten, eine Mutter, die loslassen konnte, die über alle Maßen tolerant war, die sich nie in mein Leben eingemischt hat und alle meine Entscheidungen, ob gut oder schlecht, richtig oder falsch, allenfalls damit kommentierte, dass ich wissen müsse, was ich tue, es sei schließlich mein Leben und ich würde es schon richtig machen. Wenn ihr etwas an meinem Leben nicht passte, hielt sie damit solange hinter dem Berg, bis ich selbst zu der Erkenntnis gelangt war, dass man es hätte anders machen können oder sollen. Das konnte durchaus viele Jahre dauern.

Nun, Axel war groß und gutaussehend und hatte beneidenswert viel Schlag bei den Mädchen. Er war eine Wasserratte, im Gegensatz zu mir, der ich immer noch unter den Spätfolgen der Blumberger Familienbadegänge litt. Und Baden war angesagt! Da gab es das

Niendorfer Quellbad, wo man sich und vor allem die Mädchen traf. Das Quellbad lag gleich hinter der Schule an der Straße Sootbörn, dort, wo sich heute das Ende der Startbahn I des Hamburger Flughafens befindet, und wir erreichten es meist mit dem Fahrrad. Der Höhepunkt der Fahrt zum Schwimmbad war das Durchfahren eines Gebietes nördlich des Quellbades, das noch von Bombentrichtern und Löchern für die FLAK-Stellungen des vergangenen Krieges zum Schutz des Hamburger Flughafens durchzogen war. Heute befindet sich an dieser Stelle die Erweiterung des *Neuen Niendorfer Friedhofs*. Nichts war herrlicher, als mit so hoher Geschwindigkeit in den Trichter hineinzusausen, dass man auf der anderen Seite mühelos wieder herauskam. Und das möglichst mehrere Male hintereinander.

Das Bad bestand aus zwei Becken. Ein rundum betonierter Nichtschwimmerteil mit einer Wassertiefe bis zu zirka einem Meter fünfzig und ein an den Seiten betoniertes Schwimmerbecken von fünfzig Metern Länge und etwa fünfzehn Metern Breite. Der Boden war nicht betoniert sondern schlammig, da eine Quelle zu einem Teil für die Wasserfüllung verantwortlich war. Naturgemäß war das Wasser hier völlig undurchsichtig, und eines der beliebtesten Spiele waren *Tauchkriegen* und *Kriegen über Eck*. Beim Tauchkriegen durfte man sich im Wasser nur durch Tauchen fortbewegen, und derjenige, der *war*, also der, der die anderen abticken musste, konnte nicht sehen, in welche Richtung man abtauchte.

Dieses Spiel war den guten Schwimmern vorbehalten, da es einiges an Tauchvermögen voraussetzte. Kriegen über Eck konnten auch weniger geübte Schwimmer spielen. Hier waren die Ränder an der Ecke des Beckens einbezogen, man durfte auch das Wasser verlassen, musste aber, um auf die andere Seite zu gelangen, immer durch das Wasser. Man durfte also nicht über die Ecke gehen.

Axel war Meister beim Tauchkriegen, was seinen Schlag bei den Mädchen ins Unermessliche steigerte. Mecki und Piet waren beim Kriegen über Eck dabei, und Kämmi sah zu und war unglücklich, denn er konnte nicht schwimmen. Mutti bekam bald die Nöte ihres kleinen Lieblings mit, kratzte ihr letztes Geld zusammen und verabreichte mir einen Schwimmkurs beim Bademeister des Quellbades. Letzterer band mir zwei Gurte mit lauter dicken Korkplatten um, befestigte Kind und Kork an eine stabile Angelrute und senkte mich ab ins Wasser. Dort hatte ich die vorher im Trockenen einstudierten Arm- und Beinbewegungen durchzuführen. Dies bereitete mir keine Schwierigkeiten, denn durch die immensen Korkmengen um meinen Oberkörper hüpfte ich auf der Wasseroberfläche herum wie im wahrsten Sinne des Wortes ein Korken auf dem Wasser. Daher konnte ich die im Trockenen einstudierten Bewegungen perfekt nachmachen, wurde doch die Bewegung allenfalls durch einen leichten Widerstand an den Unterarmen und Füßen gebremst, die sich trotz Kork und Angelrute wenige Millimeter unterhalb der Wasseroberfläche befanden. Trotzdem muss ich wohl ein erbärmliches Bild abgegeben haben, das insbesondere erhebliches Mitleid bei Axel erregte, der sich wieder einmal zum größten Teil unterhalb der Wasseroberfläche aufhielt. Er tauchte also für keinen sichtbar unter mich, fasste mich an beiden Füßen und zog mich mit gewaltigem Kraftaufwand unter Wasser. Ich schluckte viel Wasser und kam, allen Psychotherapeuten zum Trotz, seelisch unbeschadet den Gesetzen des Auftriebs folgend wieder nach oben. Auch der Bademeister hatte ein Einsehen und befreite mich erst von dem einen Korkgürtel und später von dem zweiten. Ich lernte letztlich so gut schwimmen, dass ich später an der Uni den Grund-, Leistungs- und Lehrschein der DLRG ablegte und eine Ausbildung zum Schwimmlehrer absolvierte. Axel sei Dank.

Piet war, wie gesagt, der zweite der drei Arztsöhne in der Klasse. Piet hatte mit mir gemeinsam, dass wir beide für dasselbe Mädchen in der Klasse schwärmten, nämlich Elke. Dank des ausbleibenden Erfolges hatten wir es daher nicht nötig, in Konkurrenz zueinander zu treten und wurden gute Freunde.

Auf der Wiese hinter dem Haus, dort, wo heute durch den Bau des Niendorfer Busbahnhofs alles zubetoniert ist, baute Piet ein Zelt auf und wir vier, Mecki, Axel, Piet und ich, machten dort unsere ersten homoerotischen Erfahrungen, indem wir unsere werdende Männlichkeit begutachteten, verglichen und aktivierten. Außerdem hatte Piet einen Kellerraum, der einer Katakombe nicht unähnlich war, und eine ein Jahr jüngere Schwester, die auch in unsere Klasse ging, da Piet wie ich eine Ehrenrunde gedreht hatte.

Pits Schwester lud dort unten einen Teil der Klasse zu den ersten *Feten* ein.

Unter den Klängen von *Papa Bue, Mr. Aker Bilk und Lonnie Donnegan* schwoften und schmusten wir mit dem weiblichen Teil der Klasse, und überwanden so schnell die homoerotische Übungsphase. Auch Axels Eltern nannten einen Keller ihr Eigen, wo die Feten ihre Fortsetzung fanden. Mein Freund Robert, der nicht auf unsere Schule ging, sondern auf die Mittelschule am Bindfeldweg, ergänzte bald unser Quartett.

Mit der Zeit wurde auch der Kreis der Fetenteilnehmer immer größer. Es kamen Freunde und Bekannte von Piet und seiner Schwester dazu, unter anderem auch Maren. Maren warf ihr Auge so heftig auf Piet, dass er ins Schwanken geriet und nicht mehr wusste, ob er sich intensiver mit ihr befassen und dafür unsere Freundschaft vernachlässigen oder lieber Maren auf Abstand halten sollte. Doch Maren löste seinen Konflikt mit weiblicher Schläue. Sie wusste: Wenn sie Piet haben wollte, musste sie uns als Freunde gewinnen. Genau das tat sie, wurde schnell in unseren Kreis aufgenommen und konnte später in aller Ruhe und Gelassenheit Piet zu Vaterfreuden verhelfen.

Der nächste, der aus unserer eingeschworenen Gemeinschaft ausscherte, war Axel. Er verließ die Klasse und die Schule vorzeitig und begann eine Ausbildung bei der Lufthansa. Daher verloren wir ihn etwas aus den

Augen. Seine Augen allerdings fokussierten sich bald auf ein junges Mädchen aus Norwegen, das ihm zeigte, dass es noch mehr gab als den bürgerlichen Ordnungssinn und die Einengung im Elternhaus durch eine mehr als dominante Mutter.

Den Rahmen dafür bot Axels winziges Auto, ein *Fiat 500*. Wer noch den begrenzten Innenraum dieses Fahrzeugs vor Augen hat, kann sich vorstellen, zu welchen akrobatischen Verrenkungen Axel und seine fast ebenso große Partnerin gezwungen wurden, um die Freuden einer sexuellen Begegnung zu erfahren.

In der Schule tut sich etwas

In der Schule genauer: über der Schule hatten sich inzwischen große Dinge angebahnt. Und zwar in Form von immer größer werdenden Flugzeugen, die genau über die Schule hinweg dröhnten, da einige hundert Meter dahinter die Start- und Landebahn des Hamburger Flughafens begann. Besonders aufregend war es, wenn die neue viermotorige *Super-Constellation* über das Schulgebäude einflog. Sie war so groß, dass sie gezwungen war, die gesamte Landebahn des Flughafens auszunutzen, was wiederum bedeutete, dass sie die Schule in so geringer Höhe überflog, dass wir vom Klassenzimmer aus den Piloten in der Kanzel und den Passagieren hinter den Fenstern zuwinken konnten, was natürlich eine willkommene Abwechslung zum ungeliebten Unterricht bedeutete. Auch der Lärm der vier Motoren machte ein Unterrichten für eine begrenzte Zeit unmöglich.

Dies sprach sich irgendwann auch bis in die Spitzen der Hamburger Schulbehörde herum und man baute eine neue Schule, zirka einen Kilometer entfernt, an der Straße *Am Bondenwald*.

Zur Grundsteinlegung am 1. Dezember 1958 hatten wir alle anzutreten. Der Schulleiter, eskortiert von zwei hübschen Oberstufenschülerinnen, versuchte verzweifelt zu verbergen, dass er nicht die geringste Ahnung hatte, wie man einen Grundstein fachgerecht mit Mörtel versehen an der dafür vorgesehenen Stelle auf dem

Fundament platziert. Schließlich war er Musiker. Er war in der Hamburger High Society als Tanztheaterexperte und -Kritiker hoch angesehen und kannte Gott und die Welt in Form von bekannten Journalisten der Hamburger Tageszeitungen und angesehenen Leiterinnen der renommiertesten Hamburger Ballett- und Tanzschule. Letztere schickte ihre Tochter auf unsere Schule, genau sogar in meine Klasse. Gott und die Welt wussten natürlich auch von seiner Neigung zu jungen Mädchen oder jungen Frauen, denen er gern unter vier Augen die Annehmlichkeiten und den Komfort eines Schulleiterzimmers näherbrachte. Aber wer hätte es gewagt, gegen diese geballte öffentliche Macht auch nur ein Wörtchen der Kritik zu äußern? Damals jedenfalls niemand, höchstens einige Lehrer der Schule, und dann auch nur hinter vorgehaltener Hand.

Kurze Zeit später setzte eine gewaltige Schülerwanderung vom Bondenwald über den Niendorfer Marktplatz zum Sootbörn ein, mit Abstecher zur Eis-Theke des Niendorfer Traditionscafés *Café Meyer*. Denn am Bondenwald waren bisher nur die Klassenräume fertiggestellt. Zum Fachunterricht wie Physik, Chemie und Kunst mussten wir in den Pausen zurück zur alten Schule. Doch auch dies ging vorüber. Dann machte der Hamburger Senat, genauer: die Baubehörde, etwas, wofür man sie heute steinigen würde. Ich hatte schon erwähnt, dass die alte Schule *Am Sootbörn* in klassischem Bauhausstil errichtet worden war. Sie war von den Architekten Ernst und Wilhelm Langloh, Schüler von

104

Walter Gropius, entworfen worden, die sich zusätzlich an Le Corbusier orientierten. Die große rechteckige Fensterfront über dem Eingang beherbergte natürlich dann die Räume der Bildenden Kunst. Weil man jetzt fürchtete, die Flugzeuge könnten bei der Landung mit dem Gebäude in Berührung kommen, verunstaltete man das Bauwerk durch Abriss der beiden oberen Geschosse. Die restlichen Räumlichkeiten nutzte man als Lager für Schulmöbel. Erst 40 Jahre später stellte man die Räume Künstlern und Galeristen zur Verfügung und versuchte, an der Fassade zu retten, was nicht mehr zu retten war.

Mit zunehmendem Alter entwickelte ich mich in der Schule zu einem As in Mathe und zu einer absoluten Null in Englisch, Latein und Musik. Unser *Mädchenfreund*, Schulleiter und Musiklehrer, warf mir so lange seine geflügelten Worte *Caliban kann keinen einzigen Ton halten* an den Kopf, bis ich es selber glaubte. Er fand es witzig, meinen Namen literarisch zu verballhornen, ich nicht.

Einmal abgesehen vom Musiklehrer mit der Neigung zu jungen Mädchen und Frauen hatte ich durchweg nette und sogar nach heutigen Maßstäben pädagogisch versierte Klassenlehrer und Klassenlehrerinnen.

Das hielt uns aber nicht davon ab, unserer jungen Klassenlehrerin den einen oder anderen Streich zu spielen.

Wir waren bereits Siebtklässler, und *Fräulein Hunzinger* hatte wohl schon so viel Geld zusammengespart, dass sie sich ein Auto leisten konnte: Einen Lloyd-Alexander, den *Leukoplast-Bomber*. Dies war ein kleiner vierrädriger Wagen, dessen Verkleidung inzwischen schon aus Metall bestand, dessen Vorgänger aber noch eine Holzverkleidung hatte, die mit Kunstleder überzogen war. Daher auch der Name Leukoplast-Bomber.

Dieses Fahrzeug war so leicht, dass wir es mit sechs Schülern von seiner Parkposition vor der Schule forttragen konnten und an einer Stelle zwischen Laternenpfahl und einem parkenden Auto so absetzten, dass vorn und hinten nur wenige Millimeter Platz blieben.

Unsere Klassenlehrerin versuchte natürlich später herauszubekommen, wer das getan hatte, aber wir hielten dicht. Daher hatte der Streich keine Konsequenzen. Sie war vermutlich auch nicht wirklich verärgert.

In der 8. Klasse bekamen wir einen neuen Klassen- und einen neuen Deutschlehrer.

Boy Börnsen, unser Klassenlehrer, war noch jung und unterrichtete Mathematik und Physik. Es war fast immer gut gelaunt und hatte oft einen flotten Spruch auf den Lippen, mit dem er uns zum Lachen bringen konnte. Ich mochte ihn, und folglich wurden meine Schulleistungen in seinen Fächern immer besser. Wir behielten ihn bis zum Abitur.

Unser neuer Deutschlehrer hieß Dr. Schoebe. Er hatte gerade das Referendariat beendet und galt als hochintelligent. Böse Zungen behaupteten sogar, er sei schon an der Grenze zum Wahnsinn.

Jeden Morgen fuhr er mit dem Moped zur Schule. Da er unsere Klasse auch in Geschichte und Religion unterrichtete, überredete er mich, am Religionsunterricht teilzunehmen. Als einziger Atheist in der Klasse durfte ich selbst entscheiden, ob ich an diesem Unterricht teilnehmen wollte.

»Kämmi«, redete er auf mich ein, »wenn du schon gegen Kirche und Christentum eingestellt bist, dann solltest du wenigstens wissen, wogegen genau du bist«.

Das überzeugte mich.

Wenn es ein Referat über Kirchen- oder Bibelkritiker zu halten gab, dann bekam ich es. Und ich hielt es gern, denn es entsprach meinem sich langsam entwickelnden Kritikbewusstsein und der beginnenden Protesthaltung.

Schoebe unterstütze mich dabei. Ich lernte in ihm einen bekennenden Christen kennen, der der gängigen christlichen Lehre sehr kritisch gegenüberstand.

Ich wusste bald, dass es zwei unterschiedliche Schöpfungsgeschichten gibt – welcher Christ weiß das schon, dass der alttestamentarische Gott ein ungerechter, strafender und rächender ist, der sogar so weit geht, von seinen Anhängern Kindesmord und andere Verbrechen zu verlangen, und dass es zwei unterschiedliche Weihnachtsgeschichten gibt. Kurz: Ich wusste bald mehr über die Bibel als die meisten meiner christlichen Mitschüler, und vor allem mehr als der Durchschnittschrist, der in der Regel nur zu Weihnachten, Ostern, Taufe, Konfirmation, Hochzeit und Beerdigungen die Kirche von innen sieht. Ich war bald der *advocatus diaboli* des Religionsunterrichts und gefiel mir in der Rolle. Das färbte natürlich auch auf den Deutsch- und Geschichtsunterricht ab. Im Mündlichen war ich dort bald fast an der Spitze der Notenskala, nur im Schriftlichen haperte es beträchtlich. Hier machte sich denn doch meine Herkunft bemerkbar, der eine gewählte Ausdrucksweise eher fremd war.

Für die damalige Zeit war Schoebe ein außerordentlich moderner und fortschrittlicher Pädagoge. In Geschichte beschäftigten wir uns ein halbes Jahr mit dem Marxismus. Der übliche Geschichtsunterricht überging damals diese Periode regelmäßig. Bis zum Abitur hatten wir ausführlich sowohl das Dritte Reich behandelt als auch die Anfänge der Bundesrepublik Deutschland und der DDR. Auch das war zu der Zeit eher die Ausnahme.

Im Deutschunterricht lasen wir nicht nur Goethes Faust, sondern auch zeitgenössische Schriftsteller wie Max Frisch mit seinem Theaterstück *Andorra* und Dürrenmatts *Besuch der alten Dame*. Wir lasen Sartre und Camus. Dr. Schoebe war damals sicherlich seiner Zeit voraus.

Zum Abitur führten wir den ersten Teil eines Theaterstücks von Siegfried Lenz auf: *Zeit der Schuldlosen* unter der Regie unserer Sprecherziehungslehrerin Frau Vagt.

Zur Premiere steigt am Ende der Vorstellung ein schlanker Mann von etwa 38 Jahren zu uns auf die Bühne. Er hat ein kleines rundes Gesicht mit wachen hellen Augen, trägt einen akkuraten Scheitel, und die glatten, dunklen Haare hat er streng zur Seite gekämmt. In der linken Hand hält er eine Pfeife, die ausgegangen ist. Obwohl ich sicher bin, ihn noch nie gesehen zu haben, kommt er mir bekannt vor. Dann schüttelt er uns allen die Hand.

Es ist Siegfried Lenz.

Unser Schulleiter hatte seine Beziehungen zur Hamburger Society spielen lassen.

Zum Schulabschluss gab mir mein Deutschlehrer dann auch einen Rat und eine Prognose für mein zukünftiges Leben mit auf den Weg:

»Kämmi, Sie sollten nie einen Beruf ergreifen, bei dem es um schriftliche Ausdruckskraft geht, wie Journalist oder Autor.« Außerdem hatte er auch eine Prognose parat: »Sie werden über kurz oder lang zum Christentum konvertieren, denn Ihre Moralvorstellungen werden Sie gezwungenermaßen irgendwann dahin führen.«

In der letzteren Prognose irrte er sich jedoch komplett, auch wenn meine Moralvorstellungen sich nicht wesentlich geändert haben. Doch seinem Unterricht verdanke ich, dass ich mich von einem schüchternen, zurückhaltenden Jungen, der möglichst nicht auffallen wollte, zu einem selbstbewussten jungen Mann entwickelt habe. Natürlich hat zu diesem Selbstbewusstsein auch die Tatsache beigetragen, dass ich es allein, ohne die Hilfe meiner Familie, bis zur Reifeprüfung und später sogar bis zur Hochschulreife gebracht habe.

Anders als Schoebe, und pädagogisch weniger versiert, waren allerdings so manche Fachlehrer. Ich denke da an einen skurrilen Chemielehrer namens Perlewitz. Er war im mittleren Alter mit streng zur Seite gekämmten, schon etwas schütteren Haaren mit akkuratem Scheitel und einer runden Nickelbrille. Außerdem trug er ständig einen weißen Kittel. Er war Junggeselle und kam jeden Tag mit dem Fahrrad zur Schule.

Regelmäßig um die Mittagszeit roch es im Chemieraum entsetzlich nach Erbsen- oder Bohnensuppe. Dann wusste es die ganze Schule: Perlewitz bereitete sein Mittagessen auf dem Bunsenbrenner zu.

Perlewitz brachte es fertig, mein anfänglich großes Interesse an seinem Unterrichtsfach im Keim zu ersticken. Sein Unterricht, der anfangs noch im Keller der alten Schule am Sootbörn hinter runden, bullaugenähnlichen Fenstern stattfand, war zum Sterben langweilig. Jedenfalls fand ich das. Folglich fiel ich dadurch auf, dass ich in seinem Unterricht alles Mögliche trieb, nur hatte das in der Regel nichts mit Chemie zu tun.

Das wiederum führte dazu, dass ich hin und wieder einen großen Teil der Stunde vor der Tür in dem langen Kellerflur verbringen musste. Meistens hatte ich Gesellschaft von weiteren Mitschülern. Wir vertrieben uns die Zeit damit, auf dem langen Kellerflur mit einem Gummiball Fußball zu spielen. Gelegentlich donnerte der Ball dabei auch gegen die Chemieraumtür, was Herrn Perlewitz mit wütendem Blick die Tür aufreißen und den Ball einkassieren ließ.

Einmal, so erinnere ich mich, stehe ich wieder allein vor der Tür, während drinnen gerade ein chemisches Experiment vorbereitet wird. Damit ich die Wirkung miterleben kann, holt mich der Lehrer zurück in den Raum.

Vorn am Lehrerpult knallt und pufft es. Mein Freund Axel flüstert mir zu, dass ich mich melden und erklären solle, um welche Chemikalien es sich bei dem Versuch handelt. Damit könne ich bestimmt Herrn Perlewitz beeindrucken und mein vorheriges schlechtes Benehmen wiedergutmachen. Er sagt mir vor und ich verkünde lauthals, dass es sich bei dem Versuch um Kaliumpermanganat gemischt mit rotem Phosphor handelt.

Ich habe kaum ausgesprochen, als Herr Perlewitz' Kopf rot anschwillt, und, bevor er platzt, er nur mühsam ein einziges Wort herausbringen kann, nämlich »RAUS«.

Ich stehe schon wieder vor der Tür und verstehe die Welt nicht mehr. Später erzählt mir Axel, dass unser Chemielehrer das Experiment mit den Worten angekündigt hat, dass es sich dabei um eine sehr gefährliche Mischung handeln würde und er uns deswegen auf keinen Fall sagen wolle, um was es sich dabei handelt. Und sollte ein Schüler es wider Erwarten wissen, solle er sich unbedingt damit zurückhalten und es niemandem verraten.

Wozu gute Freunde nicht alles gut sind!

Als wir schon in der Oberstufe waren und uns am Nachmittag mehr oder weniger freiwillig zu einem Chemiekurs verabredet hatten, legte Herr Perlewitz ein recht kumpelhaftes Verhalten an den Tag. Er erzählte uns nämlich, dass er all die Jahre Geld angespart habe und nun unsere Meinung zu einem persönlichen Problem einholen wolle.

»Was meint ihr, soll ich mir von meinem Geld ein Auto kaufen oder eine Frau heiraten?«

Unisono riefen wir natürlich: »HEIRATEN!«

Er nahm sich unseren Ratschlag zu Herzen und erschien einige Wochen später mit einem nagelneuen VW-Käfer in der Schule. Der Autoverkäufer hatte wohl bessere Überzeugungsarbeit geleistet als der Heiratsvermittler.

Eine Zeitlang hatten wir einen Mitschüler aus Amerika mit ungarischen Wurzeln. Er hieß Ernest Kovaç, Örnest ausgesprochen. Er konnte einigermaßen gut Deutsch, war aber natürlich mit den Feinheiten der Sprache nicht so vertraut.

Wir hatten Geschichte bei Dr. Schneider, einem immer akkurat mit dunklem Anzug und gestreifter Krawatte gekleideten Mann im mittleren Alter, dessen schwarze pomadisierte Haarsträhnen streng parallel von der Stirn nach hinten gekämmt waren. Thema des Unterrichts war das Mittelalter. Genauer: Es ging um den ostfränkischen König Heinrich I., der auch als Heinrich der Vogler bekannt ist.

Ernest war gerade mit seinem Sitznachbarn am Palavern, als Dr. Schneider ihn aufforderte, zu wiederholen, um wen es gerade im Unterricht ging. Unser amerikanischer Freund hatte natürlich keinen Schimmer. Also half ihm sein Nachbar von der anderen Seite aus der Patsche und sagte ihm den Namen vor. Ernest verkündete also stolz:

»Herr Dr. Schneider, es geht um Heinrich, den Vögeler!«

Die Klasse platzte vor Lachen und Ernest verbrachte den Rest der Stunde vor der Tür. Warum, das wusste er nicht.

Dass man gelegentlich seinen Mitschülern einen Streich spielte, war durchaus üblich und wurde auch nie übel genommen. Es gehörte in dieser Klasse sogar zum guten Ton, im Schuljahr ein paar Mal vor der Tür gestanden zu haben. Das galt sowohl für alle Sozial- als auch Leistungsklassen: vom Streber bis zum Sitzenbleiber und von Arztsohn oder -tochter bis zum Arbeiterkind. Eigentlich gab es gar keine richtigen Streber. Gute wie schlechte Schüler waren in der Klasse akzeptiert. Es war selbstverständlich, dass es auf der einen Seite Asse wie mich in Mathematik gab, die eher schwach in den Fremdsprachen waren aber auf der anderen Seite solche, die in Mathe eine absolute Null waren, und dafür hervorragende Fremdsprachenkenntnisse besaßen, wie mein Freund Mecki, der Fotograf und Zauberlehrling.

Es gab allerdings einen Mitschüler, den wir etwas gewöhnungsbedürftig fanden. Aber auch er wurde, trotz seiner merkwürdigen Angewohnheit, auf die ich gleich zurückkomme, von der Klasse akzeptiert. Das war Jüwillem.

Jüwillem war sein Spitzname. Den hatte er bekommen, weil unser Mathelehrer wegen seines merkwürdigen Dialektes, den wir keinem Landstrich zuordnen konnten, seinen Namen auf diese Weise aussprach.

Jüwillem war recht klein, also nur unwesentlich größer als ich und daher der einzige Schüler, mit dem ich mich gelegentlich prügelte. Der Anlass war meist irgendeine Nichtigkeit. Auf Grund meiner Körpergröße war das Ende solcher Prügeleien mit Gleichaltrigen bisher vorprogrammiert gewesen. Nicht so bei Jüwillem. Und da es sich für einen anständigen Jungen gehörte, sich gelegentlich zu prügeln, war er natürlich der ideale Partner für mich. An den Ausgang dieser Keilereien erinnere ich mich nicht mehr, aber ich denke, dass er ausgeglichen war. Mal trug ich, mal er, eine blutende Nase davon. Ernsthafte Verletzungen gab es eigentlich nie. Auch bei den anderen Mitschülern nicht. Jüwillem tat sich im Unterricht dadurch hervor, dass er mit verklärtem Blick an seinem Platz saß und Taschenbillard spielte. Taschenbillard nannten wir es, wenn er im Unterricht vor sich hin onanierte. Die Lehrer bekamen davon nichts mit, denn es lag damals völlig außerhalb der Vorstellungskraft eines jeglichen Pädagogen, dass es so etwas in seinem Unterricht geben könnte. Da Jüwillem sich also mehr mit sich selbst als mit dem Unterrichtsstoff beschäftigte, waren seine Schulleistungen bald am unteren Bereich der Notenskala angekommen. Als dann noch sein Liebesbrief an eine Schülerin in die Hände eines Lehrers fiel, gab es auf Grund des Inhalts dieses Briefes eine Lehrerkonferenz mit dem Ergebnis des *concilii abeundi*. So nannten wir es, wenn die Lehrer androhten, eine Konferenz abzuhalten mit dem Ziel, einem Schüler den Rat zu geben, die Schule zu verlassen. In seinem Brief stand eigentlich nur *Ich möchte an deinem Busen rasten, wie die Kuh am Futterkasten.* Aber die Lehrer waren sämtlich so empört, dass er die Schule verlassen musste.

Unsere Biologielehrerin hieß Fräulein Laser. Sie war um die vierzig, recht groß, und trug ihr schwarzes Haar immer zu einem Knoten gebunden. Außerdem zeichnete sie sich durch ein ausladendes Hinterteil und einen enorm großen Busen aus, wodurch das Körpergleichgewicht wiederhergestellt war. Deswegen war auch der Geschichtslehrer Dr. Schneider hinter ihr her, und es ging das Gerücht, dass sie ein Verhältnis miteinander hätten.

Besonders angetan waren wir von ihrem Unterricht, wenn es hieß: *Wir gehen raus.* Das hieß es bei gutem Wetter fast regelmäßig. Der Unterricht fand dann draußen bei einem Spaziergang durch das angrenzende wilde und noch von Bombentrichtern durchzogene Gelände zwischen Schule und Flughafen statt.

Ohne dass wir uns je miteinander absprachen, bildete sich eine immer wechselnde Gruppe von Mitschülern, die um Fräulein Laser herumwuselte und Interesse an ihren botanischen Vorträgen heuchelte. Wir wollten sie ja bei Laune halten. Der Rest der Klasse tobte durch die Gegend oder flirtete mit den Mädchen, denn schließlich fand ja Biologieunterricht statt.

Die Klasse war überhaupt erfindungsreich, wenn es darum ging, Methoden zu entwickeln, die Lehrer zu übertölpeln. So hatten wir eine absolut sichere Methode gefunden, um bei den Geschichtsarbeiten bei dem schon erwähnten Dr. Schneider zu schummeln. Geschichtsarbeiten bestanden damals in der Regel im Abfragen von Daten, und das nicht nur bei Dr. Schneider. Wann lebte Heinrich I., wann wurde er gekrönt, wer war wann sein Nachfolger und so weiter. Alle für so eine Arbeit notwendigen Daten schrieben wir auf ein rundes Blatt Papier von der Größe eines Bierdeckels. Dieser Zettel wurde dann auf einen Bierdeckel geklebt, dessen Rand an einer Stelle frei vom Text blieb. An dieser Stelle wurde der Bierdeckel mit einer Heftzwecke unter dem Tisch befestigt, dass er sich drehen ließ. Während der Geschichtsarbeit drehte man den Deckel so, dass fast der gesamte Teil unter dem Tisch hervorstand und man problemlos abschreiben konnte. Wenn Dr. Schneider dann während der Arbeit durch die Reihen ging, um nach möglichen Schummelzetteln zu fahnden, drehte man mit dem Körper durch eine Seitwärtsbewegung den Bierdeckel wieder unter die Tischplatte. Man braucht dazu nicht einmal die Hände. Die Geschichtsarbeiten fielen dementsprechend gut aus und Dr. Schneider hielt uns für eine fleißige Klasse.

Während des Sportunterrichts in der Oberstufe und wenn das Geld reichte, trafen mein Freund Mecki und ich uns hin und wieder dort, wo Bierdeckel ihrem eigentlichen Zweck zugeführt wurden: in den Niendorfer Kneipen, unter anderem bei *Moritz*, einer Kneipe gleich um die Ecke. Etwa seit ich in der 9. Klasse war, gab ich regelmäßig jüngeren Schülern Nachhilfe in Mathe und verdiente mir so mein Taschengeld.

116

Insbesondere, wenn Turnen angesagt war, tauschten wir gern das Reck gegen einen Bierseidel ein. Unser Sportlehrer hatte nämlich wenig Durchblick, was die Anzahl seiner Schüler anging, und es fiel nicht auf, wenn der eine oder andere fehlte. Lieber hätte ich natürlich in Englisch oder Latein geschwänzt, aber insbesondere Herr Born, unser Lateinlehrer, ein kleines tänzelndes Männchen, war pingelig was Fehlen anging.

Einmal fehlte allerdings auch er.

Es war am Abend eines kalten Februartages. Ich war in der elften Klasse, saß an meinem Schreibtisch und bereitete meine Kladdsche für die am folgenden Tag anstehende Lateinarbeit vor. Die Kladdsche, so nannten wir das Schummelheft, war ein kleines Reclam-Heft, das das gleiche Format und Layout hatte wie die im Unterricht verwendete Lektüre. Es handelte sich um *De bello gallico* mit der bekannten ersten Zeile *Gallia est omnis divisa in partes tres,* woraus der etwas Lateinkundige entnehmen kann, dass es sich nicht etwa bei dem bello gallico um einen bellenden Gallier handelte, also um Obelix' Hund Idefix, sondern um den *Gallischen Krieg* von Gajus Julius Caesar. Das Reclam-Heft beinhaltete eine recht freie Übersetzung von Caesars Text ins Deutsche. Dieses Heftchen versah ich am unteren Rand mit einem herausstehenden Register, das es mir ermöglichte, blitzschnell den entsprechenden Textteil zu finden. Unser Lateinlehrer schrieb zu Beginn der Lateinarbeit Kapitel und Absatz, den wir zu übersetzen hatten, an die Tafel. Während dieser kurzen Zeit, in der er der

Klasse den Rücken zukehrte, mussten wir unter dem Tisch die passende Seite aus der Kladdsche reißen und auf die freie Seite des Lektüreheftchens legen. Da das Heft schon mehrere Schülergenerationen gequält hatte, war es nicht ungewöhnlich, dass es lose Blätter gab. Also schrieb ich den entsprechenden Textteil ab und erreichte somit fast immer eine befriedigende Note. Zu mehr reichte es nicht, da der Lehrer die Übersetzung ungenau und wenig wörtlich fand.

Ich saß also an meinem Schreibtisch, als draußen auf der Straße eine Schiffsglocke Haus und Boden zum Vibrieren brachte. »Dong! Dong! Dong!« Drei Glasen, wie es auf See heißt, hallte es über das Ohemoor.

Es bedeutete: Rüdiger war wieder im Lande.

Rüdiger war ein früherer Klassenkamerad von Robert. Wir hatten ihn eines Tages in einer Niendorfer Kneipe wiedergetroffen. Er fuhr als Bordelektriker auf einem Frachtschiff auf der Route Hamburg – Südamerika zur See. Wenn sein Schiff mal wieder im Hamburger Hafen lag, tauchte er bei uns mit seinem alten VW-Käfer auf, um mit uns *einen Zug durch die Gemeinde zu machen*. Dazu lud er uns immer ein, denn er verdiente in seinem Job bereits eine gewaltige Menge Geld.

Sein Käfer fiel auf. Auf das Dach hatte er einen riesigen Spielzeugschlüssel geschweißt, und unter der vorderen Haube, wo sich beim Käfer normalerweise der Kofferraum befindet, versteckte sich eine große Schiffsglocke, die er vom Innenraum durch einen Seilzug bedienen konnte. Wenn die Glocke die Wände von Niendorfs Einfamilienhäusern zum Schwingen brachte, hieß das: Rüdiger ist wieder da!

Ich ließ also Caesar mit seinem gallischen Krieg allein, zog mir eine dicke Jacke an, denn es war kalt und stürmisch, und eilte nach draußen. Im Auto wartete neben Rüdiger bereits Mecki auf mich.

Diesmal hatte Rüdiger sich etwas Besonderes ausgedacht.

Er fuhr mit uns in den Freihafen. Den gab es damals noch. Er war ein Zollfreigebiet. Waren, die dort lagerten, mussten erst verzollt werden, bevor sie das Gebiet verlassen durften. Hier lag sein Schiff und in seiner Kajüte eine Unmenge zollfreien Alkohols. Den wollte er unseren Kehlen näherbringen.

Er parkte sein Gefährt direkt neben dem Frachter am Kai, und wir hatten einigermaßen Mühe, das Schiff über das Fallreep zu betreten. Das Fallreep war eine etwa zehn Meter lange Planke, die steil abwärts führte, denn der Eingang auf das Schiff lag weit unterhalb der Kaioberkante. Damit man nicht rutschte, waren auf die Planke etliche Leisten quer aufgenagelt, die sie einer Hühnerleiter gleichen ließ, allerdings für sehr großes Federvieh. Wir balancierten auf Rüdigers Schiff und hielten uns dabei an einer Leine fest, die an einer Seite der Planke Halt bot.

Dann machen wir uns über seine flüssigen Vorräte her.

Irgendwann, kurz nach Mitternacht, meinen wir, nun genug Alkohol intus zu haben und treten den Rückweg an. Als wir an Land gehen wollen, stehen wir vor dem gleichen Fallreep und glotzen verständnislos auf ein unbegreifliches Phänomen. Wir können uns noch gut daran erinnern, dass der Weg aufs Schiff vor Stunden steil nach unten führte. Nun führt der Weg zurück auf die Kaimauer schon wieder genau so steil nach unten und nicht nach oben, wie es sich für ein anständiges Fallreep gehört, das den Gesetzen der Logik zu folgen bereit ist.

Als wir dann mit großer Mühe die Kaimauer erklommen haben, denn unser Gang hat inzwischen auch eine gewisse Sicherheit verloren, was wir überhaupt nicht verstehen können, sehen wir das Wasser über den Kai schwappen. Auch um die Räder von Rüdigers Käfer spülen bereits einige Wellen.

Nun wird uns klar, was geschehen ist. Wir haben bei Ebbe das Schiff betreten und es jetzt bei Flut wieder verlassen. Die Flut hat das Schiff inzwischen gewaltig angehoben.

Wir machen uns schnellstens mit unserem Aufzieh-Käfer davon.

Kurz hinter der Freihafengrenze blitzt vor der Windschutzscheibe eine rote Kelle auf.

»Polizei! Öffnen Sie bitte das Fenster!«

Rüdiger rutscht das Herz in die Hose. Er kurbelt das Seitenfenster herunter und versucht, die Luft anzuhalten, damit der Uniformierte seine Alkoholfahne nicht bemerkt. Der Polizist mustert uns alle drei.

»Wo kommen Sie her? Und wo wollen Sie hin?« Man merkt, er ist Hamburger, denn ein Nicht-Hamburger würde fragen: ›Woher kommen Sie und wohin wollen Sie?‹

»Wir kommen von meinem Schiff, das hinten im Freihafen liegt. Ich bin dort Bordelektriker. Und wir wollen nach Niendorf, wo meine beiden Freunde wohnen.« Rüdiger gibt bereitwillig Auskunft.

Dann sagt der Polizist etwas, das Rüdigers Herz und auch unseres wieder an den rechten Platz in der linken Brusthälfte rückt.

»Ich muss Ihnen leider sagen, dass Sie auf keinen Fall wieder zurück auf Ihr Schiff können. Sie können nicht einmal mehr in den Freihafen, denn wir rechnen mit weitersteigendem Wasser. Das gesamte Hafengebiet wird abgesperrt.«

Dann legt er seine Hand an seine Mütze.

»Ich wünsche Ihnen eine gute Heimfahrt. Und fahren Sie vorsichtig. Es ist stürmisch.«

Damit entlässt er uns.

Wir sind erleichtert: Der Polizist hatte offensichtlich andere Sorgen, als Autofahrer auf ihre Fahrtauglichkeit zu überprüfen. In leichtem Schlingerkurs fahren wir nach Hause und Rüdiger zu seinen Eltern, die ebenfalls in Niendorf leben.

Der Rest der Nacht ist sehr stürmisch und es fliegen ein paar Dachziegel von unserem Dach herunter, die Bruder Thomas jedoch schnell ersetzt.

Am nächsten Morgen gehe ich wie gewohnt zur Schule. Erste Stunde, Lateinarbeit.

Alle Schüler sind erschienen bis auf Sigrid Hüttenrauch, genannt Hütte, die Deutsche Jugendmeisterin im 100-Meter-Lauf. Auch nicht erschienen ist der Lateinlehrer. An seiner Stelle betritt der Schulleiter die Klasse und sagt die Arbeit ab. Der Lehrer könne aus Wilhelmsburg nicht weg, denn sein Haus sei vom Wasser eingeschlossen.

Wir finden das natürlich toll.

Erst am Nachmittag zu Hause aus dem Radio erfahren wir von dem ganzen Ausmaß der Katastrophe.

Es war die Nacht vom 16. auf den 17. Februar 1962, in der in Hamburg die Deiche brachen und 315 Menschen in den Fluten ertranken.

Unser Lateinlehrer war nicht unter den Opfern, denn er wohnte in einem mehrstöckigen Haus, und wir schrieben die Lateinarbeit selbstverständlich später nach.

Meine Klassenkameradin Hütte fehlte noch einige Tage. Als sie dann wiederkam, erzählte sie mir von ihren Erlebnissen. Sie hatte Freunde, die beim technischen Hilfswerk arbeiteten, und hatte sich mit denen zum Helfen aufgemacht. Sie hatte sich gegen Cholera impfen lassen und war dann losgezogen, Überlebende und Tote zu bergen.

Ihr Engagement beeindruckte mich enorm. Sie stieg dadurch in meiner wie auch in der Achtung aller Klassenkameraden um unendlich viele Stufen.

Folglich war sie dann auch bei der nächsten Fete bei mir zu Hause dabei, wo sie auf meinen Freund Robert ein Auge warf. Und er warf zurück.

Spät in der Nacht, es fuhr natürlich längst kein Bus mehr, begleitete Robert sie die knapp drei Kilometer bis zum Niendorfer Marktplatz zur Straßenbahnhaltestelle. Der Hinweg wurde ihnen nicht lang, da er sich durch Küsse und durch Schmusen recht abwechslungsreich gestaltete. Der Rückweg dann schon eher. Denn den musste Robert einsam und allein bewältigen. Eine dauerhafte Beziehung wurde allerdings nicht daraus.

Aber man kann daraus erkennen, dass wir damals meilenweit liefen, um einen Kuss zu ergattern. In diesem Fall mindestens hin und zurück drei! Nicht Küsse! Das waren deutlich mehr.

Die beginnenden 60er-Jahre waren sonst aber noch sehr prüde. Wenn heute Kinder sich von dem Elternhaus abnabeln und eine eigene Wohnung nehmen, so hat das meist mit Drang nach Freiheit und Selbstständigkeit zu tun. Wenn ich damals, als ich schon mein erstes Geld verdiente, ausgezogen wäre, hätte ich mich nur verschlechtern können, und zwar in einem ganz anderen Sinne, als man heute annehmen würde. Denn damals fand man kaum einen Vermieter oder eine Vermieterin, die Damenbesuch überhaupt oder nach 20 Uhr toleriert hätte. So war das damals. Zu Hause konnte ich Mädchenbesuch empfangen, wann und so lange ich wollte. Mutti fand das völlig normal und in Ordnung. So entwickelte sich mein Jugendzimmer bald zu einem Treffpunkt für Freunde und Freundinnen aus der Umgebung. Natürlich war es bequem, die Wäsche gewaschen zu bekommen und mit Essen versorgt zu werden. Aber beides hätte ich auch allein gekonnt. Meine Currywurst mit selbstgemachten Pommes aus richtigen Kartoffeln war eine Legende und die eingelegten Sol-Eier erst recht.

Schon als kleiner Junge sah ich Oma und Mutti oft bei der Hausarbeit zu, beim Kochen, Braten, Backen, Bügeln und Strümpfe stopfen, und wollte immer genau wissen, wie alles geht. Folglich entsprach ich später als Heranwachsender in keiner Weise dem Stereotyp eines Jungen der damaligen Zeit, der meistens weder Kochen oder Backen noch Bügeln oder Strümpfe stopfen konnten. Wenn es denn sein musste, und das war in meinem späteren Leben mindestens zweimal eine Zeitlang der Fall, hatte ich nie Probleme, die täglichen Dinge des Lebens zu erledigen.

Ich war sogar jahrelang der Einzige in der Familie, der noch den *richtigen* Kartoffelsalat machen konnte, nämlich so, wie ihn Oma Christine immer gemacht hatte: Mit Eiern, Essig, Öl und gebratenem Speck ohne Fertigmayonnaise. Auch Zwetschenkuchen, den es früher immer zu meinem Geburtstag im September gab, da dann die Zwetschen im Garten reif wurden, konnte eine Zeitlang nur noch ich backen. Mutti war schon zu alt dafür war und Oma lebte nicht mehr. Es war ein Hefeteig auf den mehr als zwei Kilogramm Zwetschen pro Kuchenplatte hochkant gelegt wurden. Erst viel später übernahm meine Nichte Steffi diese Familientradition.

Die Jugend der späten 50er- und beginnenden 60er-Jahre teilte sich damals in Hamburg in zwei Lager: Es gab die Rocker und die Exis. Beides war Schimpfworte für die jeweils andere Gruppe. Die Rocker erkannte man an pomadisierten Haaren mit einer Tolle über der Stirn nach dem Vorbild von Bill Haley und Elvis Presley, deren Rock 'n' Roll bevorzugt gehört wurde. Die Exis, zu denen wir uns zählten, hatten kurzgeschnittene Haare, trugen Parkas und wurden den Intellektuellen zugerechnet, zu der Zeit ebenfalls ein Schimpfwort. Unsere Vorbilder waren Jean-Paul Sartre und Albert Camus mit ihrem Existenzialismus und Nihilismus, und wir hörten Jazzmusik, bevorzugt die Klassiker aus dem New Orleans der 20er- und 30er-Jahre. Und wenn ein einzelner oder zwei Exis auf eine Gruppe von Rocker trafen, gab es meist Schläge.

Die Trennung in Exis und Rocker löste sich dann bald von allein auf. Die Beatles und etwas später die Rolling Stones tauchten auf und vereinten mit ihrer Musik beide Gruppen. Der kurze Stoppelhaarschnitt war out, man trug Pilzkopf, und der vormals wilde Rock 'n' Roll wurde abgelöst von sanfteren Tönen, wie *Wooden Heart* und *In the Ghetto* von Elvis, um Beispiele zu nennen.

Die frühen 60er-Jahre waren auch die der beginnenden Auflehnung gegen die Erwachsenenwelt. Denn als Jugendlicher und Heranwachsender zählte man damals nicht und hatte nichts zu melden. Man wurde auch erst mit 21 Jahren volljährig. Die Erwachsenen bestimmten das Leben. Sie sagten, was man zu tun und zu lassen hatte und was richtig und was falsch war. Doch mit zunehmendem Wissen merkten wir, dass da etwas nicht stimmte. In vielen Familien kamen die Nachkommenden dahinter, dass diese Erwachsenenwelt, die in Anspruch nahm, die Moral und das richtige Handeln für sich gepachtet zu haben, oft ausgesprochen verlogen war. Viele Väter hatten ihre Mitschuld an der nationalsozialistischen Vergangenheit verdrängt oder verleugneten sie. Langsam setze sich durch, dass jung zu sein auch einen Wert hatte. Das gipfelte leider später in dem Jugendwahn der nachfolgenden Jahre, der noch heute anhält, wo es nur noch chic ist, jung zu sein oder sich zumindest so zu benehmen und möglichst so auszusehen. In den Anfängen der 60er-Jahre war diese Protesthaltung noch diffus.

Ich hatte ein Problem. Mein Protest konnte sich nicht gegen mein Zuhause richten, denn meine Mutter war extrem tolerant, und die dunklen Flecken in der nationalsozialistischen Vergangenheit gab es auch nicht. Auch den Konflikt mit Oma Christine hatte ich längst bewältigt. Also richtete sich mein Protest nach außen, unter anderem gegen die Eltern meiner Freunde. So erinnere ich mich, dass ich hin und wieder heftige Diskussionen mit Piets Mutter hatte, einer erzkonservativen Arztwitwe. Ich vertrat oft sogar eine Meinung, die gar nicht meine eigene war, nur um gegen sie anzugehen. Erstaunlicherweise gab es nie ernsthafte Differenzen; sie war mir nicht wirklich böse. Es war eher ein Spiel, und auch hier spielte ich liebend gern den *advocatus diaboli* und schoss dabei gelegentlich weit über das Ziel hinaus.

Beruf und Berufung

Nach dem Abitur 1964 zermarterte ich mir mein Hirn darüber, was ich werden wollte. Ich wusste nur eines: Ich wollte reich werden. Ich hatte als Kind und Heranwachsender allzu oft unter der Armut meiner Kleinfamilie leiden müssen. Nur, wie wurde man reich? Als Vorbild gab es den Nachbarn hinter unserem langen Grundstück. Und der war reich, so meinte ich jedenfalls. Die hatten ja sogar in den frühen fünfziger Jahren einen richtigen Zaun um ihr Grundstück, zwar aus verrosteten Eisenstangen, die ja, wie der Leser inzwischen weiß, in großen Teilen ihren Weg zum Altmetallhändler gefunden hatten. Kurze Zeit später wurde der Zaun durch das Schickste und Abgefahrenste an Zäunen ersetzt, was es damals gab: ein Jägerzaun! Und warum konnte der Nachbar sich das alles leisten? Er war Steuerberater.

Also wollte ich Steuerberater werden. Und der einfachste und auch finanziell attraktivste Weg, um zu diesem Ziel zu gelangen, war es, sich beim Finanzamt als Steuerinspektor ausbilden zu lassen und sich dann nach einigen Jahren der Tätigkeit in der Behörde selbstständig zu machen.

Daher bewarb ich mich beim Finanzamt, nahm einige Tage lang an einer Aufnahmeprüfung teil, bestand sie, wobei die Ergebnisse des mathematischen Teils der Prüfung die Prüfer doch etwas in Erstaunen versetzte. Beim Einstellungsgespräch machte ich mich dagegen nicht beliebt. Ich hatte inzwischen reichlich Selbstbewusstsein entwickeln können und erwartete im Gespräch eine bestimmte Frage, auf die ich mich gut vorbereitet hatte.

Ich hatte bei der Oberfinanzdirektion am Rödingsmarkt beim Personalchef der Hamburger Finanzbehörde anzutreten. In einem alten Büro mit 3,50 Metern Raumhöhe und großen Sprossenfenstern saß ich vor einem riesigen Schreibtisch und kam mir recht verloren vor. Hinter dem Schreibtisch thronte in einem Sessel mit hoher, mit Holzschnitzereien verzierter Rückenlehne, ein älterer Herr mit schütterem Haar, groß und schlank, in einem dunklen Zweireiher mit gestreifter Krawatte. Der Herr stellte sich mir als Oberregierungsrat von Rumohr vor, Personalchef der Hamburger Finanzbehörde. Er blätterte in einem Ordner, offensichtlich meine Prüfungsunterlagen, räusperte sich mehrmals und senkte dann den Kopf, damit er mich über seine Brillengläser hinweg fixieren konnte.

»Erklären Sie mal, Herr Kammigan«, näselte er, »warum Sie sich gerade beim Finanzamt beworben haben. Warum wollen Sie Finanzinspektor werden?«

Genau diese Frage hatte ich erwartet und legte los.

»Ich möchte ein bisschen frischen Wind in die Finanzämter bringen. Es gibt, meiner Meinung nach, immer noch zu viele verknöcherte Beamte. Das Denken in den Kategorien von Herrschen und Dienen scheint mir nicht mehr zeitgemäß. Es mangelt zu sehr an demokratischem Denken und Kundenorientiertheit. Daran möchte ich gern etwas ändern.«

Das war starker Tobak, ziemlich arrogant. Dem Herrn Oberregierungsrat verschlug es die Sprache. Er schaute mich sekundenlang an, ohne eine Miene zu verziehen. Ich merkte, wie es in ihm arbeitete. Auf eine solche Antwort war er nicht vorbereitet gewesen. Doch dann machte sich ein leichtes Lächeln in seiner Miene bemerkbar, und der Blick, mit dem er mich ansah, zeigte deutlich, dass er dachte: ›Dir werden wir die Flausen auch noch austreiben.‹

Doch ich wurde zur Ausbildung angenommen.

Im Nachhinein musste ich feststellen, dass ich nicht so falsch lag. Der Umgang der meisten Finanzbeamten mit ihren *Untertanen* war damals tatsächlich reformbedürftig.

Ich fiel in der Folgezeit immer wieder unangenehm auf. Intensiv kümmerte ich mich um die Besucher, die mit ihrer Steuererklärung nicht zurechtkamen, half besonders Ausländern beim Ausfüllen der Anträge auf Lohnsteuerjahresausgleich und gab Tipps zum Steuersparen. Auch mein Äußeres irritierte so manche meiner Vorgesetzten, und einige ließen sich sogar zu dummen Bemerkungen hinreißen. Ich war nämlich der einzige Finanzanwärter in Hamburg, vielleicht sogar damals der einzige Finanzbeamte, der einen Bart trug. Das tat ich weniger aus ästhetischen Gründen als aus Protest.

Der Beginn der Ausbildung war dann aber doch mit einigen Schwierigkeiten verbunden, die dazu führten, dass ich einen Monat später anfing als geplant. Und das kam so:

Es war Sonnabend. Mein Freund Mecki und ich hatten uns mal wieder zu einem Mini-Besäufnis in einer Kneipe in der Nähe des Niendorfer Marktplatzes verabredet. Auf dem Heimweg schwang ich mich auf mein Fahrrad und fuhr so, dass ein am Wege stehender Polizist zwar nichts an meiner Fahrweise auszusetzen hatte, aber mich ernsthaft darauf hinwies, die Beleuchtung einzuschalten. Leider machte mein Fahrraddynamo Zicken. Das Licht ging nicht richtig, eigentlich gar nicht. Also beugte ich mich während der Fahrt ständig nach vorn und versuchte, den Dynamo mit mehr Druck gegen die Reifenfelge zu pressen. Gerade als die Lampe ein leichtes Flackern von sich gab und ich mich zufrieden wieder aufrichtete, hatte ich eine Wand im Gesicht. Es war eigentlich keine Wand, sondern die hintere Ladeklappe eines am Straßenrand abgestellten LKW-Anhängers. Gegen diese Klappe hatte meine eigene keine Chance: Ich blutete aus dem Mund, meine Lippen waren aufgeplatzt, zwei Schneidezähne hatten sich vollständig verabschiedet und der dritte war einmal quer gespalten. Und Montag sollte ich beim Finanzamt Hamburg-Eimsbüttel meinen Dienst antreten!

Nachdem meine Mutter zu Hause den ersten Schock überwunden hatte und die Blutung zum Stillstand gekommen war, war guter Rat teuer. Es war eindeutig eine Sache für einen Zahnarzt. Also rief ich montags beim Finanzamt an, dass ich nicht kommen könne, weil ich einen Unfall gehabt hätte und daher meinen Start ins Berufsleben verschieben müsse.

Der Zahnarzt schüttelte bedenkenvoll sein Haupt:

»Da muss erst einmal einiges verheilen. Dann kann ich die Reste entfernen und schließlich Stiftzähne einsetzen. Aber das dauert!«

Es dauerte genau einen Monat, bis ich mich in die finanzamtliche Öffentlichkeit traute.

Mein Ausbilder, Steuerinspektor seines Zeichens, knallte mir ein paar Umsatzsteuererklärungen auf den Tisch und brummte:»Das können Sie alles in den Steuerbescheid übertragen.«

Meine Frage, wie ich denn nachprüfen könne, ob der *Steuerpflichtige* alles ehrlich angegeben habe, wischte er mit der Bemerkung vom Tisch:»Sie sehen doch, dass die Erklärung den Stempel eines Steuerberaterbüros trägt. Das ist alles so in Ordnung.« Ich war bisher der Meinung gewesen, dass alle Welt nur eines im Sinn hatte, nämlich das Finanzamt zu bescheißen.

‹Ha‹, dachte ich, ›du hast offensichtlich für deine spätere Zukunft die richtige Entscheidung getroffen‹. Dann wandte sich mein Herr und Meister wieder seiner Hauptbeschäftigung zu, die darin bestand, zeichnerisch einen Verblendmauerwerk-Verbund auszutüfteln, der seinen Ansprüchen genügte. Er ließ nämlich gerade sein Eigenheim bauen.

Ansonsten ließ er mich in Ruhe, und meiner Art, mit den Steuerpflichtigen umzugehen, stand er durchaus positiv gegenüber.

Die Meinung, dass ich wohl die richtige Berufswahl getroffen hatte, hielt jedoch nicht lange vor. Jedenfalls überstand sie nicht die dreijährige Ausbildungszeit. Da hatte ich das Einkommensteuergesetz in verschiedenen Fassungen – der vom letzten Jahr, der vom vorletzten Jahr, die neue lag noch gar nicht vor –, Einkommensteuer-Durchführungsverordnungen, Einkommensteuer-Richtlinien, Umsatz- und Gewerbesteuergesetz und auch davon die Durchführungsverordnungen und -Richtlinien und als Grundgesetz der Steuerverwaltung die Abgabenordnung zu lernen, richtig anzuwenden und überhaupt an Hand von konstruierten Fällen richtig zu interpretieren. Das war alles nicht mein Ding; es war mir zu trocken.

Aber das Geld, das nun regelmäßig auf mein Konto kam, korrumpierte mich.

Wie alle jungen Männer begeisterte ich mich fürs Autofahren. Ich kaufte mir ein Auto, einen gebrauchten Fiat 600 für knapp tausend Mark. Und jetzt die Ausbildung beim Finanzamt schmeißen? Das würde ja bedeuten, aufs Autofahren zu verzichten.

Ich hatte einen Konflikt. Doch der löste sich von selbst: Ich knutschte einen Bus.

Es ist Winter und Glatteis. Ich bin auf dem Weg zum Finanzamt Eimsbüttel in der Grindelallee und fahre den Garstedter Weg hinunter Richtung Niendorf-Markt. Meine Geschwindigkeit ist zwar nicht hoch, aber den Witterungsverhältnissen wohl nicht ganz angepasst. Auf halber Strecke zum Markt passiert es: Auf der anderen Seite der Straße vor der Kurve Ecke Krähenweg/Garstedter Weg liegt links ein LKW im Graben und blockiert die entgegengesetzte Fahrbahn. Der Garstedter Weg hatte damals noch Gräben auf beiden Seiten und keinen Fußweg. Als ich mich der Unfallstelle nähere, schert der Linienbus der Hamburger Hochbahn, der den Garstedter Weg Richtung Moorrand befährt, auf meine Fahrbahnseite aus. Ich trete voll in die Eisen. Die Räder blockieren und mein kleiner Fiat 600 rutscht gegen die Fahrerseite des Busses, prallt von dort ab und landet im Straßengraben auf meiner Seite. Mir ist zwar nichts passiert, aber der Fiat hat nur noch Schrottwert.

Und dann muss ich mir noch eine dumme Bemerkung des Polizisten anhören, der den Unfall aufnimmt und mich fragt, wo ich arbeiten würde.

»Beim Finanzamt!«

»Na, da sind Sie ja an der richtigen Quelle, um Ihren Schaden finanziell zu regulieren!«

Ich bin sauer.

Bruder Thomas, den ich telefonisch informiere, lässt bei seiner Arbeit alles stehen und liegen, kommt sofort mit seinem Auto, zieht mich aus dem Graben und schleppt mich nach Hause und später auf den Schrottplatz. Wenn Not am Mann ist, hält die Familie wie Pech und Schwefel zusammen, auch wenn wir sonst nicht gerade rücksichtsvoll miteinander umgehen.

Später kommt noch ein Schreiben der Hamburger Hochbahn AG, in dem sie mir mitteilen, dass sie keine Ansprüche gegen mich geltend machen würden. Na toll!

Ich ließ das dabei bewenden, denn ich war im Nachhinein richtig froh über den Unfall, der meinen Konflikt gelöst hatte.

Inzwischen hatte mein Schulfreund Mecki sein Lehrerstudium angefangen und schwärmte mir so vom Studentenleben vor, dass ich mich schon vor dem Ende der Ausbildung beim Finanzamt zusammen mit Mecki in Englisch-Seminaren herumtrieb und in Wedel, am Stadtrand Hamburgs, für einen englischen Dozenten demonstrierte, weil ich mich entschlossen hatte, Mathe zu studieren. Man beachte: Wir demonstrierten *für* einen Dozenten, nicht dagegen, denn man wollte seinen Vertrag nicht verlängern. Er war bei den Studenten außerordentlich beliebt.

An der Uni in Hamburg hatte ich dann ein Schlüsselerlebnis. Ich hatte zwar meine Schüchternheit und Zurückhaltung, die meine frühe Jugend bestimmt hatten, abgelegt, aber ich hatte noch große Hemmungen, vor einem größeren Publikum einen Vortrag zu halten. Da stieß mich mein Seminarleiter für Mathematik am pädagogischen Institut ins kalte Wasser.

Damals war gerade die Mengenlehre für die Schulmathematik entdeckt worden und wurde als Allheilmittel betrachtet gegen jedwede Fehler, die der Mathematikunterricht bei Schülern bisher verursacht hatte.
Natürlich beherrschte ich die Grundlagen der Mengenlehre.

Ich sollte nun vor den Studenten des pädagogischen Instituts an der Universität Hamburg, die nicht Mathematik als ihr Hauptfach gewählt hatten, einen Vortrag über Mengenlehre halten. Als ausgebildeter Lehrer konnte es durchaus vorkommen, dass man später einmal Mathematik würde unterrichten müssen, zumal es damals wieder einmal an Mathematiklehrern mangelte. Dieser Vortrag fand im großen Hörsaal des Pädagogischen Instituts statt, mit Mikrofon und vor vollbesetztem Haus von etwa 400 Studenten.

Ich war aufgeregt, aber zwei Dinge gaben mir Sicherheit: Ich war mit allen Facetten der Mengenlehre vertraut, und vor mir saßen Menschen, die von der Mengenlehre so viel verstanden wie die Kuh vom Radfahren.

Ich hielt also meinen Vortrag unter Zuhilfenahme etlicher Grafiken, die ich mit dem Overhead-Projektor an die Wand projizierte, und kam gut an. Nach dem Vortrag kamen Kommilitonen und Kommilitoninnen zu mir und erklärten mir, dass sie nun endlich eine Ahnung davon bekommen hätten, was Mengenlehre bedeutete. Außerdem sagten sie mir, dass ich eine unglaublich tolle Mikrofonstimme hätte.

Damit war für mich der Bann gebrochen. Es machte mir nie mehr etwas aus, vor einer größeren Menge zu reden. Außerdem konnte ich gut erklären, was sich für meinen späteren Beruf als Vorteil erweisen sollte.

Mit den extrem linken studentischen Gruppen wie APO und Kommunarden hatten wir nichts am Hut. Das hieß aber nicht, dass wir völlig unpolitisch waren.

1969 setzte die studentische Mitbestimmung ein und, als dem gemäßigten linken Flügel zugeordnet, wurde ich bald Seminarsprecher. Kurz darauf arbeitete ich im Gremium der studentischen Mitbestimmung mit, einem Gremium, das unter anderem auch über Bewerbungen von Professoren entschied. Das fand ich schon toll. Ich als popeliger kleiner Mathe- und Pädagogikstudent hatte gleiches Stimmrecht und entschied mit, wer als neuer Professor an der Uni angenommen werden sollte! Wir waren damals schon mächtig stolz auf die erreichten demokratischen Veränderungen im vormals erzkonservativen Unibetrieb.

Das damalige Studentenleben war natürlich auch bestimmt von intensiven Aufenthalten in den diversen Lokalitäten in der Unigegend, womit wir Nahrung für das in der Bevölkerung verbreitete Vorurteil gaben, Studenten würden nichts anderes tun als demonstrieren und saufen.

Mein Freund Mecki und ich zogen dann auch bald nicht nur durch die Unikneipen, wo wir stundenlang die Probleme der gewaltigen Veränderung der Republik – wir waren ja mitten in den 68er-Jahren – und daneben natürlich die unserer eigenen Menschwerdung diskutierten, sondern vor allem auch durch die kleinbürgerlichen Niendorfer und Schnelsener Stammkneipen, wo wir lautstark und für alle Stammkunden unüberhörbar über Gott und die Welt, vor allem aber über die weibliche, diskutierten.

In Niendorfs und Schnelsens Kneipen entwickelten wir uns bald zum sozialen Gewissen der Kneipiers und notorischen Saufköppe. In den Kneipen war es nicht zu überhören, dass wir arme Studenten waren, in diesen

Lokalitäten eher Exoten. Wir konnten uns auch nur einen *Halben* leisten, mehr war finanziell nicht drin. Trotzdem wankten wir anschließend mit arg onduliertem Gang nach Hause. Wirte wie Gäste hatten uns generös die weiteren vier oder fünf Biere spendiert und gemeint, dass wir es später, wenn wir reich sein würden, wieder gutmachen könnten. Wir sind zwar nicht unbedingt reich geworden, aber zum Wiedergutmachen hätte es schon gelangt. Doch leider war uns das verwehrt, denn die Wirte wechselten die Kneipen schneller als wir studieren konnten, und die Saufköppe segneten alle sehr früh das Zeitliche.

So zogen wir zu nächtlichen Stunden unter anderem von Peter und Ilse, dem Wirtspaar einer Kneipe in Schnelsen, vorbei an *Nauschels Mandolinenstübchen* durch den *Hadermannslehmweg* (jeweils Zitate von Peter) in den Steendammswisch. Und während Mecki an seiner Mutter vorbeischlich, die nicht mitbekommen durfte, dass dieser Kämmi ihren Liebling schon wieder besoffen gemacht hatte – irgendwer musste ja schuld sein – also, während er in sein Zimmer schlich und die unverdauten Erbsen durch das Ausgussssieb seines Zimmerwaschbeckens drückte, wankte ich zu Fuß die dreieinhalb Kilometer allein nach Hause in der Hoffnung, an einer Baustelle vorbeizukommen, wo eine Petroleumlampe nur darauf wartete, in meinen Besitz überzugehen. Solche Lampen waren damals eine begehrte ›Beute‹, die später auf unseren Partys oder beim Zelten zum Einsatz kam.

In den Semesterferien jobbten wir. Und gelegentlich während der Vorlesungszeit.

Damals gab es einen Bekannten Piets, genauer seiner Familie, der eine bahnbrechende Erfindung gemacht hatte. Er hieß Bernd Markiewitz und hatte Schwimmflügel erfunden, die er nach seinem Namen benannte: BEMA-Schwimmflügel. Das waren aufblasbare Plastikmanschetten, die man sich über die Oberarme stülpte. Die Nachfrage war binnen kurzem so groß, dass er mit der Lieferung nicht mehr nachkam. Also saßen wir abende- und nächtelang in seiner kleinen Privatwohnung und verpackten die Schwimmhilfen in große Kartons.

Manchmal schleppte uns Piet mit zu einem Hühnerbauern am Ende der Straße Ohmoor, dort, wo sie in den Keltenweg übergeht. Hier halfen wir beim Hühnerimpfen, und zwar gegen Hühnerpest, Pips und noch einige andere Hühnerkrankheiten.

Dazu übergaben uns professionelle Helfer je vier Junghühner in einem großen Stall, in dem es entsetzlich nach Salmiak stank. Die Füße der Tiere wurden jeweils in die Zwischenräume der Finger an jeder Hand eingehakt. Dann marschierten wir mit vier Viechern, die an jeder Hand zu zweit nach unten hingen, aber ihre Hälse nach oben streckten, über den Hof vorbei an einem bellenden Kettenhund in einen zweiten großen Stall. Hier nahmen uns andere Mitarbeiter die Tiere ab, rupften den Oberschenkel frei – den der Tiere, nicht unseren oder gar ihren – und stachen mit einer in Impfflüssigkeit getunkten Nadel ins Fleisch. Dabei kam es hin und wieder vor, dass sie den falschen Fuß zu fassen bekamen. Also zwei Füße, die nicht zu demselben Huhn gehörten. Das Tier kommentierte das schmerzhafte Auseinanderziehen seiner Beine meist mit schrillem, empörtem Gegacker.

Den besten Job hatten Mecki und ich aber bei der Post als Briefträger. Wir machten die Urlaubsvertretung. Dazu liefen wir zwei Tage mit, um die Tour kennenzulernen. Dann wurden wir allein losgeschickt. Binnen kurzer Zeit kannten wir auf diese Weise fast alle Touren in Niendorf und Schnelsen und wurden immer gern genommen. Man brauchte uns nicht mehr einzuarbeiten.

Ab morgens um fünf wurde in dem großen Saal über der Straßenbahnkehre am Niendorfer Marktplatz sortiert. Dabei gingen die wildesten Gerüchte um. Man berichtete uns von grünen Witwen, die nur darauf warteten, den jungen vorbeikommenden Briefträger zu verführen.

Zu unserem großen Bedauern begegneten wir weder grünen noch schwarzen Witwen, und wenn doch, dann verspürten diese nicht die geringste Lust, uns zu verführen.

Besonders gern machten wir Urlaubs- oder Krankheitsvertretung in der Vorweihnachtszeit. Denn da gab es eine Menge Trinkgeld. Allerdings mussten wir auch schon um halb eins in der Nacht anfangen. Viel Trinkgeld gab es auch, wenn die Rentenauszahlung fällig war. Der Briefträger zahlte damals noch die Renten in bar für viele alte Leute aus, die kein Konto bei einer

Bank hatten. Das war zu der Zeit noch die Regel. Oft warteten die alten Damen schon an der Gartenpforte. Dann ging es auf ein Schwätzchen mit in die gute Stube, wo Kaffee und Kuchen bereitstanden. Wir machten das gerne, denn für viele der alten Leute war diese Begegnung eine der wenigen, die noch in ihrem Leben geblieben waren. Sie hatten daher ein ungeheures Gesprächsbedürfnis. Was Mecki und mich damals aber am meisten bedrückte, war die Tatsache, dass die alten Leute, die am wenigsten Geld bekamen, das meiste Trinkgeld zahlten. Wir versuchten in diesen Fällen abzulehnen, aber das gelang nicht, weil sie es fast als Beleidigung auffassten.

In die Zeit um das Abitur und die steuerrechtliche Fehlentscheidung fielen auch die legendären feuchtfröhlichen Osterfeuer.

Infolge der Größe von Omas Grundstück und der mehr oder weniger intensiven Obstbaumpflege fiel im Laufe eines Jahres eine Menge an Baumschnitt an. Zweige, Äste und ganze Stämme bildeten auf dem hinteren, unkultivierten Teil des Anwesens im Laufe eine Jahres einen beträchtlichen Holzhaufen, der regelmäßig zu Ostern den lodernden Flammen ausgesetzt wurde. Als ich noch klein war, wurde das Zeug einfach nur verbrannt. Das fand ich zwar toll, denn jedes Kind in meinem Alter findet Feuer toll, aber wirklich aufregend war es nicht. Doch mit zunehmendem Alter entwickelte sich um das Feuer herum ein ausgelassenes Musik- und Saufgelage. Freunde und später auch Freundinnen trabten an, brachten Gitarren, Banjo, Kistenbass und Waschbrett mit und bedienten sich ausgiebig an dem Bierfass, welches zwischen zwei kleineren Birkenstämmen klemmte. Die Klänge der Saiten und unserer Kehlen, – manche entferntere Bewohner der Umgebung bezeichneten sie unfairerweise als Lärm – hallten weithin über das damals noch dünn besiedelte Ohemoor. So mancher Heimweg wurde später unterbrochen durch eine längere Pause in einem der Gräben, die sich noch auf der einen Seite der Straße Ohmoor befanden. Seltsamerweise war um diese Jahreszeit nie Wasser in diesen Kurzzeit-Schlafstätten, sodass alle letztendlich unbeschadet zu Hause eintrudelten.

Die kleinen Französinnen

Gleichzeitig mit der Vollendung der Schule und dem Beginn beim Finanzamt begann die Frankophilie.

Axel, dessen Fiat 500 noch nicht von seiner Zukünftigen Wenche besetzt war, Mecki, der das dreizehnte Schuljahr auf dem Gymnasium Bondenwald absolvierte (er hatte eine *Ehrenrunde* gedreht) und ich, der ich zum ersten Mal eigenes Geld verdiente, beschlossen, Urlaub in Frankreich zu machen. Es musste natürlich Paris sein, aber auch das Meer, der große Ozean mit Namen Atlantik. Keiner von uns war jemals so weit gekommen. Da unsere pekuniäre Lage nicht gerade üppig war, kam natürlich nur Zelten infrage, das heutzutage jeder mit dem neudeutschen Wort Camping bezeichnet. Ich besaß ein etwas mitgenommenes altes Drei-Mann-Zelt und einen Bundeswehrkocher meines Bruders, der mit Auto-Benzin betrieben wurde, Axel den Fiat 500 und Mecki die Französisch-Kenntnisse von der Schule. Dann liehen wir uns noch einen Campingtisch und drei Stühle und verstauten alles, einschließlich Kleidung für 3 Wochen, in Axels Fiat 500. Ab ging es gen Frankreich. Mecki und ich lösten uns mit dem Platz auf der Rückbank ab, denn wir waren beide von eher kleiner Statur und konnten uns daher auf den engen Platz zwängen, den das gesamte Gepäck noch freiließ. Axel war zu groß dafür.

Bestens gelaunt erreichten wir Paris und den Bois de Bologne, wo 1964 noch nicht die Nutten promenierten, sondern sich ein ganz profaner Campingplatz befand. Dort richteten wir uns zeltlich ein und erkundeten die berühmt-berüchtigte Stadt an der Seine.

Wir kletterten zu Fuß auf den Eiffelturm, besichtigten Sacré Coeur, Notre Dame und die Bouquinisten, tranken Rotwein und aßen Baguette unter der Pont Neuf, fühlten uns wie Clochards und erkundeten das Nuttenviertel. Wir kannten natürlich in Hamburg die Herbertstraße, wo damals üppige, zum Teil vollschlanke und überwiegend schon ältere Nutten sich in den Auslagen feilboten. Aber das hier war etwas ganz anderes. Die Nutten waren jung, zierlich, überwiegend hübsch und verboten.

Nachdem Mecki und ich die ersten Anbahnungsgespräche in Gang setzten – Axel hielt sich vornehm zurück – verschwanden urplötzlich alle Mademoiselles wie vom Erdboden. Zwei Flics, also französische Polizisten, waren im Anmarsch. Doch auch französische Flics haben Besseres zu tun, als hinter französischen Nutten herzulaufen, also tauchten die scheuen Damen bald wieder auf. Wir wurden handelseinig, mussten Axel aber versprechen, alles haarklein zu berichten. Treinte, also dreißig Francs haben wir gelöhnt, was später zu einem geflügelten Wort unter uns wurde, denn drei Jahre später sollte noch einmal ein Einwohner des Landes des Savoir-vivre diesen Betrag von mir fordern.

Drei Jahre später schlich ich nämlich auf einer Landstraße im Zentrum Frankreichs am Steuer des Fiat 500 sitzend hinter einem alten Citroen mit einem noch älteren Fahrer her und war genervt. Also überholte ich den

Schnarchtrödel bei nächster Gelegenheit. Diese Gelegenheit kam dummerweise in Gestalt einer Bergkuppe mit durchgezogenem Mittelstreifen auf der Straße. Und natürlich hockten genau an dieser Stelle zwei Motorrad-Flics im Gebüsch und nahmen sogleich mit lautem Geheul die Verfolgung auf.

Ich hielt an. Axel, Mecki und ich jammerten ihnen vor, dass wir arme Studenten wären und nur wenig Geld hätten. Sie hatten ein wenig Einsehen und ich musste löhnen, natürlich treinte francs, was für uns damals schon recht viel Geld war, zumal es dieses Mal nicht einmal eine Gegenleistung gab.

Nun, die Gegenleistung im Rotlichtviertel von Paris drei Jahre zuvor war möglicherweise angemessen gewesen, aber Mecki und ich waren zwar an Erfahrung reicher, jedoch nicht unbedingt begeistert. Das Ganze war doch zu sehr geschäftsmäßig.

Doch was hatten wir uns vorgestellt? So etwas wie Zuneigung oder mehr persönliche Zuwendung?

Wir waren reichlich naiv damals! Aber es hat immerhin dazu geführt, dass unser Bedarf an professionellem Gunstbeweis für den Rest des Lebens gedeckt war.

Nach einer Woche kehrten wir der Stadt der käuflichen Liebe den Rücken und machten uns auf an die Atlantikküste nach Les Sables-d´Olonne.

Als wir die letzte Bergkuppe der schnurgeraden Straße erreichten und sich der Ozean vor uns ausbreitete, hielten wir an, zwängten uns nach draußen und starrten mit offenen Mündern auf die Weite des Meeres. Der atlantische Ozean! Und auf der anderen Seite, weit weit weg, Amerika!

Wir waren beeindruckt. Voller Hochgefühl eroberten wir den Campingplatz, der nur durch die Promenade von der weitläufigen Bucht mit gelbweißem Sandstrand getrennt war. Der Campingplatz bildete das Ortsende. Zur Mitte hin standen prächtige Gründerzeit- und Jugendstilvillen sowie einige modernere Hotels, Bars und Restaurants auf der dem Wasser abgewandten Seite der Promenade.

Auf dem Campingplatz zur Promenade hin stand ein kleiner Lebensmittelladen, in dem wir uns mit Nahrung versorgten.

Hier hatte ich meine erste intensive und langanhaltende Begegnung mit der französischen Sprache.

Ich weiß nicht mehr warum, aber ich hatte den Auftrag bekommen, ausgerechnet Joghurt zu kaufen. Ich konnte allerdings kaum ein Wort Französisch. Zu den Worten für *Milch*, *dick* und *dünn* und *essen* reichte es noch, aber mehr war nicht drin. Also beschrieb ich mit diesen Worten unter Zuhilfenahme von allen Gliedmaßen mein Begehr. Leider konnte ich nicht darauf zeigen, denn ich sah nirgends etwas, was einem Joghurt ähnlich sah. Die Verkäuferinnen waren alle sehr freundlich und machten etliche Wortvorschläge, die ich aber alle nicht verstand. Der Laden füllte sich langsam, und nach einer gewissen Zeit redeten alle, Verkäuferinnen und einheimische Kunden, durcheinander, und alle wollten mir helfen. Aus lauter Verzweiflung fing ich irgendwann an, deutsch zu reden, obwohl ich wusste, dass mich niemand verstehen würde, denn sie wussten nicht einmal, was ich für ein Landsmann war. Zu der damaligen Zeit gab es nur wenig Ausländer in dieser Gegend, und für die Franzosen war jeder, der eine unverständliche Sprache sprach, selbstverständlich Engländer. Die waren bisher die einzigen Ausländer, die bis hierher vorgedrungen waren.

Also rief ich das deutsche Wort Joghurt laut heraus! Auf einmal ging ein Strahlen über alle Gesichter. »Ah oui, yaourt! Il demande yaourt!« Die Verkäuferin brachte mir freudestrahlend ein Paket mit Joghurtbechern. Alle Anwesenden freuten sich mit, klopften mir freundlich auf die Schultern und begleiteten mich palavernd bis zur Tür.

Dieses kleine Erlebnis war typisch für unser Verhältnis zu den Franzosen und besonders das der Franzosen zu uns. Wir wussten zwar, dass es insbesondere ältere Franzosen gab, die aufgrund der Erlebnisse im Zweiten Weltkrieg nicht gut auf die Deutschen zu sprechen waren. Aber wir haben es nie erlebt. Auch nicht bei älteren Leuten. Wir waren wohl einfach zu jung, und außerdem bemühten wir uns immer, unter Meckis Anleitung französisch zu sprechen, wenn auch grottenschlecht, grammatikalisch völlig falsch und nur mit einem jedenfalls anfangs äußerst geringen Wortschatz.

Auf der dem Meer abgewandten Seite des Campingplatzes hatten *Monsieur le Tintenfisch*, wie wir ihn nannten, und seine Tochter Josette ihre Bar. Monsieur le Tintenfisch war ein gemütvoller älterer Franzose, leicht beleibt, mit einem dünnen Haarkranz rund um seinen sonst kahlen Schädel, der sich fast übergangslos in seinen Schultern fortsetzte. Oberkörper und seine uns überlang vorkommenden Arme wurden immer von einem mittelblauen, langärmeligen T-Shirt bedeckt. Darunter schlabberte eine ebenfalls mittelblaue Hose. Er sah wirklich einem Tintenfisch ähnlich, nur dass er lediglich zwei statt acht Arme vorweisen konnte. Seine Tochter Josette, die immer dann aushalf, wenn der Laden voller war, zählte ungefähr fünfundzwanzig Jahre, hatte kurze schwarze Haare, einen leicht vorstehenden Oberkiefer und ein abfallendes Kinn. Sie war nicht unbedingt eine Schönheit, hatte aber, ebenso wie ihr Vater, uns drei in ihr Herz geschlossen.

Immer, wenn wir abends in sein Lokal kamen, und das war eigentlich jeden Abend der Fall, begrüßte er uns herzlich mit einem »ça va«. Dummerweise wusste nicht einmal Mecki die Bedeutung dieser Floskel, und so dauerte es etliche Abende, bis er uns die korrekte Erwiderung beigebracht hatte. Wir hatten entweder »oui« oder »ça va bien« zu antworten, und als es denn endlich klappte, strahlte er noch mehr und versorgte uns noch zügiger mit den drei, für uns winzig kleinen Flaschen Bier. Ihr Inhalt betrug nämlich für uns völlig ungewohnte zweihundertfünfzig Milliliter. Also reihten sich in kurzer Zeit eine beträchtliche Menge kleiner leerer Bierflaschen auf unserem Tisch, und wir fanden es witzig, sie nicht abräumen zu lassen. Auch Josette und ihr Papa fanden es witzig, hatten sie doch bisher noch nie Leute gesehen, die so viel Bier tranken und dabei fröhlich und lustig blieben und nicht besoffen herumlaberten. In Frankreich trank man damals eher Wein. Das Biertrinken hatte sich zu der Zeit noch nicht so durchgesetzt wie heutzutage. Auch neu ankommende Gäste bestaunten die Flaschenbatterie auf unserem Tisch, die nicht selten Anlass zu einem französischen Smalltalk bot.

Eines fröhlichen Abends betrat ein äußerst gepflegter Herr mittleren Alters mit einer bildhübschen blonden jungen Frau das Lokal. Wie alle Neuankömmlinge stutzte er zuerst, als er unseren flaschenbestückten Tisch erblickte, dann trat er mit einem freundlichen Lächeln an unseren Tisch und fragte uns auf Deutsch, allerdings mit französischem Akzent, ob er und seine Begleiterin sich zu uns setzten dürften. Er hatte uns offenbar deutsch sprechen gehört. Er erzählte uns, dass er im Elsass geboren sei und sich freue, wieder einmal deutsch sprechen zu können. Weiter berichtete er, dass er Filmproduzent sei, daher die attraktive Begleitung, und dass er auf seiner Urlaubsreise auf dem Weg nach Saint Nazaire hier in Les Sables-d´Olonne Station mache. Wir fanden ihn trotz seines exotischen Berufes nett, seine Begleiterin natürlich noch mehr, und wir haben viel miteinander gelacht. Im Laufe des Abends fragte er uns dann, ob er uns zu einem Glas – echten – Champagner einladen dürfe. Wir mussten kleinlaut zugeben, dass wir noch nie in unserem Leben richtigen Champagner getrunken hatten. Er strahlte. Konnte er doch so den großen Weltmann und Gönner herauskehren. Schon standen fünf Gläser Champagner vor unserer Bierflaschengalerie, und darin steckten jeweils kleine hölzerne Quirle. Er zeigte uns, wie man mit dem Quirl überschüssige Kohlensäure aus dem Getränk entfernt. Das tue man so, belehrte er uns. Ich weiß bis heute nicht, ob das stimmt, aber wir fühlten uns wie die Herrgötter in Frankreich. Wir hatten einen fröhlichen Abend miteinander, offenbar ohne jeden Hintergedanken von Seiten des seltsamen Paares. Es schien wirklich so zu sein, wie er sagte. Er freute sich einfach, einmal mit netten, jungen und lustigen Deutschen zusammen zu sein. Und bei Monsieur le Tintenfisch hatten wir danach noch einen größeren Stein im Brett; schließlich bestellt nicht alle Tage jemand bei ihm so richtig teuren Champagner.

Mir muss der Champagner mächtig zu Kopf gestiegen sein, denn ich lud zwei Tage später unsere Zeltnachbarin zum Essen in eines der teuren Restaurants an der Promenade von Les Sables-d´Olonne ein. Jeanette war Französin und folglich sehr zart und hübsch und trug einen Bikini, dessen unterer Teil atemberaubend klein war. Ein String-Tanga war damals noch nicht erfunden, aber das Teil kam dem schon sehr nahe. Ihre Eltern hätten ihr erlaubt, ein paar Nächte in einem eigenen kleinen Zelt auf dem Campingplatz zu verbringen, so sagte sie mir. Jeanette ging mit mir schwimmen. Sie schwamm voraus und ich hinterher. Sie schwamm weiter und weiter hinaus bis die Häuser an der Promenade von Les Sables-d´Olonne ganz klein waren. Nicht, dass ich nicht mithalten konnte, ich war ja inzwischen auch ein recht guter Schwimmer.

Aber dies war mein erster Ozean!

Und so weit draußen!

Was, wenn hier plötzlich ein Hai oder andere zu fürchtende Seeungeheuer unsere Bahn kreuzten?

Mir war etwas mulmig zumute, aber ich konnte mir natürlich keine Blöße geben. Also schwamm ich immer brav hinterher und war doch froh, als ich nach zirka zwei, die mir allerdings wie sechs Stunden vorkamen, wieder festen Sand unter den Füßen hatte.

Dann meinte ich, sie am Abend zum Essen in ein französisches Restaurant einladen zu müssen, denn nach allem, was sie so von ihren Eltern und sich erzählte, musste sie zu der eher begüterten Klasse gehören und relativ verwöhnt sein. Doch ich war hin und futsch von ihr und ihrem Bikinihöschen. Abends spazierten wir Hand in Hand über die Promenade ins nächste Restaurant. Es war warm, die Brandung rauschte, der Mond schien, und rundherum waren kleine Leuchtpunkte in der Luft: Glühwürmchen, deren Licht ich zum ersten Mal in meinem Leben sah. Ich fühlte mich im siebten Himmel! Aus dem ich dann jäh abstürzte, als mir der Kellner die Speisekarte reichte. Einmal abgesehen davon, dass ich keinen der Namen der Gerichte aussprechen konnte, noch wusste, was sich dahinter verbarg, war ich durchaus imstande, die Preise zu lesen. Und die waren astronomisch hoch, jedenfalls für mein kleines Urlaubsbudget. Nur zwei vollständige Menüs hätten meine Urlaubskasse um die Hälfte verkleinert. Ich bestellte also kleinlaut eine noch kleinere Vorspeise, und Jeanette tat es mir gleich. Sie hatte wohl meine Pein beim Anblick der Karte gespürt. Es war immer noch teuer genug, und ich war froh, das Lokal schnell wieder verlassen zu können. Der Heimweg entschädigte mich dann ein bisschen. Die Glühwürmchen waren immer noch im Gange, der Mond schien auch noch, und das Wellenrauschen hatte ebenfalls nicht aufgehört. Also drückten wir uns aneinander, küssten uns und ich jauchzte himmelhoch. Zu Hause auf dem Campingplatz schlüpften wir in ihr Zelt und taten das, was man erst einige Jahre später Petting nannte. Zu mehr kam es nicht; sie wehrte ab, denn sie hatte ihre Tage. Also schlich ich einige Stunden später zu meinen beiden Freunden ins Drei-Mann-Zelt und holte etwas Schlaf nach.

Als ich am nächsten Morgen aus dem Zelt kroch, waren Jeanette und ihr Zelt verschwunden, und ich war erst einmal wieder zu Tode betrübt.

Die Betrübnis hielt jedoch nicht allzu lange vor, denn der Strand wimmelte nur so von hübschen Französinnen. Es dauerte gar nicht lange, da fanden wir uns in einer Gruppe junger Französinnen und auch ein paar Franzosen wieder und besonders Axel und ich verbesserten unsere Französischkenntnisse. Wir wussten oft gar nicht, wo wir zuerst bei den Mädchen hingucken sollten, waren doch fast alle von ausnehmend guter Figur bei einer Körpergröße, die besonders Mecki und mir entgegenkam. Besonders beeindruckten uns ihre oft üppigen Brüste. Diese sekundären Geschlechtsmerkmale waren schon von jeher im Mittelpunkt unseres Interesses und wir hatten schon früher ein Klassifizierungsmerkmal dafür ausgedacht. Wir definierten ihre Größe nach der Einheit *Greif*. Ein Greif entsprach etwa einer Hand voll, also, was man mit einer Hand umgreifen konnte, jedenfalls theoretisch. Denn an praktischer Erfahrung mangelte es uns bisher doch erheblich.

Diese Einheit fanden wir in Frankreich nun nicht mehr praktikabel und führten den *Neugreif* ein. Dies geschah in Anlehnung an die in Frankreich vor zwei Jahren durchgeführte Währungsreform. 1962 hatte man den *Neuen Franc,* im Verhältnis eins zu hundert eingeführt. Und da noch viele Franzosen in der alten Währung rechneten, waren wir oft schockiert, wenn sie uns nach dem Einkauf den Preis nannten. Die genannten Beträge gingen oft in die Tausende, und es dauerte eine Weile bis wir kapierten, dass es sich nur um zehn oder mehr neue Francs handelte. Es gab auch noch Hundert-Franc-Münzen, die allerdings äußerlich der neuen Ein-Franc-Münze glichen, auch deren Kaufwert hatten und noch gültige Zahlungsmittel waren. Also überboten wir uns darin, den Neugreif inflationär anzuwenden.

Aus heutiger Sicht klingt das alles machohaft und pubertär, aber wir waren ja, nach heutigen Maßstäben, ausgesprochene Spätentwickler, die alle noch zu Hause wohnten. In Deutschland sollte die sexuelle Revolution noch vier Jahre auf sich warten lassen.

Wir jedenfalls waren von der Art, dem Charme und Aussehen des weiblichen Teils der französischen Nation derart angetan, dass wir fortan meinten, kein deutsches Mädchen sei es wert, *auch nur mit dem Hintern angeschaut zu werden,* natürlich eine biologische Unmöglichkeit in jeglichem Sinne.

Zwei Jahre später, im Sommer 1966, fuhren Axel und ich allein nach Frankreich. Mecki konnte das Geld dafür nicht aufbringen. Diesmal fuhren wir gleich nach Les Sables-d'Olonne, lernten auch sofort Agnès, Dominique, Marie-Joëlle und die ganze Clique kennen und verbrachten manche Abende am Strand und zwischen den Felsen etwas außerhalb vom Ort und knutschten und fummelten unter überhängenden Felsen.

Aber wir wollten mehr von Frankreich kennenlernen. Wir hatten davon gelesen, dass es südlich der Garonne-Mündung hohe Sanddünen und eine gewaltige Brandung geben sollte. Daher nahmen wir tränenreichen Abschied von Agnès und ihrer Clique und fuhren gen Süden. Wir setzten mit der Fähre von Rouen nach Le Verdon über die Garonne und fuhren auf der Straße parallel zur Küste Richtung spanische Grenze. Wir klapperten sämtliche Küsten- und Badeorte ab, bis wir nach Vieux Boucau-le-Bains gelangten.

Dies schien der Ort unserer Träume zu sein.
Vieux Boucau war noch völlig unentdeckt von ausländischen Touristen. Wir trafen, auch in den Folgejahren, nur ein einziges Mal einen Deutschen. Er war ein ausgesprochen unangenehmer Mensch aus Köln, der sich benahm, als würde er der Mittelpunkt der Welt sein. Ein ausgesprochener Kotzbrocken also, den wir tunlichst mieden.

Das Zentrum des Ortes lag etwa 200 Meter vom Strand entfernt. Hier war der Marktplatz mit dem *Hotel de Ville*, also dem Rathaus, und dem Hotel du Centre, dessen großer Vorplatz von alten Platanen gesäumt wurde. Unter den Bäumen waren Tische und Stühle des Hotelrestaurants aufgestellt.

Gegenüber dem Hotel de Ville gab es noch ein kleineres Hotel, dessen Namen ich nicht mehr weiß.

Vom Marktplatz führten über einen kleinen Fluss, vorbei am einzigen Kino und an der aus Stahlbeton errichteten Arena, zwei parallele Straßen, jeweils Einbahnstraßen, hin und zurück zum großen Parkplatz vor den Dünen. Beide Straßen waren von Tamarisken gesäumt, und an der Straße zurück zum Marktplatz lag das *Hotel d´Albret*, an dessen Bar wir etliche Abende verbrachten und wieder kleine Bierflaschen auf dem Tisch stapelten.

Rechts vom Parkplatz befand sich ein kleines Einkaufzentrum, in dem sich hauptsächlich die Bewohner des angrenzenden städtischen Campingplatzes versorgten, zu denen auch wir gehörten. Dort gab es auch einen Bäcker, bei dem wir täglich mein unendlich geliebtes Baguette erstanden.

Vom Parkplatz, der völlig überdimensioniert war – man hatte schon für die Zukunft geplant – führte ein mit Holzbrettern befestigter Weg über die hohe Düne zum Strand hinunter. Hinter der Düne lagen links und rechts zwei kleinere einfache Restaurants, jeweils mit einer Holzterrasse zum Meer hin. Unten am Strand waren etliche Metallgerüste mit Tüchern, die man an den Seiten herunterziehen konnte und somit in eine Umkleidekabine oder einen Sonnenschutz verwandeln konnte.

Das Meer war beeindruckend. Es herrschte eine gewaltige Brandung, auf deren Wellen wir mit unseren Luftmatratzen so etwas wie Wellenreiten probierten. So eine Welle schob uns zum Teil bis 100 Meter vor sich her, bevor sie sich am Ufer überschlug und wir uns mit zirka fünf Kilogramm Sand in der Badehose aus dem Nass wühlten. Wenn wir aber durch die Brandung hindurchkamen, war es wie in einem Fahrstuhl, entweder sahen wir den gesamten Strandabschnitt vor uns oder nur Wellenberge. Weiter draußen gab es auch eine Strömung, die jeden Schwimmer schräg zur Küste hinauszog. Dagegen anzuschwimmen, war zwecklos; man musste dann schräg zur Strömung wieder an Land schwimmen.

Ältere Franzosen erzählten uns später von der Zeit der deutschen Besatzung, aus der noch in größeren Abständen verfallene Betonbunker in den Dünen aufragten. Damals stürzten sich die deutschen Besatzungssoldaten ins Meer begeistert von der traumhaften Dünen- und Wasserlandschaft und ertranken zu Hauf. Wir sollten also vorsichtiger sein.

Mit den Mädels war es diesmal nicht so toll. Wir lernten eine Gruppe junger Basken oder besser Baskinnen kennen – unser damaliger Spruch: Alle Basken sind Masken – mit denen wir uns in den Dünen, weiter weg vom Hauptstrand vergnügten. Sie waren zwar nett, aber wirklich keine besonderen Schönheiten, weshalb unser Engagement auch eher verhalten war.

Vieux Boucau wurde unser Ziel für die nächsten Jahre. Im folgenden Jahr konnte Axel nicht mitfahren, dafür aber mein alter Sandkistenfreund Robert. Mecki war inzwischen stolzer Besitzer eines alten Käfers geworden.

Auch Robert hatte bereits einen VW-Käfer besessen, mit dem er von Hamburg zu seinem Bundeswehrstandort nach Stade fuhr. Doch diesen hatte er nächtens in einer Kurve des Quedlinburger Wegs in Niendorf auf die Seite gelegt. Die Kurve war nämlich ärgerlicherweise nicht für eine Fahrgeschwindigkeit von etwa hundert Kilometer pro Stunde ausgelegt. Also öffneten er und sein Mitfahrer Mecki die freie Seitentür wie die Luke eines U-Bootes nach oben und kletterten unversehrt hinaus. Dann wuchteten sie das Fahrzeug wieder auf seine nunmehr platten Reifen und ruckelten die letzten zweihundert Meter bis in den Steendammswisch auf das Grundstück von Meckis Eltern, wo sie das Fahrzeug abstellten. Roberts Käfer landete dann wenig später auf dem Schrottplatz.

Meckis Auto hatten wir vor der Reise nach Frankreich mit bunten, selbstgebastelten Folienblumen beklebt. Flower-Power war angesagt. Außerdem versahen wir ihn auf dem Heck mit einem großen Schriftzug: *S'il vous plaît ne klaxonnez pas! Le conducteur dort!* (Bitte nicht hupen! Fahrer schläft!) Wir konnten damit den meisten Franzosen ein Lächeln auf die Lippen zaubern. Damals war das noch originell. So zuckelten wir also gen Vieux Boucau und lernten Christine und ihre Schwester Sylvie kennen. Christine, eigentlich Marie-Christine, war umwerfend. Sie war bei weitem das hübscheste Mädchen, das ich bisher gesehen hatte. Sie hatte schwarze halblange Haare, große dunkelbraune Augen und eine phantastische Figur in einem weißen Bikini. Weiße Bikinis waren damals das Angesagteste. Ihre jüngere Schwester Sylvie war auch sehr niedlich und Robert hatte ein Auge auf sie geworfen. Sie warf zurück, denn Robert war inzwischen zu einem attraktiven jungen Mann herangewachsen.

Christine und Sylvie schleppten uns in die dorfeigene Arena zu den *Stierkämpfen*. Aber diese unterschieden sich erheblich von denen im spanischen Nachbarland. Denn hier war der Stier weiblich und nannte sich *vache*, also Kuh.

In der Mitte der Arena wurden lauter Strohballen zu einem großen Rechteck gelegt und mit einer wasserdichten Plane überdeckt. So entstand ein Becken, das mit Wasser aufgefüllt wurde. Dann wurde die Kuh hereingetrieben, deren Hörner mit Lappen umwickelt waren, um vor Verletzungen zu schützen.

Nun hatten sich alle jungen Männer, die sich in den Augen ihrer Freundinnen nicht blamieren wollten, in das durch einen zwei Meter hohen Bretterzaun begrenzte Rund zu wagen und die Kuh so lange zu ärgern, bis sie die Verfolgung des nun flüchtenden Gegners mit gesenktem Kopf aufnahm und versuchte, Letzteren auf die Hörner zu nehmen. Die Kuh muss vorher wohl von den Veranstaltern gereizt worden sein, denn sie zeigte ein Verhalten, dass auf außerordentlich schlechte Laune schließen ließ. Wenn es denn einem jungen Mann gelang, die Kuh bei der Verfolgung ins

Wasserbecken zu locken, johlte das gesamte Arenen-
rund vor Begeisterung.

Christine schaut mich mit einem vielsagenden Blick an,
der nur eines bedeuten kann. Ich soll hinunter.

Und das tue ich denn auch. Wie könnte ich vor diesem hübschen Mädchen mit diesem Blick als Drücke-
berger dastehen?

Auf in den Kampf, Torero!

Auf der Publikumsseite der Holzwand sind Sockel,
auf die man steigt, um dann mit einer Flanke über den
Zaun in der Arena zu landen. Also nähere ich mich
vorsichtig der übel gelaunten Kuh und vertraue darauf,
dass ich ein guter Läufer bin und rechtzeitig Reißaus
nehmen kann. Die Kuh nimmt mich tatsächlich einige
Male ins Visier und verfolgt mich. Aber gleich darauf
rennt ein anderer junger Mann zwischen Kuh und mir
hindurch und die Kuh wendet sich dem neuen Gegner
zu. Doch schon beim dritten Mal klappt das nicht mehr.
Die Kuh fixiert mich mit ihren Hörnern, schnaubt mit
den Nüstern und scharrt mit einem Vorderhuf angriffs-
lustig im Sand der Arena. Sie hält sich in diesem Augenblick offensichtlich für einen Stier, und lässt sich
nicht davon abbringen, mich durchs Arena-Rund zu
jagen. Doch ich bin schnell und habe schon die Bretter-
wand vor mir. Aber die Kuh ist schneller. Ich erreiche
mit einem Satz den oberen Rand der Wand, als ich einen kräftigen Stoß in meinen Allerwertesten spüre, der
mich in einem Schwung über die Begrenzung wirft.
Das Publikum johlt und ich komme ohne schwere Bles-

suren auf der anderen Seite an. Als ich zu unserem Platz zurück humpele, sieht mich Christine mit einem bewundernden und strahlenden Lächeln an, das den Boden unter mir zum Wanken bringt und die gegenüberliegenden Tribünen und Betonwände der Arena Wellen schlagen lässt.

Wer jetzt glaubt ich würde übertreiben, der irrt. Denn das geschah tatsächlich. Am nächsten Morgen war in allen Zeitungen zu lesen, dass es in den Pyrenäen ein Erdbeben gegeben hatte, dessen Auswirkungen bis weit in den Norden, bis nach Bordeaux, zu spüren gewesen seien.

Wow! Was für ein Mädchen!

Wir verbrachten herrliche Tage am Strand. Robert und Mecki hatten ihre Gitarren mit, und oft gesellten sich noch fünfzehn bis zwanzig junge Franzosen und Französinnen zu unserer Gruppe. Zusammen wurden amerikanische Skiffle-Lieder und Evergreens gesungen. Wir lernten noch mehr Französisch und bewunderten Christine mit ihrer immer fröhlichen, unbekümmerten und unglaublich charmanten Art. Ich hätte Christine vom Fleck weg geheiratet, wenn sie es gewollt hätte. Aber viel mehr als Schmusen und Petting ließ sie nicht zu.

Wir lernten sogar ihre Eltern kennen, die uns offensichtlich mochten.

Ein halbes Jahr später nahm Christine eine Einladung nach Hamburg an. Aber da erzählte sie mir, dass sie inzwischen einen festen Freund in Frankreich hatte, einen *Jaques Citrón* also Jacob Zitrone. Den hat sie denn auch zwei Jahre später geheiratet und hieß fortan Christine Zitrone.

Vorerst war sie aber nun in Hamburg und lernte ihren ersten Schnee kennen. Wir tollten übermütig im Schnee, und ich gab eine meiner berüchtigten Partys oder Feten, wie wir damals sagten. Piet kam mit Maren, die noch einige Freundinnen samt Anhang mitbrachte, Robert mit seiner hochschwangeren Charlotte und Mecki mit dem Hochofen. Die nannten wir heimlich so, weil sie richtig heiß war, aber sehr groß.

An die Partys der damaligen Zeit erinnern sich meine Freunde Robert, Piet, Mecki und Axel noch heute. War ich doch der Einzige, der solche Feten bis früh in den Morgen feiern durfte, ohne dass irgendein Elternteil nach dem Rechten sah. Zu fortgeschrittener Stunde war das *magische Auge* des Radiogerätes und Verstärkers die einzige Lichtquelle im Raum. Damals hatten nämlich die meisten Radiogeräte ein grünliches Licht, das je nach Empfangsstärke mehr oder weniger flackerte oder leuchtete. Oft arteten die Festivitäten in ein großes Besäufnis aus, und man konnte von meinem Zimmer direkt durchs Fenster in den Garten gelangen, wo man sich dann ergiebig auskotzte.

1969 fuhren Mecki und ich allein nach Vieux Boucau. Robert und Axel waren inzwischen in außerordentlich festen Händen, die sie im Lande hielten. Wir besuchten auf der Durchreise Christine und Sylvie bei ihren Eltern in Angers, einer Stadt an der unteren Loire, und Christine führte uns in die neue Wohnung, die sie und die Zitrone gemietet hatten, denn sie wollten heiraten. Naja, ein bisschen weh tat es schon in der linken oberen Brusthälfte. Ich wäre schon gern an der Stelle der Zitrone gewesen.

Vieux Boucau war denn diesmal auch nicht so der Hit, besonders für Mecki. Der musste unter einem Kumpel leiden, der nicht besonders gut drauf war. Auch das Interesse an den jungen Französinnen hielt sich bei mir in Grenzen, von einem rehäugigen, dunkelhäutigen, langbeinigen jungen Mädchen mit schwarzen Haaren bis zum Po bei der Nachbarzelt-Familie einmal abgesehen. Aber das kam auch nicht so richtig in Gang. Sie stammte aus Pau, im Zentrum des Baskenlandes und ihre Eltern überwachten das Umfeld ihrer Tochter mit Argusaugen. So schrieben wir nach Hause in Erinnerung an früher: »Alle Basken sind Masken und der dicke Gerard ist immer noch dard«. Der dicke Gerard war unser Zeltnachbar auf der anderen Seite, der sehr interessiert an unseren Dosen-Kochkünsten war. Er wollte immer genau wissen, was wir gerade verspeisten. Wir erzählten ihm von der *soup de coeu de beuff*, so übersetzten wir Ochsenschwanzsuppe, und er schüttelte sich.

Das war denn auch vorerst das Ende von Vieux Boucau und Frankreich. Aber nicht das Ende unserer Freundschaft und unseres Zusammenseins.

Über all die Jahre gab es ein regelmäßiges Treffen von uns Freunden einmal im Monat zum Skat spielen. Anfangs war Axel noch dabei, später nur noch wir vier: Mecki, Piet, Robert und ich.

Wir sind zwar inzwischen alle verheiratet und haben die Republik bei der Erhöhung der statistischen Geburtenrate kräftig unterstützt. Axel, Mecki und Robert sind jeweils verantwortlich – sie nehmen es jedenfalls an – für drei Kinder, Piet für vier. Nur ich bin das Schlusslicht, da die Geburtenrate pro Frau im gebärfähigen Alter berechnet wird. Da komme ich nur auf zwei Komma null. Wenn auch zweimal. Aber das sind immerhin noch 0,7 Kinder über dem amtlichen Mittelwert in Deutschland. Und wer hat schon 0,7 Kinder und das zweimal!

Zum Skatspiel trafen wir uns regelmäßig einmal im Monat abwechselnd bei jedem zu Hause.

Es war eigentlich weniger spielen als blödeln. Ein passionierter Skatspieler würde sich bei unseren Spielen die Haare raufen, weil wir oft vor lauter albernen, teils witzigen, teils dummen Sprüchen, kaum zum Spielen kamen. Und wenn wirklich ein Spiel zustande kam, waren es meist Piet oder ich, die das Spiel bestimmten. Mecki und Robert hatten ein bezahltes Abonnement auf schlechte Karten, von dem sie sich auch nicht abbringen ließen. Das tat dem Spaß aber keinen Abbruch, denn keiner nahm das Spiel wirklich ernst.

Wir hatten damit angefangen, als wir noch zur Schule gingen und aufgehört, als wir schon weit über 50 waren.

Es gab dann einen Konflikt sowohl zwischen Robert und Meckis Frau Brigitte als auch zwischen mir und ihr, der zum Ende des monatlichen Treffens führte. Der Konflikt ist längst beigelegt. Aber das Spiel haben wir aus unerfindlichen Gründen nie wieder aufgenommen.

Der eigentliche Grund, warum unsere Frankophilie ihr vorläufiges Ende fand, war wieder das weibliche Geschlecht. Diesmal aber das, welches sich in Hamburg in freier Wildbahn tummelte. Es war nicht ausschließlich einheimischer Art. Axels Freundin kam aus Norwegen, Robert wurde von Charlotte eingefangen, sie kam aus Rendsburg, und Piet war ja auch schon lange von Maren okkupiert, die allerdings einer Hamburger Familie entsprungen war.

Daher lag es nahe, dass auch ich und etwas später Mecki unserer Freiheit adé sagten, um uns freiwillig in den bei ihm mehr und bei mir weniger heiligen Stand der Ehe zu begeben.

Damit war Mecki der Einzige von uns Fünfen, der keinen Kasten Bier löhnen musste. Wir hatten vor Jahren, als für uns alle Heirat noch ein Fremdwort war, eine Vereinbarung getroffen, dass jeder, der heiratet, den anderen, Unverheirateten einen Kasten Bier ausgeben müsse. Somit hatten schon neun Kästen den Besitzer gewechselt. Und der letzte wurde nun fällig: Ich lernte meine Zukünftige in Bus und Straßenbahn kennen.

Das Busmuckel

Ich hatte den Job beim Finanzamt geschmissen und fuhr fast jeden Morgen mit der Straßenbahn, der Linie 2, vom Niendorfer Markt zur Uni. Auf dieser Strecke fuhren auch gelegentlich noch die alten Straßenbahnen. Diese bestanden aus zwei oder drei Wagen, die jeweils vorn und hinten zur Seite offen waren. Von diesen offenen Perrons betrat man durch eine Schiebetür den geschlossenen Teil. Dieser hatte auf beiden Seiten hölzerne Sitzbänke und einen Gang in der Mitte. An der Decke hing eine Lederleine, an der der Schaffner zog, um durch den dadurch verursachten Klingelton dem Fahrer im ersten Wagen zu signalisieren, dass der Zug abfahrtbereit sei. Der Fahrer bediente vorn die Fahrkurbel ebenfalls auf dem offenen Perron im Stehen. Mit dieser Bahn fuhren wir Jüngeren natürlich besonders gern, denn man konnte auch während des Anfahrens und Abbremsens auf- oder abspringen, was allerdings die Schaffner gar nicht gern sahen. Es gab auch modernere Straßenbahnen, die *Samba-Wagen*. Warum sie so genannt wurden, weiß ich nicht, aber sie waren größer und hatten automatisch sich öffnende und schließende Türen. Und der Schaffner ging auch nicht mehr durch den Wagen, um zu kassieren, sondern saß am hinteren Eingang hinter einem Tresen, an dem man die Karte lösen musste. Im vorderen Wagen durfte man nur vorn einsteigen und der Fahrer kassierte. Dabei drehte er sich mit seinem Sitz um 180 Grad herum und öffnete

eine Klappe, durch die Geld und Fahrkarte ausgetauscht wurden. Natürlich hatten diese Wagen auch
mehr Platz, zum Samba tanzen hätte es allerdings
kaum gereicht und es waren auch nur höchstens zwei
aneinandergekoppelt.

An einem kalten und frostigen Wintermorgen hatte ich
wieder einmal so eine alte Bahn zu fassen bekommen.
Ich stand auf dem vorderen Peron direkt hinter dem
Fahrer und, wie es der Zufall so will, stand neben mir
das *Busmuckel*. Der Name Muckel stammte von einem
Kollegen beim Finanzamt, der mit mir die Ausbildung
absolvierte. Er bezeichnete alle interessanten, weil attraktiven jungen Mädchen beziehungsweise Frauen als
Muckel. Und da ich fast jeden Morgen, an dem ich mit
dem Bus und dann mit der Straßenbahn zum Finanzamt fuhr, von einem Mädchen berichtete, welches ebenfalls an der gleichen Haltestelle den Bus bestieg und
welches bald mein Interesse weckte, hieß es das Busmuckel.

Und nun stand es neben mir. Wir kamen ins Gespräch. Da es aber auf der offenen Plattform schrecklich
laut war, verstanden wir kaum ein Wort. Also begannen wir, unsere Namen mit dem Finger auf die be-
schlagene Scheibe zu schreiben. Sie hieß Katharina, und
es war der Anfang einer Liebe.

Ich lud sie dann später zum jährlichen Osterfeuer ein
und sie kam mit Freundin Maria im Schlepptau. Sie
war eigentlich gar nicht mein Typ. Ich stand auf dunkle
Haare und braune Augen. Katharina hatte dunkelblon-

de Haare und graugrüne Augen. Sie war ein Jahr jünger als ich, etwa ein Meter sechzig klein, zierlich mit einem schmalen Gesicht und einer klassischen Nase, wie man sie oft bei den Statuen griechischer Frauen der Antike sieht. Ihr halblanges Haar hatte sie meist hochgebunden, sodass ihr schlanker Hals zur Geltung kam. Oft trug sie einen runden tellerartigen *Audrey-Hepburn-Hut* und ihre großen Augen schlug sie meist nieder. Wenn sie einen ansah, dann nur sehr kurz, so, als wenn sie Angst hätte, man könne sie allzu genau betrachten.

Ihre zurückhaltende, manchmal unsicher wirkende Art, ihre bedächtigen Bewegungen und ihre sehr leise Sprache vermittelten ihrem Gegenüber das Gefühl, als müsse man sie vor der Welt beschützen.

Zu der Zeit, als ich sie kennen lernte, hatte sie nach einer abgeschlossenen Banklehre bei einer Hamburger Privatbank und einem Jahr Auslandsaufenthalt als Au-Pair-Mädchen in England bei einer internationalen Firma als Sachbearbeiterin angefangen. Dort holte ich sie abends oft ab, und ich glaube, es war ihr manchmal ein bisschen peinlich: Da stand ein junger Student in etwas schlampiger Kleidung in der vornehmen Empfangshalle des Firmensitzes und wartete auf seine Liebste. Die im Sommer wie auch im Winter bloßen Füße steckten in Holzklapperlatschen, die vorn von einem Lederriemen gehalten wurden.

Um mich herum strömten die Krawatten in ihren dunklen Anzügen in den Feierabend, und so mancher Blick blieb erstaunt und irritiert von meinem Äußeren an mir hängen.

Etwas später hob ich dann zum ersten Mal in meinem Leben richtig ab. Ich war auf dem Weg nach Mallorca. Neben mir im Flugzeug saß das Busmuckel. In Cala Figuera, einem verschlafenen Fischernest an der Südostküste, gab es ein kleines, schnuckeliges Hotel, das wir über *Studenten-Reisen* gebucht hatten.

Außerdem gab es, zwei Kilometer entfernt vom Ort, auf den Klippen eine größere Hotelanlage von Neckermann-Reisen. Daneben fand man nur die alten Häuser der Einheimischen und an der Hafenmole einige Bars und Restaurants. Der Hafen bestand aus einer Bucht, die sich zum offenen Meer hin verengte, sodass nur eine schmale Einfahrt den Hafen vom Meer trennte. Auf der gegenüberliegenden Seite der Einfahrt zeigte ein Leuchtturm mit einem angrenzenden alten Wehrturm aus der Römerzeit den in später Nacht heimkehrenden Booten den Weg. In diesen Booten saßen in der Regel aber keine Fischer, wie wir später erfuhren, sondern Schmuggler. Es wurde alles geschmuggelt, was Geld brachte, vor allem aber Alkohol und Zigaretten. Die getreue Polizei des damals noch herrschenden Generalísimo Franco drückte nicht nur ein Auge zu, sondern saß abends vereint mit den Fischern in den Bars, schüttete Unmengen des spottbilligen spanischen Brandys in sich hinein und paffte Zigaretten, die man für etwa drei Mark die Stange erstehen konnte. Ein *Brandy mit Berg* kostete 30 Pfennig. Das war entweder ein Osborne Veterano oder ein Ciento trés, der in einem Cognacschwenker randvoll bis zum Überlaufen ausgeschenkt wurde.

Zwei Jahre pendelten wir vom Ohmoor 43 zum Rahweg. Wenn wir den Abend bei ihr verbrachten, marschierte ich nachts einen Kilometer nach Hause. Waren wir bei mir, so begleitete ich sie in der Nacht bis zu dem Haus ihrer Mutter.

Ihre Mutter war eine zierliche, kleine Frau, die mich bald in ihr Herz schloss. Ich wiederum liebte sie, weil sie den besten Braten der Welt auf den Tisch brachte. Das war kein Wunder, denn sie war von Haus aus Schlachtersfrau. Ihr Mann und sie besaßen im Osten bis zum Kriegsende eine Schlachterei. Diese mussten sie aufgeben und kamen dann durch Vertreibung und Flucht nach Hamburg, wo ihr Mann aufgrund einer Kriegsverletzung recht früh starb.

Inzwischen hatte ich mein Studium der Mathematik und Pädagogik mit dem ersten Staatsexamen beendet und begann das Referendariat in der Schule Fabriciusstraße in Bramfeld. Da ich nun eigenes Geld verdiente, meinten wir, es sei an der Zeit, in den Stand der Ehe zu treten. Es gab aber ein Problem. Katharina war katholisch, war sogar in eine katholische Schule gegangen und katholisch erzogen. Ich dagegen hatte, entsprechend der Familientradition, mit Glauben und Kirche nichts am Hut. Folglich schlossen wir den in solchen Fällen üblichen Kompromiss: Wir heirateten katholisch und zwar im Februar 1971.

Halt! Wer jetzt denkt, ich hätte so schnell klein beigegeben, der irrt. Ich hatte mich zwar bereit erklärt, in der katholischen Kirche zu heiraten, aber nur, wenn ich dem Pfarrer meinen Standpunkt darlegen könnte und nicht zum katholischen Glauben übertreten musste. Und weil die katholische Kirche sich in Hamburg in der Diaspora befand und sich daher erstaunlich tolerant zeigte, war das möglich. Ich lernte den Pfarrer kennen, der sich uns zu trauen traute, und verbrachte mehrere Abende allein mit ihm in seiner privaten Wohnung. Hier führten wir hitzige Diskussionen, die allerdings von gegenseitigem Respekt gekennzeichnet waren. Ganz besonders erinnere ich, dass ich ihm das Zugeständnis abringen wollte, dass das Unfehlbarkeitsdogma des Papstes, wenn er *ex cathedra* sprach, eine unglaubwürdige Sache sei. Ich fragte ihn auch, ob er sich vorstellen könne, dass der zur Zeit amtierende Papst, historisch gesehen, sich möglicherweise einmal als völlig unfähig erweisen könnte, wie es ja in der Geschichte der Päpste reichlich vorgekommen sei. Ich diskutierte mit ihm das Verhalten von Pius XII. während des Nationalsozialismus. Er zeigte sich dabei weltoffen und konnte meine Kritik, insbesondere an Pius XII. nachvollziehen. Schließlich einigten wir uns darauf, dass er den Standardspruch an die Brautleute bei der Trauung bei mir abwandeln würde. So tauchte in diesem Spruch unter anderem die Frage auf, ob sie ihre Kinder im katholischen Sinne erziehen wolle, was sie zu bejahen hatte, obwohl wir über Kinder noch gar nicht nachgedacht hatten. Mich fragte er, gemäß unserer Absprache, ob ich bereit sei, die Kinder im menschlich guten Sinne zu erziehen. Das konnte ich mit gutem Gewissen bejahen. So gab es eine katholische Hochzeit in der katholischen

Kirche im Niendorfer Kirchenweg mit einem atheistischen Bräutigam als Gast.

Und dann sang irgendein Bekannter von Katharinas Familie, der als Tenor bei der Hamburger Staatsoper angestellt war, von der hinteren Empore das Ave Maria. Das fand ich denn doch reichlich kitschig.

Mit der Hochzeit war das *Hotel Mama* vorbei. Wir bezogen eine Neubauwohnung in Norderstedt an der Segeberger Chaussee und kauften uns den ersten Fernseher, ein kleines tragbares Schwarzweißgerät, das im Wohnzimmer mangels Möbeln auf dem Fußboden stand. Wir lagen auf dem Fußboden auf den billigen Flokati-Teppichen vor dem Gerät und waren zufrieden und glücklich.

Nach eineinhalb Jahren hatte ich mein Referendariat beendet und bekam auch gleich eine Stelle als *Studienrat an Volks- und Realschulen*, so gestelzt hörte sich mein Beamtentitel an, und zwar an der Julius-Leber-Schule in Hamburg-Schnelsen. Das war schon lange geplant und kam so:

Etwa in meinem sechsten Semester an der Hamburger Uni lief ich zufällig meinem früheren Deutschlehrer Dr. Schoebe über den Weg. Er gab am pädagogischen Institut Seminare. Wir kamen ins Gespräch und ich erzählte ihm, dass ich auf dem Weg sei, Lehrer zu werden. Im pädagogischen Bereich hätte ich mich unter anderem mit den gerade neu gegründeten Gesamtschulen in Berlin und Hamburg befasst.

Er wiederum erzählte mir, dass er Schulleiter einer Dependance meines alten Gymnasiums am Bondenwald in Schnelsen am *Eidelstedter Brook* geworden sei und die Absicht habe, zusammen mit Kollegium, Schülern und Eltern diese in eine Gesamtschule zu verwandeln. Ob ich nicht Lust hätte, nach Beendigung meines Referendariats zu ihm zu kommen. Ich hatte.

Im Sommer 1972 bekam ich die Stelle an der Schule und auch gleich eine fünfte Klasse: der zweite Gesamtschuljahrgang.

An der Schule blieb ich dann bis zu meiner Pensionierung. Doch dazu komme ich später. Ich war mit Leib und Seele Lehrer und lehnte jede Art von Angebot ab, im Bereich Schule Karriere zu machen. Verwaltungsarbeit hatte ich ja bereits drei Jahre lang beim Finanzamt kennen und hassen gelernt. Die Begeisterung für den Beruf hielt mich jedoch nicht davon ab, Berufs- und Privatleben streng zu trennen. Während mein Lehrerleben, von einigen Eskapaden mit hübschen jungen Kolleginnen einmal abgesehen, recht gleichförmig verlief, fuhr ich in meinem Privatleben Achterbahn.

Erst einmal aber verbesserten wir unsere Wohnsituation. Es war das Jahr 1973, und mein alter Schulfreund Piet, der bisher mit seiner Frau Maren und Tochter Meike in einer schönen Altbauwohnung in Eppendorf hauste, übernahm Haus und Grundstück seiner Oma in Niendorf, im Lewetzauweg. Also zog er mit Familie von Eppendorf nach Niendorf, und am selben Tag zogen wir von Norderstedt nach Eppendorf.

Im Sommer besuchten wir Katharinas Schwester in Spanien. Sie war mit einem Spanier aus einer reichen

Familie verheiratet und hatte vier Kinder, darunter ein Zwillingspaar. Ich war inzwischen stolzer Besitzer eines VW Käfers, mit dem wir uns auf die Reise machten, um meine neue Schwägerin mit ihren Kindern an ihrem Urlaubsort in Guardamar del Segura, in der Nähe von Murcia, zu besuchen. Dort planten wir, uns auf dem Zeltplatz einzurichten.

Wir hatten einen Zwischenstopp in Freiburg eingeplant, um Liesel und Franz Kammigan zu besuchen, von dem ich zu der Zeit noch glaubte, dass er mein leiblicher Vater sei. Ich hatte seit der Scheidung 1949 keinen Kontakt mehr zu ihm gehabt.

Franz und Liesel freuten sich riesig über unseren Besuch. Wir verbrachten einen ganzen Tag damit, uns einen kleinen Teil seiner Bilder anzuschauen. Es gab eine Unmenge von Ölbildern, Aquarellen, Bleistiftzeichnungen und Linolschnitten. Viele davon hatten einen politischen Hintergrund. So gab es Linolschnitte mit Titel *Deutschland 1935*, auf dem ein Blinder zwischen einer gefängnisähnlichen Häuserzeile aus dem Bild heraus tappt, oder *Die Flucht aus dem KZ*. Letzteres hing bis vor kurzem im Eingangsbereich der kleinen Gedenkstätte im Ost-Turm des Hamburger Gefängnisses Fuhlsbüttel, das im Dritten Reich unter dem Namen *KolaFu* – Konzentrationslager Fuhlsbüttel – berühmtberüchtigt war. Franz hatte bereits einige Ausstellungen in der damaligen DDR gehabt. In der Bundesrepublik allerdings wurde er als überzeugter Kommunist gemieden. Erst nach seinem Tod 1985 stellte die Stadt Freiburg eine Ausstellung über sein Werk auf die Beine, und 2005 veranstaltete die Kunsthalle Hamburg eine Ausstellung unter dem Thema *Ausgegrenzt, Kunst in Hamburg 1933 – 1945*, in der ich einige dieser Linolschnitte wiederfand.

In Spanien, in Guardamar, zelteten wir dann in brütender Hitze auf einem Platz, der nur aus Sand und Dünen bestand und auf dem nur wenige schattenspendende Bäume wuchsen. Ich fühlte mich trotzdem wohl und genoss sowohl das Strandleben mit der Familie als auch die erste Paella meines Lebens.

Nachdem wir aus Spanien nach Eppendorf zurückgekehrt waren, brachte die Post ein großes Paket mit dem Absender Franz Kammigan. Es waren etliche handgedruckte und -signierte Linolschnitte, die ich mit einfachen, selbstgebauten Holzrahmen versah und in der Wohnung aufhängte.

Die nächsten zwei Jahre verbrachten wir den Urlaub in Jugoslawien. Jugoslawien war billig und bot FKK-Urlaub auf gut eingerichteten Campingplätzen. Seit wir ein paar Tage auf Sylt verbracht hatten, war FKK unser Ding geworden. Eine Bekannte hatte uns damals ihre Wohnung in Westerland zur Verfügung gestellt.

Zwei Jahre nach dem Umzug nach Eppendorf wurde unsere Tochter Ilka Kathrin geboren. Ich war bei der Geburt dabei, wie auch später bei den drei anderen Geburten. Das war damals noch nicht selbstverständlich.

Es war unglaublich schön. Ich habe jedes Mal geheult vor Glück und Rührung und wollte damals mög-

173

lichst viele Kinder haben. Das hat sich dann später mit zunehmendem Alter etwas relativiert, aber noch heute kann ich die Tränen nicht zurückhalten, wenn zum Beispiel im Kino oder im Fernsehen eine Geburt gezeigt wird.

Reichlich irritiert waren allerdings die Krankenschwestern und Pfleger im Krankenhaus. Ich besuchte nämlich nicht nur eine junge Mutter, sondern zwei. Ein Stockwerk höher lag Maren, die Frau meines Freundes Piet, auf der Entbindungsstation; sie hatte einen Tag nach Ilkas Geburt Nina-Marie zur Welt gebracht. Also besuchte ich, wie Piet auch, immer beide Frauen. Die Leute auf den Stationen lästerten und wir bekamen Sprüche zu hören wie »Habt ihr vor neun Monaten 'ne große Party gefeiert?«, oder »Welcher Vater gehört eigentlich zu welchem Kind?« – und – »Seid ihr da ganz sicher?«

Ilka heißt mit vollständigem Namen Ilka Kathrin, ohne Bindestrich. Der Name war ein Kompromiss. Ich favorisierte den ersten Teil und Katharina den zweiten. Obwohl ich bei der Geburt die Tränen nicht zurückhalten konnte, fand ich mich anfangs aber noch nicht so richtig in der Vaterrolle zurecht. Ich wollte zum Beispiel nicht auf unseren schon lange geplanten Norwegenurlaub verzichten. Also überredete ich Katharina, als Ilka ein Vierteljahr alt war, sie für drei Wochen in die Obhut meiner Mutter zu geben und mit dem Auto durch Norwegen zu fahren. Das taten wir dann auch.

Zurück in Hamburg dauerte es nicht mehr lange und ich nahm meine Vaterrolle voll an. Als nach zwei Jahren dann Ina geboren wurde, waren beide zum Mittelpunkt Katharinas und meines Lebens geworden.

Ina erhielt den zweiten Namen Christine nach meiner Großmutter. Fast gleichzeitig mit Ina kam Wiebke-Caroline, die dritte Tochter von Piet und Maren zur Welt.

Ich machte Tausende von Dias und etliche Super-8-Filme. Abends brachte oft ich die Kinder zu Bett. Beim Zubettgehen erzählte ich Geschichten, die ich spontan erfand: Von Teddy Brumm-Brumm, der Abenteuer im Wald und später in der Stadt der Menschen erlebte. Ich sang mit ihnen Kinder- und Gute-Nacht-Lieder und sie konnten sie bald richtig nachsingen, obwohl *Caliban keinen einzigen Ton halten kann.* Ich erzählte ihnen in Fortsetzungsgeschichten die Abenteuer von Peter Pan nach dem Roman von J. M. Barrie.

Alles war wunderbar. Ich liebte meine Kinder abgöttisch und wir zogen mit Kinderwagen und -Karre durch Eppendorf in die Parkanlagen, wo wir gleichgesinnte Familien kennenlernten. Die Wochenenden verbrachten wir oft in Niendorf, entweder im kleinen Garten von Schwiegermutter Bertha oder auf der großen Wiese im Ohmoor 43.

Im Winter ging es rodeln im Innocentia-Park in Harvestehude oder auf dem ehemaligen Müllberg am Flughafenteich in Niendorf, dort wo früher die Rieselfelder waren und die Schrotthändler.

Wir kauften auf Anraten von Hans eine Eigentumswohnung in Süssau an der Ostsee. Hans war der Mann von Freundin Maria, arbeitete bei einer großen deutschen privaten Krankenversicherung und meinte, wir müssten unbedingt Steuern sparen. Davor hatte er schon gemeint, ich müsse mich ebenso unbedingt bei ihm kranken- und lebensversichern. Das tat ich denn auch. Kurz darauf ließ er sich von Freundin Maria scheiden. Das hatte aber nichts mit uns zu tun.

In Süssau verbrachten wir sämtliche Schulferien, sommers wie winters. Ilka und Ina genossen die Ferien in Süssau: Im Sommer am Strand und im Winter 1978 zwischen meterhohen Schneebergen im Land und Eisbergen am Wasser. Es war das Jahr der Schneekatastrophe in Schleswig-Holstein.

Ich genoss es immer weniger. Ich wäre lieber in den Sommerferien wieder in den Süden nach Jugoslawien oder Frankreich gefahren. Aber das war nun nicht mehr möglich. Denn beides konnten wir uns nun nicht leisten.

Aus dieser Zeit gibt es eine herrliche Anekdote über Ilka zu berichten. Sie war fünf oder sechs Jahre alt, als sie mich nach etwas fragte, was sie schon seit langem beschäftigte.

Zum Verständnis muss ich von Kathrin und Gerd berichten. Wir waren damals, als Ilka noch klein war, mit dem Ehepaar Kathrin und Gerd befreundet. Sie hatten einen Sohn in Ilkas Alter und wir hatten beide bei der Schwangerschaftsgymnastik vor Ilkas Geburt kennengelernt. Sie wohnten in der Rothenbaumchaussee. Gerd hatte die Altbauwohnung renoviert und war also ständig mit Werkzeug im Gange. Wir besuchten uns oft gegenseitig.

Es war um die Weihnachtszeit.

»Du, Papa! Wieso kommt eigentlich Gerd im Weihnachtslied vor und dann auch noch mit seinen Sägen?»

Mit dieser Frage meines Kindes konnte ich nun gar nichts anfangen.

»Wieso das denn? Gerd kommt doch in keinem Weihnachtslied vor? Verwechselst du das mit Jesus?«

»Nein, Papa! Es heißt doch in dem Weihnachtslied *Alle Jahre wieder* in der zweiten Strophe: *Gerd mit seinen Sägen ein in jedes Haus.*« Es heißt natürlich: »Geht mit seinem Segen ein in jedes Haus«, aber von einem kirchlichen Segen hatte sie noch nie etwas gehört.

Nach außen waren wir die perfekte und vor allem heile Familie, doch in Wirklichkeit fing es an zu kriseln. Es begann damit, dass Katharina und ich unterschiedliche Auffassungen von Kindererziehung hatten. Sie war jemand, der eher überbehütete. Ich war das Gegenteil. Sie konnte abends, auch für eine kurze Zeit, nicht fortgehen, ohne fünf- bis sechsmal nachzusehen, ob die Kinder auch ruhig schliefen. Sie war insgesamt sehr ängstlich und, so meinte ich, fürchtete ständig, dass ihr der Himmel auf den Kopf fiele.

Sie war auch nicht besonders sportlich. Ich aber liebte es zum Beispiel, im Wasser herumzutollen, sich gegenseitig in die Luft zu werfen, sodass man einen Salto rückwärts hinbekam. Das konnte ich nämlich wunderbar mit Sibylle und später mit Marnie.

Sibylle und Marnie waren Sportlehrerinnen, die mit mir zusammen den Schwimmunterricht an der Schule bestritten. Oft tobten wir nach dem Unterricht noch allein im Schwimmbecken des Kaifu-Bades und schleuderten uns gegenseitig in die Luft zu einem Salto rückwärts.

Sibylle war zierlich und blond und sprach mit einer dunklen kratzigen Stimme, und sie war immer fröhlich und unglaublich lebendig.

Sie gab jedoch nach kurzer Zeit den Lehrerjob auf und begann eine Ausbildung an einer Schauspielschule. Ich habe nie wieder etwas von ihr gehört.

Dann kam Marnie. Sie hatte lange, dunkle Haare, tiefbraune Augen und eine Wahnsinnsfigur.

Das sprach mich an, denn in Bezug auf Frauen bin ich ungewöhnlich gepolt. Wenn mir eine temperamentvolle Frau mit langen, dunklen oder schwarzen Haaren, langen, schlanken Beinen, großen braunen Augen und dunklem Teint über den Weg läuft, also eine typische Südländerin, dann liege ich wie ein Käfer auf dem Rücken, strecke alle Viere von mir und japse nach Luft. Auf solche Frauen fahre ich restlos ab und bin zumeist so hingerissen, dass ich völlig hilflos bin und in der Regel keinen vernünftigen Satz mehr sagen kann. Und Marnie war genauso ein Typ.

Wir waren sehr verliebt ineinander. Sie machte mir kleine Geschenke und ich war hin und weg. Aber ich traute mich nicht, ihr mit Worten zu sagen, wie sehr ich sie liebte, weil ich mir damals nicht vorstellen konnte, mich von Katharina zu trennen.

Marnie heiratete dann später einen frisch geschiedenen Kollegen und ich konnte ihr das nicht einmal übelnehmen. Aber ich litt. Und sehr lange. Sie ging dann mit ihrem Mann an eine andere Schule und bekam ein Kind. Auch sie sah ich nie wieder.

Aber das war inzwischen lange her. Ich blieb bei Katharina und unser Verhältnis zueinander wurde immer problematischer.

Ich konnte zum Beispiel nicht mit ihr streiten. Sie wurde nie laut.

Sie war jemand, so fand ich, die mit ihrer nach außen zur Schau gestellten Schüchternheit und Zurückhaltung bei Männern den Beschützerinstinkt ansprach, was sie auch bei mir anfangs getan hatte. Der Hauptgrund aber war, dass wir unterschiedliche Vorstellungen von Sexualität hatten; ihre waren möglicherweise geprägt von der katholischen Erziehung, wohingegen ich sehr frei erzogen war. Irgendwann zog sie dann auch die Konsequenzen und fing im Frühjahr 1980 eine Beziehung mit ihrem Zahnarzt an. Sie zog zu ihm und nahm die Kinder mit.

Das war das Allerschlimmste für mich. Ich wusste, dass ich nach der damaligen Rechtsprechung keine Chance hatte, die Kinder zu behalten. Sie hatte ja der Kinder wegen nach Ilkas Geburt ihren Beruf aufgeben. Ich war am Boden zerstört, so glaubte ich jedenfalls. Ich tobte und heulte und trug mich mit Selbstmordgedanken. Eigentlich hatte ich dazu gar keinen Grund, denn ich hatte mit meinem Verhalten ebenso zu der Situation beigetragen. Aber das sah ich damals nicht. Tatsächlich, so weiß ich heute, war es nichts weiter als zutiefst verletzte Eitelkeit. Damals aber dachte ich, das Leben sei zu Ende und es könne nichts mehr kommen.

Aufbruch zu neuen Ufern

Nach einigen Monaten Leidens unternahm ich etwas dagegen. Ich schloss mich einer von einer Wochenzeitschrift initiierten Single-Gruppe an und lernte Karin kennen, die erste Beziehung in meinem Leben mit einer Blondine. Blonde Frauen waren für mich, von wenigen Ausnahmen abgesehen, wie die Schwimmlehrerin Sibylle, meist kühl und temperamentlos und daher auch sexuell wenig anziehend.

Karin belehrte mich eines Besseren und wir verbrachten einen kurzen, heißen Sommer zusammen. Dann war meine einzige blonde Episode auch schon zu Ende. Ich fand sie zu pingelig in finanziellen Dingen, und sie, die tatsächlich immer knapp bei Kasse war, denn ihr Verdienst war nicht gerade üppig, sah in mir einen armen Schlucker, der Unterhalt für zwei Kinder und eine zukünftige Exfrau zu leisten hatte und vermutlich nie auf einen grünen Zweig kommen würde. Sie wandte sich dann einem schmuddeligen, langhaarigen Typen zu, von dem ich den Eindruck hatte, der würde grüne Zweige nicht einmal vom Hörensagen kennen. Ja, so sind die Frauen. Besonders die blonden.

Während dieser Zeit, so um das Jahr 1981, musste Mutti mit einer Gallenkolik ins Krankenhaus. Es ging ihr schlecht und ich besuchte sie. Als ich ins Krankenzimmer trat, sah sie mich mit einem merkwürdigen Blick an, einem Blick aus einer Mischung aus Furcht und

Entschlossenheit. Dann sagte sie, dass sie mit mir über ein ernstes Thema reden müsse und dass sie sich lange davor gescheut hätte.

In mir kam Panik auf. Ging es ihr so schlecht? Hatte sie vielleicht Krebs und wollte mich auf ihren Tod vorbereiten?

Sie druckste etwas herum, und dann fing sie an, von Paul, dem Franzosen zu erzählen, der bei uns eine Zeitlang vor und nach meiner Geburt in Hamburg tagsüber in der Familie gelebt hatte. Und sie sagte, dass Paul und sie sich damals ein Versprechen gegeben hätten, an das sie sich ihr Leben lang gehalten hätte. Aber nun, wo sie so krank war, sei es an der Zeit, dieses Versprechen zu brechen.

Ich sollte nämlich wissen, dass nicht Franz Kammigan mein leiblicher Vater sei, sondern Paul. Das durfte nur damals niemand wissen. Franz wusste natürlich davon und später auch seine zweite Frau Liesel. Liesel hatte es irgendwann meinen beiden älteren Schwestern Ursel und Elke erzählt, die ja bei ihr aufgewachsen sind. Ursel hat dicht gehalten. Sie hat nie etwas verlauten lassen, auch nicht, als sie mit Sohn Andreas nach Hamburg flüchtete. Aber sie hat Mutti, wie sie mir später erzählte, immer wieder bearbeitet, es mir irgendwann zu sagen. Elke hatte keine Gelegenheit, mit mir darüber zu sprechen, da ich bis dahin keinen Kontakt zu ihr hatte.

Mutti sah mich nach ihrer *Beichte* ängstlich an. Sie befürchtete, dass ich schockiert sei. Ich war es nicht. Im Gegenteil: Ich fand es toll! Ich hatte ja kaum eine Beziehung zu Franz Kammigan entwickeln können; er war mir auch fremd geblieben, als wir ihn in Freiburg besucht hatten. Frankreich und die Franzosen, genauer die Französinnen, liebte ich dagegen.

Mutti war erleichtert über meine Reaktion.

Später fragte ich mich, was Mutti wohl gedacht haben musste, als sie mein Schwärmen von Frankreich und den Französinnen mitbekam, und die Französin Christine mich dann sogar in Hamburg besucht hatte. Sie hat sich nie dazu geäußert.

Mutti erholte sich wieder und gab mir später, als sie wieder zu Hause war, ein Foto von Paul und eine Holzschachtel. Der Deckel war mit Intarsien-Arbeiten verziert, die zwei Rosen zeigten und den Schriftzug *Else*. Die Schachtel hatte Paul während seiner Kriegsgefangenschaft für sie gemacht. Foto und Holzschachtel haben heute einen Ehrenplatz in meinem Wohnzimmer.

Damit war ich eigentlich zufrieden. Nicht so einige aus meinem Bekanntenkreis. »Warum forschst du nicht nach deinem Vater?«, hieß es. »Willst du nicht wissen, ob er noch lebt? Man muss doch wissen wollen, wo seine Wurzeln liegen!«

Ob man das wissen will, kann ich nicht beurteilen. Ich jedenfalls wollte es nicht unbedingt wissen. Trotzdem ließ ich mich breitschlagen und versuchte zweimal etwas halbherzig herauszufinden, ob Paul noch lebte. Paul kam aus Saint Etienne. Deshalb beauftragte ich einen Kollegen, der mit einer Französin aus Saint Etienne verheiratet war und die Sommerferien dort verbrachte, im Bürgermeisteramt nachzuforschen. Er vergaß es.

Das zweite Mal war ich mit einer späteren Freundin auf dem Weg in die französische Stadt am Rande des Zentralmassivs. Auf der Fahrt stritten wir uns jedoch aus einem unerfindlichen Grund, und mit Wut im Bauch machte ich kehrt. Manchmal konnte ich richtig jähzornig sein. Gott sei Dank passiert mir das selten, und ich habe meinen Zorn auch schnell wieder vergessen.

Wenn ich heute daran zurückdenke, dann bedauere ich schon gelegentlich, dass ich mich nicht weiter bemüht habe, herauszufinden, ob Paul noch lebt. Inzwischen ist jedoch so viel Zeit vergangen, dass es sinnlos geworden ist, darüber nachzudenken. Die Wahrscheinlichkeit, dass er noch lebt, ist außerordentlich gering. Er wäre heute über einhundert Jahre alt.

Kurz darauf im Sommer 1982 zu Muttis 74. Geburtstag tauchte die verlorene Tochter auf.

Meine zweite Schwester Elke, eigentlich Halbschwester, wie ich seit kurzem erfahren hatte, erschien unerwartet in Hamburg, und Mutti wusste vor Freude nicht, wohin. Elke hatte nach der Scheidung 1949 zu Mutti keinen Kontakt mehr gehabt. Es gab zwar noch bis etwa 1951 einen sporadischen Briefwechsel, aber dann blieben Elkes Briefe unbeantwortet. Ob und warum Mutti nicht mehr schrieb, weiß heute niemand. Sie hat nie darüber gesprochen und es hat sie offenbar auch niemand danach gefragt. Jedenfalls hat Elke unter der Abwesenheit ihrer Mutter gelitten. Erst viele Jahre später ist der begründete Verdacht aufgekommen, dass

Liesel Muttis Antwortbriefe unterschlagen haben könnte.

Und jetzt stand plötzlich eine zweite Else vor der Tür. Meine Schwester sah aus, wie Mutti vor vierzig Jahren ausgesehen hatte. Elke war das genaue Ebenbild. Nicht nur vom Aussehen her, sondern auch Mimik und Gestik glichen denen ihrer Mutter. Mutter und Tochter sprachen sich aus und begruben die Vergangenheit. Und ich hatte auf einmal eine zweite Schwester und einen Schwager Günter, mit dem sie schon seit langem zusammenlebte.

Doch wir sahen uns auch danach recht selten. Sie kam mit Günter oft nur für einen Tag vorbei, auf dem Weg zu Kur oder Urlaub an der Nordsee.

Sie blieb mir fremd. Das sollte sich jedoch viele Jahre später ändern.

Erst einmal war ich mit ganz anderen Dingen beschäftigt. Denn während der Trennungsphase von Katharina schlug ich mich mit listigen Rechtsanwälten und dusseligen Notaren herum. Allerdings beides jeweils in der Einzahl. Das hatte auch nichts mit der anstehenden Scheidung zu tun. Die lief ein knappes Jahr später einvernehmlich und recht preiswert ab. Es hatte vielmehr mit der Tatsache zu tun, dass unser großes Grundstück in Niendorf durch den geplanten Neubau einer Straße aufgeteilt werden konnte. Ich verhandelte mit dem Anwalt der Erschließungsgesellschaft, und wir kauften und verkauften Teile unseres Grundstücks und tauschten mit Teilen benachbarter Grundstücke, verschoben

Grenzen mehrfach, sodass schließlich nur der Anwalt und ich noch den Durchblick hatten. Der Notar, der das alles zu beglaubigen hatte, verstand nur Bahnhof, aber unterschrieb brav alles, was der Anwalt ihm vorlegte. Und heraus kam dabei, dass mein Bruder Thomas den vorderen, 800 Quadratmeter großen Teil des alten Grundstücks mit Haus bekam, das ja von ihm eigenhändig gebaut worden war. Ich erhielt einen Teil weiter hinten und im Tausch ein Stück von unserem früheren Nachbarn Apel mit insgesamt 760 Quadratmetern. Damit hatte ich Straßenanschluss zu der neu gebauten Straße. Neben mir, ebenfalls über ein Teiltauschgeschäft, erhielt mein Onkel Calli ein 800 Quadratmeter Grundstück, das er später seinen beiden Enkelkindern vermachte, die dort ein Doppelhaus bauten. Thomas und ich erhielten die Grundstücke als vorweggenommene Erbschaft und zahlten unsere beiden Schwestern anteilig aus, ich von dem Verkaufserlös der Wohnung in Süssau.

Wie wenig der Notar von den ganzen Geschäften verstanden hatte, zeigte sich zwei Jahre später. Ich bekam nämlich vom Grundbuchamt ein dickes Paket mit über tausend dünnen Seiten, auf denen sämtliche Besitzer sämtlicher durch die neue Straße entstandenen Flurstücke verzeichnet waren mit allen eingetragenen Grundbuchschulden. Der Notar hatte mich wohl dem Grundbuchamt gegenüber als den Obermufti der Erschließungsgeschichte angegeben. Der Anwalt riet mir, das Ganze in den Müll zu schmeißen, denn, so sagte er: »Der Notar peilt sowieso nichts«. Dafür hatte er aber todschicke Büroräume direkt neben dem Rathaus-markt.

Die Erschließungsgesellschaft hatte sogar später noch die städtischen Erschließungskosten des getauschten Teils meines Grundstücks zu zahlen. Das hatte sogar der sonst pfiffige Anwalt übersehen. Die Gesellschaft ging kurz darauf pleite, aber wohl nicht deswegen. Doch da waren unsere Verträge längst unter Dach und Fach.

Ich besaß nun also ein unbebautes Grundstück. Ans Bauen war nicht zu denken, dazu fehlte mir das Geld.

Rundherum jedoch setzte eine rege Bautätigkeit ein. Bäume wurden gefällt, Mutterboden abgefahren, tiefe Schächte für Kanalisation und Regenwassersiel gegraben. Im westlichen Teil des Geländes musste der Boden bis auf zirka sechs Meter Tiefe ausgetauscht werden, da er nicht tragfähig für die geplanten Gebäude war. Es war Schwemmsand.

Dann lagen auf meinem Grundstück lauter alte Telefon- und Strommasten aus Holz. Die hatten Bauarbeiter dort abgelegt, weil nirgendwo sonst Platz war.

Ich zersägte sie fein säuberlich in Zaunfostenlänge, buddelte sie ein und verband sie mit je zwei Drähten. Auf diese Weise hatte ich mein Grundstück eingezäunt und konnte einigermaßen sicher sein, dass die Arbeiter nicht auf die Idee kamen, auch noch richtigen Müll bei mir zu entsorgen.

Ich grub ein paar kleine Fichten und Birken aus, pflanzte einen Baum, baute ein Zelt auf und legte einen kleinen Garten an. Es war Sommer 1981.

Die Hausfreundin

In dieser Zeit meldete sich Neffe Andreas, der Sohn meiner ältesten Schwester Ursel, und fragte, ob ich ihn nicht einmal besuchen wolle. Er hatte zusammen mit seiner Frau Gisela in der Nähe von Hannover, in Benthe, eine alte Mühle erworben und zu einem Wohnhaus umgebaut. Die sollte ich mir mal angucken.

Das tat ich denn auch. Die Mühle war riesig, mit vier Etagen. Im Erdgeschoß hinter meterdicken Natursteinmauern war das Wohnzimmer. Die zweite und dritte Etage war an ein befreundetes Ehepaar vermietet. In der vierten Etage befanden sich Schlafzimmer und Bad, letzteres noch im Ausbau.

Andreas hatte ein großes Loch in die meterdicke Wand geschlagen, sodass das Wohnzimmer über eine breite Terrassentür einen direkten Zugang zum Garten bekam. Im Wohnzimmer befand sich an der einen Wandseite die offene Küche, ein Esstisch mit Stühlen, in der Mitte ein Wohnzimmertisch mit zwei riesigen Sesseln und – die Hausfreundin. Die Hausfreundin gehörte fast schon zur Einrichtung dazu. Sie kannten sich aus einer Sportgruppe mit mehreren Pärchen. Auch die Hausfreundin war bisher Teil eines Pärchens gewesen. Jetzt aber war sie Single und gerade mal 22 Jahre alt. Andreas, seine Frau Gisela und ich gingen dann abends auf die Piste in Hannover, ins Türmchen, zusammen mit der Single-Hausfreundin. Dort gab sie dann durch Blicke und Mimik zu verstehen, dass ich ihr gefiele.

Kurz nach Mitternacht ging es mit dem Taxi zurück zur Mühle. Der Taxifahrer staunte nicht schlecht, als er mitbekam, dass seine Fahrgäste in einer richtigen alten Mühle wohnten. Wir mussten ihn deshalb auch nicht zweimal fragen, ob er noch auf einen Absacker mit hineinkommen wollte.

Der Taxifahrer fuhr dann wieder fort und Andreas und Gisela stellten die zwei großen Sessel im Wohnzimmer zu einem Bett zusammen. Dann verzogen sie sich nach oben in die vierte Etage in ihr Schlafzimmer.

Und wir hatten Sex. Für mich den bis dahin besten. Denn die Hausfreundin war dabei außerordentlich aktiv. Und das war etwas, was ich so bisher nicht kannte.

Also heiratete ich später die Hausfreundin. Und Neffe Andreas, der Familientradition folgend, trennte sich von Gisela und der Mühle und heiratete den weiblichen Teil des befreundeten Ehepaares aus der zweiten und dritten Etage. Der männliche Teil war danach nicht mehr mit ihm befreundet.

Doch auch diese Ehe hielt nicht lange. Seine neue Frau brachte zwei Kinder zur Welt und entfachte dann ihre Leidenschaft für einen *umfangreichen*, Zigarren rauchenden, weiblichen Klops, mit dem sie ihre neu entdeckte lesbische Ader auslebte. Inzwischen ist Andreas mit Nathalie, einer jungen Krankengymnastin, verheiratet.

Doch zurück zur Hausfreundin.

Die Hausfreundin heißt Petra und ist etwa 1,70 m groß, sehr schlank mit äußerst wohlgeformten Beinen und blaugrauen Augen. Ihre schwarzen Haare hatte sie, als ich sie kennenlernte, ganz kurz zu einem Bubikopf geschnitten. Später trug sie sie lang, fast bis zum Po. Fallen sie ihr ins Gesicht, dann wirft sie sie mit einem energischen Ruck des Kopfes wieder über die Schultern. Wenn sie geht, hält sie ihre Arme immer leicht vom Körper abgewinkelt und schaukelt dabei ein bisschen von einer Seite zur anderen. Man erwartet, dass sie jeden Moment einen Revolver zieht und wie John Wayne im klassischen Western ihr Gegenüber mit ihrer dunklen Stimme zum Duell herausfordert.

Ihr Gang und ihre Mimik vermitteln ihrem Gegenüber ein starkes Selbstbewusstsein: Hier bin ich und ich bin die Mitte! In Gesellschaft ist sie daher immer schnell der Mittelpunkt und fällt durch witzige Kommentare und Sprüche auf.

Sie lebt in Übertreibungen. So sagt sie nicht: »Mir ist warm«, sondern »Mir läuft die Suppe den Rücken herunter« oder beschreibt ihren Chef, wenn er sein Missfallen äußert, nicht als jemanden der wütend ist, sondern als Rumpelstilzchen, das ununterbrochen auf und ab hüpft.

Das alles kam bei mir natürlich gut an. Sie war völlig anders als Katharina und das faszinierte mich. Während Katharina der Welt sehr zurückhaltend begegnete, betrachtete sie ihre Umwelt nach dem Motto: *Wo ist das Klavier, ich will es tragen!*

Erst später vermutete ich, dass sie auch mit ihrem Selbstbewusstsein übertrieb, so, als müsse sie sich und ihrer Umwelt ständig etwas beweisen.

Erst einmal aber pendelte ich zwischen Hamburg und Gehrden hin und her. Denn in Gehrden in der Nähe von Hannover war Petra zu Hause, wenn sie nicht gerade in der Mühle war.

Fast ein Jahr lang verbrachten wir die Wochenenden abwechselnd in Hamburg und in Gehrden.

In den Sommern fuhren wir wieder zum Campingurlaub nach Jugoslawien, denn auch Petra war begeisterte FKK-Anhängerin. Allerdings störten wir uns daran, dass einige orthodoxe FKKler es so weit trieben, dass sie sich sogar in dem zum Platz gehörenden Supermarkt splitternackt in die Schlange an der Kasse einreihten. Wenig angetan waren wir davon, wenn dann das schlaffe Gehänge des Hintermannes einem von hinten gegen die Hose schlabberte. Also mieden wir, wenn möglich, den Supermarkt und kauften im nahe gelegenen Ort ein.

Zurück in Hamburg stand meine Noch-Ehefrau Katharina vor der Tür und begehrte Einlass für sich und die Kinder. Das mit dem Zahnarzt war denn wohl doch nicht mehr das Gelbe vom Ei. Ich rannte flugs zu einem Anwalt und fragte, ob ich sie wieder aufnehmen müsse. Wenn sie mit Kindern und Koffer vor der Tür stehe, so belehrte er mich, dann müsse ich sie wohl oder übel aufnehmen. Wir seien ja schließlich noch verheiratet. Dann kassierte er 200 DM für den hilfreichen Rat. Aber bei der Scheidung würde er mir das verrechnen.

Schweren Herzens überließ ich ihr die schöne Altbauwohnung in Eppendorf und zog mit Petra zusammen in eine Wohnung in der Düsterntwiete in Alt-Osdorf. Sie war nun endgültig nach Hamburg übergesiedelt und hatte auch gleich einen Job als Sekretärin bei einem Tochterunternehmen ihrer Hannoverschen Firma gefunden.

Ein Vierteljahr später kam denn auch die Scheidung, allerdings ohne den raffgierigen Anwalt. Der Anwalt von Katharina reichte uns. Den Verkaufserlös von Süssau teilten wir auf, genau so die Bilder von Franz Kammigan. Sie behielt die, die ihr gefielen. Die anderen landeten bei mir im Keller, wo sie noch heute ein verstecktes Dasein fristen. Ich wollte sie nicht wieder aufhängen. Sie waren mir zu düster in der Düsterntwiete und später auch im Ohmoorring.

Im Dezember 1983 kam Sarah als *Drei-Monats-Kind* zur Welt, wir hatten nämlich drei Monate vorher geheiratet. 21 Monate später kam Simon. Petra hörte auf zu arbeiten und widmete sich nur noch der Erziehung der Kinder.

Da ich nun einen Sohn gezeugt und einen Baum gepflanzt hatte, war es keine Frage, was nun zu folgen hatte. Natürlich ein Haus bauen. Das tat ich denn auch.

Bruder Thomas hatte sich inzwischen passenderweise alter kammiganscher Tradition folgend von Gisela und ihrer ostfriesischen Sippe scheiden lassen und vorübergehend eine technische Zeichnerin geheiratet. Die erstellte nach meiner Vorlage die Bauzeichnung und ein Bekannter von Thomas, ein Bauingenieur und Statiker, setzte seinen Stempel und Unterschrift darunter. Die Behörde war zufrieden und die Wohnungsbau-kreditanstalt von Hamburg schwatzte mir ein Darlehen auf, denn ich galt ja nun als *jungverheiratet*.

Allerdings glaubte sie mir meine Finanzkalkulation nicht. Die sei viel zu niedrig. Niemand, der nicht vom Fach sei, könne ein Haus fast ganz allein bauen. Also machte ich das Haus deutlich teurer, bekam das Geld und baute das Haus fast ganz allein.

Den Kelleraushub besorgte ein Bagger, die Kellerde-cke ließ ich aus Fertigteilen liefern, den Dachstuhl zimmerte Thomas und die Außenverblendung durch einen roten Vormauerstein machte ein von mir enga-gierter Maurer. Alles andere machte ich. Hin und wie-der half mir auch mal ein Freund oder Kollege. Als der Rohbau stand, ließ ich alle Innenwände verputzen, denn ich selbst hätte dafür viel zu lange gebraucht und es wäre sicherlich auch nicht so glatt geworden. Die Anschlüsse von Heizung, Strom und Wasser ans städti-sche Netz musste ich ebenfalls machen lassen.

Der Hausbau brachte zwei ungewöhnliche Dinge zu Tage, im wahrsten Sinne des Wortes.

Beim Aushub der Baugrube sammelte ich Steine, die der Bagger aus etwa zwei Metern Tiefe ans Tageslicht beförderte. Ich sammelte sie für einen später anzule-genden Steingarten. Dabei fiel mir ein faustgroßer Stein in die Hände, der Zeichnungen trug, die sternförmig von einem Punkt aus um den Stein herum liefen. Es war ein versteinerter Seeigel. Ein Zeichen für die Tatsa-che, dass Norddeutschland vor Millionen von Jahren von einem Meer bedeckt war. Er hat natürlich jetzt einen Platz in meinem Wohnzimmerregal.

Das zweite Ding, das sich beim Verteilen des Mutterbodens zur Anlage eines Rasens in der Harke verfing, war dagegen nicht natürlichen Ursprungs. Es war eine kleine Indianerfigur aus Bakelit, einem Vorläufer des Kunststoffs. Die Farbe war überwiegend abgeblättert und nur noch an wenigen Stellen zu erahnen. Die Figur ließ meine Kindheit wieder aufleben, als wir hier im Sand spielten. Der extrem feinkörnige weiße Sand entstammte diversen Gruben, die auf dem früheren hinteren Teil des Grundstücks ausgehoben wurden, um dort Abfälle zu entsorgen. Eine Müllabfuhr gab es damals noch nicht. In diesem Sand ließen wir unsere Cowboy- und Indianerfiguren gegeneinander kämpfen, bauten *Berge* und *Täler* und ließen unserer Fantasie freien Lauf.

Das Haus war dann, entsprechend meiner Planung, nach genau zwei Jahren fertig, nämlich im Juni 1987, und wir zogen ein.

Nun, dachte ich, würde sich etwas an unserer Beziehung ändern, denn die hatte sich etwa seit Simons Geburt 1985 in ihr Gegenteil verkehrt. Der anfangs so tolle Sex fand immer seltener statt. Petra hatte einfach keinen Bock mehr auf mich. Verschärft hatte die Situation dann wohl auch meine ständige Abwesenheit während der Bauphase. Sie musste mit den beiden kleinen Kindern allein klarkommen. Ich stand nur im Winter zur Verfügung, da dann der Bau ruhte. Sie hat sich aber nie darüber beschwert.

Ich litt sehr unter der Situation und nahm mir vor, mich von ihr zu trennen, sobald die Kinder groß genug wären, das zu verstehen. Ich wollte eigentlich das Gleiche nicht noch einmal erleben. Denn, dass Ilka und besonders Ina damals unter meiner ersten Scheidung litten, ging mir immer noch nahe.

Nach dem Umzug ins eigene Haus war fast ausschließlich ich es, der abends mit Sarah und Simon beim Zubettgehen sang oder Geschichten erzählte, manchmal auch etwas vorlas. Sarah war damals vier und Simon zwei Jahre alt. Später machte ich es mir bequem. Wir sahen zusammen Sesamstraße oder einen Märchenfilm, den ich auf Video aufgenommen hatte.

Oft unternahm ich allein etwas mit ihnen. So erinnere ich, dass ich Anfang der 90er-Jahre eine Eisenbahnfahrt mit ihnen machte. Sie wollten so gern einmal mit einer *richtigen* Eisenbahn fahren. Das kannten sie nicht; sie waren bisher nur im Auto oder mit der U-Bahn unterwegs gewesen. Ich fuhr mit ihnen nach Ahrensburg, die Strecke war damals noch nicht elektrifiziert. Es fuhr noch eine Vorortsbahn. Dann wanderte ich mit ihnen vom Bahnhof zum Ahrensburger Schloss und sie erlebten ihr erstes richtiges Schloss von außen wie von innen. Petra hatte wenig Verständnis für solche Aktivitäten. Sie blieb zu Hause.

Eines rechne ich ihr allerdings noch heute hoch an. Sie liebte Mutti, also meine Mutter. Sie sah in ihr die Mutter, die sie selbst nie wirklich gehabt hatte, denn ihre Eltern waren noch jung; die Mutter war gerade 17 gewesen als Petra geboren wurde und war mit der Erziehung eines Kindes restlos überfordert gewesen.

Sie ging fast täglich einmal den kurzen Weg um die Ecke in mein Elternhaus und klönte mit Mutti und qualmte ihr dabei das Wohnzimmer voll. Denn sie rauchte wie ein Schlot. Aber Mutti störte das nicht. Sie war zu der Zeit schon über 80 und nicht mehr so beweglich. Es bereitete ihr bereits Mühe, zu Familienfesten die 50 Meter zu meinem Haus zu gehen.

Einmal in der Woche machte Petra bei ihr sauber. Später übernahm das dann meine zweitälteste Tochter Ina und verdiente sich so ein Zubrot zu ihrem Biologiestudium. Auch sie setzte sich nach getaner Arbeit immer noch mindestens eine halbe Stunde zu Mutti und hörte ihren Geschichten zu.

Meine zweite Frau und ich lebten uns auseinander. Sie hockte schon am Nachmittag vorm Fernseher und sah sich amerikanische Nachmittagsserien an. Ich arbeitete im Garten, und abends beschäftigte ich mich mit DOS 5.0 und Windows. Ich lernte, mit einem Computer umzugehen.

Der Computer brachte mich zum Schreiben. Ich begann einen Science-Fiction-Roman und die ersten Kapitel dieser Biografie. In beiden verarbeitete ich ein bisschen meinen Frust.

Später hörte ich damit wieder auf und machte erst nach über 20 Jahren weiter. Aber da ohne Frust.

Mit fünfzig um die Häuser

Dann nahm mir eine junge Referendarin an der Schule, mit der ich dienstlich gar nichts zu tun hatte, die Entscheidung ab. Wir hatten lediglich auf dem alljährlich stattfindenden Kollegiums-Sommerfest heftig miteinander geflirtet.

Nach den Sommerferien fragte sie mich, ob wir uns nicht einmal treffen könnten.

Ich ging schon seit Jahren jeden Mittwoch zum Fitnesstraining. Anschließend schwamm ich ein paar Runden in dem kleinen Schwimmbad. Zwischendurch unternahm ich zwei bis drei Saunagänge, danach trank ich das eine oder andere Bier an der Bar. Das war mein Tag. Ganz für mich allein und den genoss ich einmal pro Woche.

Da verabredeten wir uns, nachdem ich mit Fitness, Sauna und Schwimmen fertig war.

Da sie lange schwarze Haare und dunkelbraune Augen hatte und außerdem schrecklich jung war, gab es nur eine Antwort, als sie mich fragte, ob wir in ein Hotel gehen wollten. Dort holten wir dann nach, was ich jahrelang entbehrt hatte.

Am Morgen rief ich zu Hause an, erzählte wo ich war und was los war. Petra zeigte daraufhin wenig Begeisterung, meinen anstehenden fünfzigsten Geburtstag. Sie nahm es mir eigentlich gar nicht übel. Sie hatte sich innerlich längst von mir verabschiedet.

Ich brachte sogar Christina, so hieß meine Neue, mit nach Hause. Petra, deren zweiter Name Neugierde war, wollte sie gern kennenlernen. Die beiden verstanden sich recht gut. Sie waren ja auch vom Alter her einander relativ nahe. Petra war damals 34 Jahre alt und Christina 28.

Die Affäre mit Christina war kurz und heftig.

Nach einem Vierteljahr, also Ende 1993, wurde mir klar, dass eine Beziehung mit so jungen Frauen nicht das war, was ich wollte. Sie waren zu unfertig. Sie sahen Probleme an Stellen, die für mich auf Grund meines Alters längst abgeklärt waren. Manches fand ich einfach kindisch. Ich erinnerte mich gut daran, dass ich mich, als ich noch jünger war, mit ähnlichen Problemen herumgeschlagen hatte. Ich hatte keine Lust, das alles noch einmal durchzumachen. Also beendete ich die Beziehung und tat ihr damit weh. Was wiederum mir wehtat, denn ich wollte ihr nicht wehtun. Doch sie tröstete sich bald darauf mit einem jungen Mann vom Lande und bekam auch gleich eine Tochter von ihm.

Ich hatte endgültig genug von viel zu jungen Frauen und wandte mich der reiferen Generation zu.

Ich schloss mich einem *english conversation club* an und lernte Anke, Helga und Rita kennen.

Der english conversation club war zwar im eigentlichen Sinne ein Treffen von Leuten, die sich in der englischen Sprache üben wollten, tatsächlich war er jedoch ein Singleclub. Man hoffte, dort einen potenziellen Partner kennenzulernen. Wir trafen uns in der Regel einmal in der Woche in einer Kneipe und sprachen eher schlecht als recht Englisch, jedenfalls eine Zeit lang. Zu fortgeschrittener Stunde war uns, beziehungsweise unseren schwerer werdenden Zungen, dies jedoch zu lästig und wir parlierten auf Deutsch weiter und zogen anschließend oft noch über die Piste in Hamburg.

Da gab es Anke, die einen kleinen Nebenverdienst durch Telefonsex erwirtschaftete. Ansonsten wurde sie von ihrem Ex-Mann gesponsert, wie sie sich ausdrückte. Dann war da Rita, Sekretärin bei einem Luftfrachtunternehmen, und Helga, die bis zu ihrer Pensionierung im *Old-Spice-Gewürzmuseum* in der Speicherstadt arbeitete. Schließlich tauchten, neben etlichen anderen, ab und zu noch Alex und André auf. André war Hausmann, der ein Zubrot mit Fußreflexzonenmassage verdiente. Er kam nur selten. Alex hieß eigentlich Axel und war sehr umtriebig in der Hamburger Kleinkunstszene, wo er nicht nur Gott und die Welt kannte, sondern auch mit uns bekannt machte. Dazu zählten unter anderen Claudia Griseri, die im *Villon* in Sankt Georg und im *Fools Garden* im Schanzenviertel auftrat und Lieder und Chansons der zwanziger Jahre vortrug, sowie die Österreicherin Monica Arno, die im Theater in Wedel das Ein-Personen-Musical *Lola Blau* von Georg Kreisler aufführte. Außerdem war Alex dem Sadomasochismus nicht abgeneigt und kannte sich in der entsprechenden Hamburger SM-Szene hervorragend aus.

Mit Anke, Helga und Rita verstand ich mich gut. Ich zog nächtelang mit ihnen auf Hamburgs Pisten um die Häuser. Oft kehrten wir erst in den frühen Morgenstunden heim. Aber sexuell spielte sich nichts ab. Die Chemie stimmte auf diesem Gebiet einfach nicht.

Ich antwortete auf Inserate in Zeitungen, Rubrik *Heiraten und Bekanntschaften*, obwohl mir Rita und Anke davon abrieten. Sie hatten schlechte Erfahrungen gemacht.

Die Männer, so sagten sie mir, die man dort kennenlernte, stellten sich über kurz oder lang entweder als verheiratet heraus, waren geschieden, aber jammerten ständig hinter ihrer Ex her, oder hätten sich immer noch nicht von ihrer Mutter gelöst. Also alles völlig gestörte Typen.

Nun, die Frauen, die ich dann durch Inserate kennenlernte, waren überwiegend nicht gestört, sondern durchweg recht nett. Aber auch hier stimmte die Chemie meist nicht.

Bis auf Beate.

Mit ihr ging die Post ab.

Sie war eine Granate im Bett. Wobei das Bett nicht unbedingt zu ihren bevorzugten Orten gehörte. Sie favorisierte es eher im Auto, beim Baden im See, im Schilf, auf der Terrasse ihres Elternhauses oder beim Heidelbeerpflücken im Wald von Gorleben, alles eher halböffentliche oder öffentliche Orte, bei denen die Gefahr bestand, beobachtet zu werden. Sie konnte nicht genug kriegen, und ich hatte großen Nachholbedarf.

Als mir Anke später allerdings von ihren Erlebnissen im Alstervorland berichtete und was dort tief in der Nacht abging, fielen mir die Ohren ab. Hier trafen bei Dunkelheit in symbiotischer Vereinigung exhibitionistisch veranlagte Pärchen auf einsame Voyeure. Während sich das Paar in aller Öffentlichkeit auf der Parkbank vergnügte, stöhnte im Busch nebenan das armselige Männlein im Gleichklang.

Mit der Terrasse von Beates Eltern hatte es eine besondere Bewandtnis, sie befand sich nämlich im Ausland. Schon am Hauseingang wies ein Schild darauf hin, dass man soeben die *Republik Freies Wendland* betreten hatte. Ihre Eltern waren aktiv im Widerstand gegen das Atomendlager in Gorleben gewesen. Die Mutter bekochte die in Mengen angereisten Atomkraftgegner, und ihr Vater, ein eher schlichtes Gemüt, half beim Blockieren der Castor-Transporte.

Mir trat er sehr reserviert gegenüber, denn er konnte Lehrer nicht leiden. Ich war zwar der Erste, den er als Einzelwesen kennenlernte, von seiner Kindheit einmal abgesehen. Bisher waren ihm Lehrer nur in großen Rudeln begegnet, die zu Hauf das provisorische Anti-Atomkraft-Dorf besiedelt hatten und immer alles besser wussten als die Einheimischen. Außer Lehrern hasste er noch einen Mann, der als ehemaliger Juso-Vorsitzender auf ihrer Seite demonstriert hatte und etwas später als Ministerpräsident von Niedersachsen durch seine Polizei dieselben Leute niederknüppeln ließ, an deren Seite er vorher marschiert war. Und dann war er auch noch Bundeskanzler geworden! Da könne er zehnmal sagen, dass Lehrer faule Säcke seien. Bei ihnen im Freien Wendland solle er sich bloß nicht blicken lassen. Das würde er nicht wieder lebend verlassen!

Dann holte er seine Axt und hackte erst einmal Holz.

Beate fand alles toll, was ich machte. Sie bewunderte mich wegen meines Wissens und meines Verstandes. Das lag daran, dass sie recht einfach gestrickt war. Sie lag mir zu Füßen, oft im wahrsten Sinne des Wortes. Das entwickelte sich jedoch zunehmend zum Problem. Wir waren nicht auf Augenhöhe und das fehlte mir immer mehr. Auf Dauer reichte es mir nicht, dass es im Sexuellen so hervorragend passte, ich brauchte auch das Gespräch, vor allem aber die Augenhöhe.

Nach einem Jahr trennte ich mich von ihr. Sie konnte es nicht verstehen, und ich konnte ihr den wahren Grund nicht sagen. Jedenfalls glaubte ich das; es hätte sie wohl verletzt und von meiner Seite aus außerordentlich arrogant und überheblich geklungen. Ich weiß bis heute nicht, ob es richtig war, ihr den wahren Grund zu verschweigen, denn verletzt war sie natürlich sowieso.

Ich nutzte die Zeit, die ich jetzt wieder hatte, und arbeitete am Haus und im Garten. Ich verschönerte den Teich hinten auf dem Grundstück, mauerte einen Sockel und verglaste die westliche Terrassenwand.

Ein halbes Jahr später hatte ich das Single-Dasein satt und kaufte mir die Zeitschrift *Szene Hamburg*. Die hatte die interessantesten Inserate. Ich antwortete auf ein interessantes Inserat und gab gleichzeitig selbst eines auf:

Spätere Heirat ausgeschlossen. Mann, 52, 168, schlank, akademisch verbildet, sucht eine Beziehung für Kino, Theater, Kneipe, Herz und natürlich Bett. Wer (be-)zieht mit? Du solltest schlank, gut drauf und selbstbewusst sein. Ich bin glücklich geschieden, liebe Liebe und Leben, hasse Opern und klassische Konzerte, mag meinen Beruf noch immer, rauche ein bisschen, könnte es auch lassen, will aber nicht und erziehe eines meiner Kinder eher mehr als weniger erfolgreich allein und würde gern wieder tanzen, Standard-Latein, 2. Versuch. Noch Fragen? Dann schreib!

Frau schrieb. Es meldeten sich etliche Damen. Eine Woche später kam sogar noch der Brief einer Redakteurin der Zeitung, die mich kennenlernen wollte. Sie schrieb, dass sie meine Annonce interessant fand. Sie wiche von dem üblichen Muster ab: *Mann, im besten Alter, noch unter 80, sucht junge Frau, nicht über 25.*

Aber da war es schon zu spät. Ich hatte Isolde kennengelernt durch ihre Anzeige. Bei ihr stimmte beides: Kopf und Bauch. Es passte alles, obwohl ich nicht Tristan hieß.

Doch zurück zum Ende der zweiten Ehe, ins Jahr 1993. Ich erinnere mich, dass wir abends auf dem Sofa saßen und den Kindern beibrachten, dass wir uns trennen würden. Wir würden natürlich weiter für sie da sein, und ihre Mutter würde sich eine Wohnung in der Nähe suchen, damit die Kinder jederzeit zu jedem von uns gehen könnten. Sie waren natürlich traurig und weinten. Ich nahm die Kinder in den Arm und heulte Rotz und Wasser, worüber Petra sehr erbost war. Sie fand es unmöglich, dass ich vor den Kindern weinen würde; das sollte ich doch besser tun, wenn die Kinder nicht dabei wären. Doch es zerriss mir das Herz, meine Kinder so traurig zu sehen. Sogar die Trennung von Petra fiel mir schwer, obwohl ich die letzten Jahre mit ihr sehr unglücklich gewesen war. Aber wir hatten schließlich über zehn Jahre zusammen gelebt und erlebt. Das konnte ich nicht so einfach beiseiteschieben.

Bei der Trennung verhielt sie sich allerdings sehr fair. Sie wollte nur den Teil ihres Bausparvertrages zurück, der im Haus steckte. Von dem Haus wollte sie nichts. Ich hatte es ja eigenhändig gebaut auf dem ehemaligen Grundstück meiner Großmutter. Sie verzichtete auch auf Unterhalt für sich. Sie sei ja noch jung und habe zwei gesunde Hände und könne für ihren Lebensunterhalt selbst sorgen.

Binnen kurzem bezog sie eine Mietwohnung ein paar Straßen weiter. Dort zog sie dann mit den Kindern ein, und kurz darauf gab es auch einen neuen Mann, sogar einen sehr sympathischen.
Die Scheidung 1994 war demzufolge problemlos. Wir gingen anschließend zusammen in ein Lokal und begossen die erfolgte Trennung. Wir waren beide erleichtert, den anderen los zu sein.

Ein halbes Jahr später beschloss Sarah, nun fast 12 Jahre, zu mir zu ziehen. Darüber war ich natürlich außerordentlich froh. Bis nach einem Jahr bei ihr die Pubertät einsetzte. Sie nervte mich, bis ich Ausschlag hinter den Ohren bekam. Ihr Zimmer entwickelte sich zur Müllhalde, und ich hängte Schilder an ihre Tür, die ihre Freunde vor dem Betreten aufforderten, Gasmasken anzulegen, und dass ich die Verantwortung ablehnte, falls sich Seuchen wie Pest und Cholera ausbreiten

würden. Ich suchte alte Fotos heraus, um mich zu erinnern, welche Farbe der Teppichboden in ihrem Zimmer
hatte. Denn zu sehen war von dem Bodenbelag nichts
mehr. Wir ließen also nichts aus, was dem Klischee von
Vätern und pubertierenden Töchtern entsprach. So hatte ich natürlich von nichts eine Ahnung. Sogar in Mathematik wusste sie alles besser, denn ich war schließlich nur Mathelehrer. Sie dagegen hatte eine Fünf in
Mathe.

Dies Verhalten zum Lernen und zur Schule war nicht
immer so gewesen. In der Grundschule hatte Sarah eine
Lehrerin der alten Schule. Sie war streng und vor allem
konsequent. Sarah mochte sie gern und ging auch gern
zur Schule. Sie hatte Spaß am Lernen und stand zu ihrer Freundin Wiebke in freundschaftlicher Konkurrenz,
bei der es darum ging, wer mehr Einsen im Zeugnis mit
nach Hause brachte. Dann kam sie aufs Gymnasium.
Ihre neue, junge Lehrerin war sehr unsicher, hatte psy-
chische Probleme und fehlte häufig. Später schied sie
sogar ganz aus dem Schuldienst aus. Sie war das genaue Gegenteil von ihrer früheren Lehrerin. Sarah
nahm sie deswegen von Anfang an nicht ernst. Sie tanzte ihr auf der Nase herum. Dieses Verhalten übertrug
sie bald darauf auf weitere Lehrer; sie versuchte deren
Schwächen auszunutzen und meinte bald, alles besser
zu wissen. Ihre Schulleistungen gingen dementsprechend in den Keller.

Es gelang ihr auch regelmäßig, die Schule zu wechseln, bevor man sie hinaus warf. Auf diese Weise

schaffte sie es bis zur 11. Klasse. Als sich dann bei der Zeugniskonferenz herausstellte, dass sie einigen Fachlehrern völlig unbekannt war, musste sie die Schule verlassen.

Ein Vierteljahr, bevor sie achtzehn wurde, zog sie zu Hause aus und bewarb sich bei der *Hamburger Akademie für Kommunikationsdesign und Art Direction*. Voraussetzung für das Studium an dieser Schule war das Abitur. Eigentlich bewarb sie sich gar nicht richtig. Sie marschierte ins Büro des Leiters der Schule und textete diesen solange zu und machte ihm deutlich, dass seine Schule ohne sie überhaupt keine Daseinsberechtigung hätte, bis er entnervt aufgab und sie aufnahm. Nach acht Semestern erhielt sie ihr Abschlussdiplom. Unser Verhältnis kehrte sich mit ihrem Auszug völlig um. Sie fragte mich wieder um Rat in allen täglichen Dingen des Lebens wie Mietvertrag, Schrankmöbelkauf, Antennenanschluss in ihrem kleinen Zimmer und freute sich riesig, wenn ich sie besuchte.

Jetzt ist sie schon das elfte Jahr in Australien, obwohl sie ursprünglich nur ein Jahresvisum *work & travel* hatte, das es für junge Leute nur einmal gibt.

Nicht Tristan – sondern Tanzen und Isolde

Wir waren noch zu Beginn unserer Trennungsphase, Petra und ich, als ich mit dem Tanzen anfing. Und darauf brachte mich ausgerechnet meine Noch-Ehefrau. Sie war natürlich nun, genauso wie ich, darauf aus, neue Partner kennenzulernen. Und dazu belegte sie einen Anfängerkurs in der Tanzschule Melfsen an der Paul-Sorge-Straße neben dem Affenfelsen.

Als ich mich von der Referendarin Christina getrennt hatte, überredete meine Noch-Ehefrau mich, auch so einen Kurs zu beginnen. Das tat ich dann auch, und als wir beide, getrennt natürlich, jeweils beim ersten Fortschrittskurs angelangt waren, geschah etwas Merkwürdiges.

Da wir dicht bei der Tanzschule wohnten, wurden wir gern als Gasttänzer für Anfängerkurse engagiert, wenn das Geschlechterverhältnis bei einem neuen Kurs nicht stimmte. Wir wurden, wenn Not am Mann oder an der Frau war, angerufen und standen dann in kürzester Zeit zur Verfügung.

Da geschah es, dass wir uns zufällig beide zugleich in demselben Tanzkurs als Gasttänzer wiederfanden und, weil die Partner immer jeweils wechselten, sogar aufeinandertrafen. Und wir konnten auf einmal miteinander tanzen, sogar richtig gut. Das wäre früher völlig undenkbar gewesen.

Es hatte sicherlich damit zu tun, dass der Stress vorbei war. Der Stress, jeweils immer der oder die Bessere oder Stärkere zu sein und dem anderen zu vermitteln, dass er nichts wert sei.

Später setzte ich die Kurse mit Beate fort. Eigentlich fing ich mit ihr wieder am Anfang an, denn sie konnte nicht tanzen. Das ging so lange gut, soweit die Tanzschritte noch relativ einfach und leicht zu merken waren. Als die Schritte dann komplizierter wurden, gab Beate auf.

Sie sah nicht ein, so viele neue Dinge zu machen, die man gemeinsam erlernen musste. Da gab es ihrer Meinung nach Besseres, was man zu zweit betreiben konnte. Das musste sie auch nicht erst erlernen. Sie beherrschte es von Haus aus. Darin war sie schließlich ein Naturtalent.

Im Sommer 1996 lernte ich Isolde, kurz: Iso, kennen. Ich beantwortete ihre Anzeige in der Szene Hamburg, während meine eigene noch lief. Ihre Anzeige sprach mich deswegen an, weil sie erwähnte, dass sie gern wieder tanzen würde, und zwar Standard/-Latein, nachdem sie bereits einige Anfangsversuche hinter sich gebracht hatte. Auch in meiner Anzeige hatte ich den Wunsch nach einer Tanzpartnerin geäußert. Es passte also.

Wir trafen uns in der Eisdiele in Ahrensburg und fanden uns sympathisch. Kurios fanden wir, dass wir beide eine Tochter mit Namen Sarah hatten. So hieß es zur Unterscheidung immer *meine Sarah* und *deine Sarah*. Beide trafen wir uns danach jedoch noch mit weiteren Kandidaten und Kandidatinnen, die auf unsere Anzeigen geantwortet hatten, teilten diesen jedoch mit, dass wir wohl schon die Richtige oder den Richtigen gefunden hätten.

Als ich Iso kennenlernte, begegnete mir in ihr eine Frau, die wusste, was sie wollte und vor allem, was sie nicht wollte. Sie war damals schlank mit einer fast knabenhaften Figur. Ihre schwarzen, krausen Haare trug sie halblang, auf der linken Seite etwas länger als rechts. Beim Reden legte sie den Kopf etwas schräg und fixierte mich durch ihre kreisrunden Brillengläser, die ihr einen intellektuellen Ausdruck verliehen. Sie sprach sehr bedächtig, so als überlege sie jedes ihrer Worte, und sie vermittelte den Eindruck, dass sie weiß, wovon sie spricht. Sie schien jemand zu sein, der bei sich angekommen ist.

Sie hatte in ihrer Anzeige mit dem Alter ein bisschen geschummelt. Sie war damals nicht 46, sondern 48 Jahre alt.

Auch Iso war, genau wie ich, bereits zweimal verheiratet gewesen. Ihre erste Ehe war nur kurz, sie war damals noch sehr jung, als sie ihre Tochter Heike bekam. Sie lebte zu der Zeit in ihrer Geburtsstadt Saarbrücken. Nach der Scheidung zog sie mit Heike in eine Studenten-WG. Dort lernte sie ihren zweiten Mann kennen. Er studierte, wie auch die meisten in der WG, auf Lehramt. Im Saarland war es zu der Zeit schwierig, eine Stelle als Lehrer zu bekommen, also zogen sie nach Beendigung seiner Ausbildung nach Norddeutschland nach Bargteheide in die Nähe von Hamburg. Dort wurde dann Sarah geboren.

Als Sarah aus dem Gröbsten heraus war, hatte Iso das Gefühl, sie müsse noch etwas aus ihrem Leben machen. Die gelegentlichen Jobs in einem Wollstudio in Ahrensburg füllten sie nicht mehr aus.

Mit 40 Jahren fing sie an, Volkswirtschaft zu studieren und absolvierte anschließend noch eine Heimleiter-Ausbildung. Das bekam ihrer Ehe jedoch nicht; ihr Mann kam möglicherweise mit dem neuen Selbstbewusstsein seiner Frau nicht zurecht.

Also trennten sie sich und Iso zog nach Ahrensburg.

Sie leitete dann ein Altenheim in Bad Oldesloe, das von einer gemeinnützigen Stiftung betrieben wurde. Die Satzung der Stiftung war so konstruiert, dass der Vorstand, je nach politischer Ausrichtung im Oldesloer Stadtparlament wechselte. Daher musste Iso sich immer wieder mit Vorgesetzten auseinandersetzen, die nichts von der Führung eines Altenheimes verstanden. Sie wechselte daraufhin noch zweimal ihren Arbeitsplatz und ging mit 62 Jahren vorzeitig in den Ruhestand. Sie konnte es nicht mehr verantworten und ertragen, wie Gesellschaften, die Altenheime in Form von Aktiengesellschaften verwalteten, mit den alten Menschen umgingen. Es zählte immer weniger der Mensch als vielmehr der Shareholder-Value.

Im Bad Oldesloer Altenheim fiel Iso ein Bild ins Auge, das im Zimmer einer alten Dame hing. Es war eigentlich kein Bild, sondern ein Spruch in einem Bilderrahmen, der in einer fein säuberlichen Sütterlin-Handschrift geschrieben war. Iso fragte die Dame, woher der Spruch komme und ob sie ihn verwenden dürfe. Die Dame konnte nicht sagen, woher sie ihn habe, auch der Autor sei ihr nicht bekannt, aber wenn der Spruch Iso gefiele, könne sie ihn gern verwenden.

Diesen Spruch widmete Iso mir, weil sie meinte, er passe zu meinem Leben. Das fand ich auch.

Von den Dingen hören,
das ist nicht genug.
Du musst sie durchlebt
und durchliebt
und durchlitten haben.
Dann weißt du am Ende deiner Tage,
dass dir das Leben
quer durchs Herz
geflossen ist.

Autor nicht bekannt

Nach einigen Monaten pendeln zwischen Hamburg-Niendorf und Ahrensburg zog Iso dann zu mir und erlebte hautnah die Konflikte mit, die ich mit meiner pubertierenden Tochter austrug. Diese Konflikte spielten sich aber nur zwischen uns beiden ab. Sarah kam immer gut mit meinen jeweiligen Partnerinnen aus.

Die Familie hatte sich auf einen Schlag rapide vergrößert. Iso und ich hatten nun gemeinsam sechs Kinder und kurz darauf noch zwei Enkelkinder, Merle und Moritz, die Kinder von Heike. Nach anfänglich kritischer Begutachtung durch Isos Töchter Heike und Sarah wurde ich schnell akzeptiert. Isos Sarah zog sogar für eine kurze Zeit nach ihrem Abitur aus einem Nano-Kaff in der Nähe von Bad Oldesloe zu uns, um die Großstadt zu erobern und sich auf eine Berufsausbildung vorzubereiten. Sarah & Sarah verstanden sich gut.

Auch meine beiden *großen* Mädchen, Ilka und Ina, kamen immer gern. Sie lieben ihren Papa. Sarah und Simon tun das auch, sie können es nur nicht so zeigen.

Ilka ist inzwischen zu einer kleinen, zierlichen Person herangewachsen, die manchmal Probleme hat, sich durchzusetzen. Sie wird oft von anderen Menschen ausgenutzt. Das liegt auch daran, dass sie es nicht ertragen kann, halbe Sachen zu machen. Sie ist eine Perfektionistin. Ihre Noten der Arbeiten an der Uni müssen immer die besten sein. Sie hat erst Kulturwirt in Passau studiert, das Studium aber abgebrochen und in Hamburg dann ein Jura-Studium abgeschlossen mit Schwerpunkt Kriminologie. Heute arbeitet sie an der Uni Hamburg, und man hat sie überredet zu promovieren und nutzt sie aus. An der Uni übernimmt sie oft Dinge, die eigentlich ihre Chefs oder andere Mitarbeiter erledigen sollen, aber nicht gebacken kriegen.

Bei Ina, so sagen viele meiner Bekannten, kommt die französische Seite durch. Sie hat dunkle Haare und dunkle Augen und sieht ein bisschen südländisch aus. Bis noch vor kurzem hatte sie oft Schwierigkeiten, nein zu sagen. Sie will es immer allen recht machen. Ihr Herz trägt sie auf der Zunge, und wenn sie erst einmal anfängt zu reden, ist sie nicht mehr zu bremsen.

Sie hat Biologie studiert und verdient ihren Lebensunterhalt mit zwei Jobs: Sie arbeitet bei der Hamburger Schulbehörde als Selbstständige in der Abteilung *Bildungsmonitoring* und erstellt Grafiken und Layout des Hamburger Bildungsberichtes. Bei einer Firma, die Umweltverträglichkeitsstudien für zu bauende Offshore-Windparks erstellt, erarbeitet sie die Studien und Statistiken und fliegt auch gelegentlich die Routen auf See im Kleinflugzeug ab und zählt Meeressäuger oder Vögel.

Ilka und Ina haben ein sehr inniges Verhältnis zueinander.

Simon war als Kleinkind ein fantasievoller Junge. Er malte kleine Figuren, die er dann ausschnitt und zu neuen Bildergeschichten zusammenstellte. Er hatte dabei eine unendliche Geduld.

Dann geschah etwas. Es war, als ob jemand einen Schalter umgelegt hätte. Das passierte in der Zeit nach der Scheidung und als er zur Schule kam. Ich weiß nicht, ob es mit der Scheidung zu tun oder ob er einfach Pech mit seiner Klassenlehrerin hatte, die meiner Meinung nach einen wenig strukturierten Unterricht erteilte und überhaupt nicht konsequent war. Es war, als hätte jemand seine Talente zugeschüttet. Er hatte Probleme beim Lernen und konnte sich nichts merken. Petra meinte, ihn unbedingt aufs Gymnasium schicken zu müssen. Er scheiterte und rutschte binnen zweier Jahre durch bis auf die Hauptschule. Er brauchte dann ein zusätzliches Jahr, um auf der Handelsschule den Realschulabschluss nachzumachen. Lange Zeit bekam er keine Ausbildung. Erst seit seinem 22. Lebensjahr veränderte er sich, als er eine Ausbildung zum Kraftfahrzeugverkäufer absolvierte. Er wurde umgänglicher, freundlicher und offener zu seiner Umwelt. Nach der Ausbildung wurde er aber nicht übernommen. Nach einem weiteren halben Jahr Arbeitslosigkeit mit einer Förderung durch das Arbeitsamt, die mir völlig sinnlos erschien, hat er jetzt eine Anstellung in seinem Beruf bei einer Gebrauchtwagenfirma gefunden. Er hat endlich Erfolg und dadurch Selbstbewusstsein gewonnen.

Ich hätte mir manchmal gewünscht, dass Simon etwas mehr von dem abbekommen hätte, von dem seine Schwester Sarah reichlich hat: Selbstvertrauen.

Sie ist zwar eine Chaotin. Sie verliert ständig wichtige Dinge wie Unmengen von Geld, Personalausweis oder Führerschein, ihr wird das gesamte Auto in Australien ausgeräumt mit allen ihren Klamotten, und mitten im Outback, weit weg von jeder menschlichen Behausung, bleibt sie mit ihrem uralten Gefährt mitten in der Nacht mit gebrochener Achse liegen. Aber sie meistert ihr Leben. Sie fällt immer wieder auf ihre Füße und erreicht fast immer das, was sie will. Sie ist ein Wirbelwind. Ähnlich wie ihre Mutter weiß sie sich auch immer ins rechte Licht zu setzen und wenn sie einen Raum betritt, zieht sie sofort die Aufmerksamkeit der Anwesenden auf sich.

Meine vier Kinder kommen gut mit Isos komplettem Anhang zurecht, und sie mögen Iso.

Meine Sarah und Sohn Simon, die sich selbst als fleisch-fressende Pflanzen bezeichnen – woher sie das nur haben –, können damit umgehen, dass Isos Tochter Heike, Enkelkind Merle, und Rainer, Heikes Lebensgefährte und Papa der Kinder Merle und Moritz, überzeugte Vegetarier sind. Nur Enkel Moritz schlägt etwas aus der Art.

Iso liebt es, die gesamte Sippe zu verköstigen. Sie kocht wahnsinnig gern, probiert ständig etwas Neues aus. Es stört sie nicht im Mindesten, dass sie immer zwei unterschiedliche Gerichte zubereiten muss: Für die Vegetarier und für die anderen, deren Lieblingsge-müse Fleisch ist.

Die Küche sieht danach zwar immer aus wie ein Schlachtfeld, aber damit habe ich mich abgefunden.

Außer Kochen wurde Tanzen zu Isos Hobby und natür-lich auch zu meinem.

Damit fingen wir bei der schon erwähnten Tanzschu-le in Niendorf an. Diese schloss jedoch kurz darauf mangels Masse ihre Pforten. Die Nord-Niendorfer schienen ein ausgesprochen tanzfaules Völkchen zu sein. Unser Fortschrittskurs bestand zum Schluss nur noch aus drei Personen: wir beide und der Tanzlehrer. Letzterer, ein junger Spund von vielleicht zwanzig Jah-ren, verkrümelte sich alle naslang, um sich eine Zigaret-te reinzuziehen. Also wechselten wir in die *Tanzschule am Schloss* nach Ahrensburg, wo Isolde damals noch wohnte. Da blieben wir dann, auch nachdem Iso nach Hamburg gezogen war.

Dort lernten wir drei weitere Tanzpaare kennen: Annette und Hans-Peter, Gummiball und Tanzbär, waren von einem Temperament, wie es unterschiedlicher nicht sein konnte. Sie war ständig in Bewegung, hüpfte auf und ab, war ununterbrochen am Planen und Organisieren, und er sah ihrem Treiben mit stoischer Gelassenheit zu. Ihn konnte nichts aus der Ruhe bringen. Sie trennte sich dann bald von ihm, vermutlich, um ihn aus der Ruhe zu bringen. Beide verschwanden aus unserem Dunstkreis.

Es blieben aber Petra und Wolfgang und Christine und Olaf. Alle vier waren damals, als wir uns kennenlernten, zwischen 16 und 18 Jahre jünger als ich und sind es erstaunlicherweise heute immer noch.

Petra und Wolfgang wohnen in Ahrensburg und sind schon seit Urzeiten verheiratet, und das immer noch miteinander. Und was noch erstaunlicher ist, sie gehen immer noch sehr liebevoll miteinander um.

Christine und Olaf leben zwar auch schon lange zusammen, aber hatten nie Zeit gefunden, zu heiraten, weil sie ständig in der Weltgeschichte herumreisten. Bis sie dann feststellten, dass man sowohl herumreisen als auch heiraten kann. Das taten sie dann im Jahre 2000 am Strand von Rarotonga in der Südsee. Beide wohnten als wir sie kennenlernten in Ammersbek in der Nähe von Ahrensburg. Dann zogen sie in die Hafencity und wir alle wechselten die Tanzschule. Die Mehrheit wohnte nun in Hamburg und Petra und Wolfgang mussten den weiten Weg in Kauf nehmen. Wir hatten keinen Minderheitenschutz vereinbart.

Und *Caliban, der keinen einzigen Ton halten kann,* also restlos unmusikalisch ist, wie ihm von seinem mädchenliebenden Musiklehrer eingebläut worden war, ist auf einmal in der Lage, einen Cha-Cha-Cha von einer Samba zu unterscheiden und einen Slow-Fox von einer Rumba.

So viel über den Wahrheitsgehalt der Aussagen und Prognosen von Lehrern. Eine Krähe hackt der anderen eben doch ein Auge aus.

Tanzen war offenbar etwas, was überall gut ankam und so manche Frau auf Iso neidisch werden ließ.

Auch auf unseren Reisen nutzten wir jede Gelegenheit, die die Hotels zum Tanzen boten. So manche alleinreisende ältere Dame, die uns tanzen sah, beschwor Iso: »Halten Sie bloß diesen Mann fest. Endlich einmal ein Mann, der tanzt und es auch noch gern tut.« Das tat mir natürlich außerordentlich gut.

Ein Erlebnis, dass ich nie vergessen werde und das wohl zu den schönsten in meinem Leben gehört, hatte ich in diesem Zusammenhang in der Schule. Es war eines der alljährlich stattfindenden Kollegen-Sommerfeste zum Schuljahresabschluss. Ich hatte es, wie so oft, selbst organisiert und natürlich dafür gesorgt, dass eine kleine Tanzfläche vorhanden war und die entsprechende Musik gespielt wurde.

Der Abend war schon fortgeschritten und ich hatte auch hin und wieder mit einigen Kolleginnen getanzt, da sprach mich eine junge Kollegin an, die gerade das

Referendariat an unserer Schule beendet hatte. Sie würde gern einmal mit mir tanzen.

Ich fragte sie. »So richtig tanzen? Standard-latein-mäßig?«

Sie nickte. Sie könne das auch ein wenig.

Und dann tanzten wir: Cha-Cha-Cha!

Es war wie in einem Traum.

Obwohl sie einige Figuren nicht kannte, setzte sie sofort jeden meiner Ansätze zur Führung um, und das mit einer Eleganz der Bewegungen und einer Ausstrahlung, die ich noch nie erlebt hatte. Ich fühlte mich in eine Szene aus dem Film *Dirty Dancing* versetzt, in der Patrick Swayze und Jennifer Grey Mambo tanzten und alle einen Kreis um sie herum bildeten, weil es so toll aussah.

Denn auch hier hatten nach ein paar Minuten alle anderen Paare auf der Tanzfläche aufgehört zu tanzen, bildeten einen Kreis um uns herum und klatschten im Takt.

Wir tanzten dann noch weiter, und es war einfach traumhaft, wie sie tanzte.

Später gestand sie mir, dass sie bis vor kurzem noch Turniere getanzt und es aber aufgegeben, weil die Schule sie so in Anspruch genommen hätte. Und sie hätte es genossen, endlich einmal wieder richtig zu tanzen.

Unserem jungen Sportkollegen, der grundsätzlich alle attraktiven Kolleginnen anbaggerte, die nicht bei drei auf den Bäumen waren, fielen die Augen heraus. Er hatte ihre leuchtenden Augen beim Tanzen ganz anders interpretiert: »Der olle Ulli Kammigan und diese hübsche junge Referendarin! Das glaub ich einfach nicht!«

Ich musste zugeben, sie war wirklich bildhübsch. Aber sie war blond, hellblond. Ich hatte nicht die geringsten Absichten. Es war einfach nur toll, mit ihr zu tanzen.

Julius Leber und nichts anderes

Ich hatte schon geschrieben, dass mein Schulleben als Lehrer ziemlich gradlinig ohne Höhen und Tiefen verlief. Das ist jedoch im Vergleich zu meinem Privatleben mit zwei Ehen und einigen Affären zu sehen, wo es wie in der Achterbahn auf und ab ging.

Ich hatte natürlich gute und schlechte Erlebnisse im Zusammenhang mit der Schule. Zu den Highlights gehörte sicherlich der Tanz mit der Referendarin und Turniertänzerin auf dem Sommerfest.

Es gab aber auch Erlebnisse, die mir sehr nahegingen.

Ich hatte am Anfang einen Schüler, der schon in der zehnten Klasse Drogen nahm und ich hatte es nicht bemerkt. Er war ein schwieriges Kind, zwar intelligent, aber völlig verlottert. Ich war oft zusammen mit einer psychologisch ausgebildeten *Beratungslehrerin* bei ihm zu Hause. Er wohnte in einem Behelfsheim. Der Vater war arbeitslos, aber trotzdem fast nie zu Hause und die Mutter Alkoholikerin. Nur drei Jahre, nachdem der Junge die Schule verlassen hatte, starb er an einer Überdosis Heroin. Ich hatte viel Zeit und Mühe aufgewendet, um ihm in der Familie zu helfen, aber letztlich war alles umsonst.

Bei einem anderen Schüler, der zwar nicht im oberen Leistungsbereich anzutreffen, aber ein hervorragender Sportler war, erlebte ich hautnah den langwierigen Krebstod mit. Ich besuchte ihn oft im Krankenhaus und führte lange Gespräche mit seiner Mutter, deren Mann das Drama nicht ausgehalten und sich abgesetzt hatte. Zur Beerdigung dieses Jungen konnte ich leider nicht kommen, denn ich musste etwas so Profanes wie eine Abschluss-Mathematikarbeit in der 10. Klasse schreiben lassen.

Immer wieder wurde ich gefragt, ob ich ein guter Lehrer war.

Diese Frage ist nicht leicht zu beantworten. Was macht einen guten Lehrer aus?

Einer, der bei den Schülern beliebt ist?

Ich hatte Kollegen, die bei den Schülern außerordentlich beliebt waren, weil sie sich ihnen gegenüber sehr kumpelhaft zeigten. Manche ließen sich auch von jüngeren Schülern duzen. Das tat ich nie. Ich war nun einmal in einer Rolle, die den Schülern gegenüber nicht gleichberechtigt war. Ich war für sie verantwortlich. Und wenn ein Schüler Mist machte, habe ich mich nicht gescheut, ihm das auch deutlich zu sagen.

Ich erinnere mich an einen Schüler aus meinem Mathematik-Kurs, der 2004 zur Prüfung zum Realschulabschluss antrat und sich überhaupt nicht vorbereitet hatte. Er hatte Wochen vorher ein Thema von mir bekommen, zu dem er etwas sagen sollte. Er wusste nichts. Er hatte sich das Thema nicht einmal angeguckt. Folglich fiel er durch. Am Nachmittag hatte ich einen tiefen Kratzer an meiner Autotür. Also, von allen Schülern geliebt zu werden, das kann es nicht sein. Es gab immer Schüler, mit denen ich aneinandergeraten bin. Und das war auch gut so. Oder ist ein guter Lehrer einer, der den Schülern viel beigebracht hat, bei dem man viel gelernt hat?

Das Problem ist, dass der Erfolg eines Lehrers sich zumeist erst nach vielen Jahren zeigt. Nämlich dann, wenn man erfährt, was aus dem Schüler geworden ist. Nur meistens erfährt man das nicht.

Es gibt ein paar Indizien, die mich dazu veranlassen, zu sagen: Ja, ich glaube, ich war ein guter Lehrer!

Zwei Schüler meiner ersten Klasse 1972 an der Schule traf ich später wieder, als sie ihre Kinder in unserer Schule anmeldeten. Sie erzählten mir, dass sie gern zur Schule gegangen waren, und freuten sich, mich wieder zu sehen.

Auf einem Klassentreffen derselben *ersten* Klasse sagte mir ein ebenfalls inzwischen erwachsener Schüler etwas, was mich wiederum freute.

»Herr Kammigan, wissen Sie noch, als ich in der fünften und sechsten Klasse immer mit meinem Kriegsspielzeug gespielt habe und es gelegentlich auch mit zur Schule gebracht habe. Sie haben es mir immer madig gemacht. Ich war damals richtig sauer. Aber ich habe irgendwann damit aufgehört. Ich fand es bald selbst nicht mehr gut. Heute bin ich Ihnen richtig dankbar dafür.«

Er ist heute im Vorstand eines großen Versicherungsunternehmens.

Eine andere Schülerin schrieb mir 1993 einen langen Brief, nachdem sie die Schule verlassen hatte. Darin bedankte sie sich neben vielen anderen Dingen auch für die Mühe, die meine Kollegin, mit der ich die Klasse gemeinsam führte, und ich uns gemacht hatten, als sie mit gebrochenem Fuß zu Hause lag und ihre Stiefmutter sich weigerte, sie zur Schule zu fahren. Sie hatte dafür keine Zeit, weil sie ihr eigenes Kind, den älteren, 16jährigen Stiefbruder, zum Gymnasium Bondenwald fahren musste. Der allerdings war kerngesund. Meine Kollegin und ich holten das Mädchen abwechselnd von zu Hause ab und brachten es nachmittags wieder nach Hause. Seiner Stiefmutter war das nicht einmal peinlich. Man kann sich vorstellen, wie diese Frau zu ihrer angeheirateten Tochter stand.

Auch einen zweiten Brief habe ich aufbewahrt. Darin bedankt sich eine Großmutter für die viele Mühe, die ich mir mit ihrem Enkelkind gegeben hatte, das unter schwerem Aufmerksamkeits-Defizit-Syndrom (ADS) litt und mit Ritalin behandelt wurde. Sie beschrieb mir seinen weiteren Lebensweg, der von Kriminalität und Drogen gekennzeichnet gewesen war, aus dem er aber herausgefunden hatte und nun ein anständiges und normales Leben führte. Ich war damals oft bei der alleinerziehenden Großmutter zu Hause gewesen und hatte lange Gespräche mit ihr geführt.

Einige Jahre lang war ich Vertrauens- und Verbindungslehrer der Schüler. Der Schülerrat, die Mitbestimmung der Schüler an einer Schule, wählt einen Vertrauenslehrer, zu dem Schüler hingehen können, wenn sie Probleme mit ihrem Klassenlehrer oder Fachlehrer haben. Außerdem berät er den Schülerrat auf seinen Sitzungen.

Auch das ist ein Zeichen, dass ich kein schlechter Lehrer gewesen sein kann.

Für den Schwimmunterricht an der Julius-Leber-Schule war ich über all die Jahre hinweg allein zuständig. Ich organisierte ihn, entwickelte Bewertungsmaßstäbe und gab meinen Fachkollegen fertige Konzepte. Manches davon wurde auch von anderen Schulen übernommen.

Besonders gern nahm ich mit den Schülern an schulübergreifenden Schwimmwettbewerben teil. Da gab es die Hamburger Kreismeisterschaften und Jugend trainiert für Olympia. Bei Letzterem wurden wir sogar einmal Hamburger Meister und fuhren zum Bundesentscheid nach Berlin. Die Deutsche Meisterschaft schafften wir zwar nicht, aber es gab für die Schülergruppe und mich ein tolles Besichtigungsprogramm in der damals noch geteilten Stadt.

Ich erlebte aber auch sehr ungewöhnliche Begebenheiten im Zusammenhang mit der Schule.

Es muss Ende der 70er-Jahre gewesen sein. Da kam mein alter Freund Robert auf mich zu und fragte, ob ich ihm helfen könne. Robert arbeitete zu der Zeit bei der Teldec in Hamburg-Eimsbüttel. Die Teldec war ein Musikverlag, der aus dem Zusammenschluss der Schallplattenfirmen Telefunken und Decca hervor gegangen war.

»Wir haben da einen Hamburger Künstler und Sänger unter Vertrag«, begann Robert, »den wollen wir nach einer längeren Auszeit wieder ins Geschäft bringen. Wir haben ein Konzert organisiert, aber bekommen die Karten nicht verkauft. Und wenn der vor fast leerem Saal singt, wird er wieder alles hinschmeißen. Kämmi, du bist doch an einer großen Schule. Kannst du da nicht einen großen Stapel Karten an ältere Schüler verteilen? Du bekommst sie umsonst. Uns geht es nur darum, den Saal voll zu bekommen«.

Meine Lautsprecherdurchsage am folgenden Tag in der Schule war kaum beendet, als die Schüler nur so herbeiströmten. Es dauerte keine zehn Minuten und ich war alle Karten los.

Der Saal war voll. Über die Hälfte der Zuhörer waren Schüler der Julius-Leber-Schule.

Der Hamburger Sänger, der mit Schlapphut und näselnd nöliger Stimme unter anderem dann den *Chattanooga Choo Choo* unter dem deutschen Titel *Sonderzug nach Pankow* vortrug, bekam davon nichts mit. Das Publikum hatte den Raum gefüllt, und Udo Lindenberg kam daraufhin wieder groß ins Geschäft.

Schul- und Privatleben hielt ich immer getrennt. Obwohl ich mich mit den meisten der über 120 Kollegen sehr gut verstand, hatte ich nur wenig privaten Kontakt zu ihnen, denn ich mochte es nicht, wenn in meiner Freizeit ständig über Schule geredet wurde. Das geschah, meiner Erfahrung nach, fast immer, wenn zwei oder mehr Pädagogen aufeinandertrafen. Eine Ausnahme davon bildete Wolfgang, der mich im Sommer 1990 ansprach:

»Ulli, mit dir ist doch irgendetwas nicht in Ordnung. Du wirkst so bedrückt. Wollen wir uns nicht einmal abends treffen und darüber reden?« Und daher saßen wir nun im Birkenstübchen, in einer der letzten Nord-Niendorfer Kneipen.

Wolfgang war mein Co-Klassenlehrer. Damals war es üblich, dass jedem Klassenlehrer ein Fachlehrer zur Seite gestellt wurde, um ihn bei der Arbeit als Klassenlehrer zu entlasten. Wenig später wurde dieses System zu Gunsten einer Gleichberechtigung beider Klassenlehrer aufgegeben.

Nun saßen wir also zusammen und ich sprach mit ihm darüber, wie unglücklich ich mich in meiner Ehe mit Petra fühlte. Es war das erste Mal, dass ich mit einem Kollegen über private Dinge redete.

Und dabei blieb es dann auch. Nachdem ich die Klasse abgegeben hatte, gab es nur noch wenige Berührungspunkte. Er unterrichtete Englisch, Deutsch und Spanisch und ich Mathe, Physik, Sport und Schwimmen.

Ein halbes Jahr nach meiner Pensionierung rief er mich an:

»Ulli, hast nicht Lust, mich einmal auf unserer Finca in den Bergen nördlich von Madrid zu besuchen?«

Das hatte ich natürlich, und wir verbrachten daraufhin etliche interessante Tage miteinander mit vielen persönlichen Gesprächen.

Ein Jahr später luden er und seine Frau Gisela Iso und mich zusammen ein. Iso und seine Frau verstanden sich auf Anhieb.

Seitdem sind wir fast jeden Sommer für gut eine Woche auf ihrer Finca und die beiden zeigen uns die Umgebung und machen uns mit der spanischen Lebensart vertraut.

Wolfgang ist ein Jahr jünger als ich, schon viele Jahre mit einer Deutsch-Spanierin verheiratet, und er hat eine Macke. Bis vor kurzem trug er fast ausschließlich weiße Turnschuhe oder weiße Slipper. Warum, konnte er nicht sagen, es gefiel ihm einfach so. Sein Gang hat immer etwas Federndes; man erwartete, dass er jeden Augenblick zu einem Sprung ansetzt.

Seine Umwelt betrachtet er immer mit leicht erhobenem Kopf, so, als würde er durch eine vorn auf der Nase sitzende Lesebrille schauen. Aber er trägt keine Brille.

Er liebt es, seine Mitmenschen auf den Arm zu nehmen. So hat er eine diebische Freude daran, wenn wir auf seiner Finca in Spanien sind, seinen spanischen Freunden meine Worte restlos falsch zu übersetzen, so dass oft ein lautes Gelächter erklingt und ich natürlich nicht die leiseste Ahnung habe, warum mich alle amüsiert anschauen.

Am liebsten klagt er aber lauthals über die Ungerechtigkeiten dieser Welt.

»Ist es nicht furchtbar, Ulli! Da müssen wir diese ständig strahlende spanische Sonne ertragen, strampeln uns mehrere Male täglich im Swimming-Pool ab, während unsere ehemaligen Kollegen in Deutschland Regen, Sturm und Kälte genießen dürfen!«
Als wir eines Tages gemeinsam in Madrid so gegen Mitternacht in einem Straßencafé sitzen, ruft er einen befreundeten jungen Kollegen in Deutschland an.

»Ich weiß ja, Tobi, dass du zurzeit ein bisschen viel mit den Abi-Arbeiten zu tun hast. Damit du aber mal auf andere Gedanken kommst, erzähle ich dir, dass wir gerade bei 30 Grad in Madrid an der Plaza Mayor sitzen: Vor uns ein kühles Bier und um uns herum lauter fröhliche und gutgelaunte Menschen.«

Unter der nun folgenden Schimpftirade aus Deutschland ist »Ihr Schweine!« noch die netteste Variante. Mit seinen Späßen nimmt er allerdings nur gute Freunde auf den Arm.

Nerven kostet es, wenn man mit Wolfgang spazieren geht oder überhaupt irgendwo unterwegs ist. Er kann nur selten an Menschen vorübergehen, ohne sie in ein längeres Gespräch zu verwickeln. Es ist gleichgültig, ob es Bekannte oder Fremde sind. Dabei kommt ihm zugute, dass er akzentfrei Spanisch spricht. Er quatscht jeden an, ob es die alte Frau ist, die in einem kleinen spanischen Gebirgsdorf vor der Tür ihres Hauses sitzt oder eine Gruppe junger Studentinnen und Studenten, die in der Altstadt von Madrid Straßenmusik machen oder der Museumswärter des königlichen Sommersitzes in Aranjuez. Und immer folgt ein langes Gespräch. Der Museumswärter zum Beispiel erzählt uns seine Lebensgeschichte und verpasst uns anschließend eine kostenlose Führung durch das Schloss gespickt mit interessanten Anekdoten.

Wolfgang genießt seinen Ruhestand in vollen Zügen, obwohl ihm eine schwere Krankheit sehr zu schaffen macht, die auch der Anlass war, ihn schon mit sechzig in den vorzeitigen Ruhestand zu versetzen. Trotz seiner manchmal polternden Art ist er sehr sensibel. Er war damals der Einzige in der Schule, der bemerkt hatte, dass in meinem Leben etwas nicht in Ordnung war.

Doch zurück zur Schule.

Im Kollegium hatte ich meinen Platz gefunden. Ich organisierte in den letzten zehn bis zwölf Jahren, meist zusammen mit freiwilligen Schülern meiner jeweiligen Klasse, die zweimal im Jahr stattfindenden Kollegiumsfeste. Es gab das Sommerfest zum Schuljahresabschluss und ein Weihnachtsfest am letzten Tag vor den Ferien. Während der letzten zehn Jahre wartete man regelmäßig zur Weihnachtsfeier gespannt auf meine Gedichte und Beiträge, in denen ich das vergangene Schuljahr satirisch aufarbeitete und sowohl über schulpolitische Ereignisse als auch über das Verhalten von Schulbehörde, Schulleitung und Kollegium herzog. Manchmal nahm ich auch während des Schuljahres bestimmte Verhaltensweisen meiner Kollegen über einen Aushang am Schwarzen Brett auf die Schippe. Dabei war ich nicht zimperlich. Es konnte schon geschehen, dass ich in meinem Aushang einen Teil des Kollegiums als *Pappnasen* bezeichnete. Ich verpackte die Kritik aber so, dass sich vor meinen Texten immer Trauben von Kollegen bildeten, die dann aber schmunzelnd oder lachend in den Unterricht gingen.

Ich blieb mein Lehrerleben lang an der Julius-Leber-Schule. Es gefiel mir dort. Die Schule hatte einen guten Ruf. Vielleicht lag es daran, dass sie aus einem Gymnasium hervorgegangen ist. Sicher aber auch daran, dass wir Lehrer, von wenigen Ausnahmen abgesehen, außerordentlich engagiert und zur Gründungszeit Anfang der 70er-Jahre alle sehr jung waren. Auch die Schulleitung verhielt sich immer kollegial. Nachdem der erste Schulleiter, Dr. Schoebe, in die Lehrerausbildung gewechselt war, haben wir die beiden nachfolgenden Schulleiter jeweils aus unserer Mitte gewählt.

Wenn ich jemals über einen Wechsel an eine andere Schule nachgedacht habe, dann wäre für mich nur eine andere Gesamtschule in Frage gekommen. Auf eine Haupt- oder Realschule zu gehen, hätte ich als Schritt zurück betrachtet. Die Julius-Leber-Schule gehörte mit zu den ersten Gesamtschulen in Hamburg. Einige Jahre später wurden überall in Hamburg Gesamtschulen der zweiten Generation gegründet. Es gab einige Kollegen, die an die neu gegründeten Gesamtschulen wechselten und glaubten, dort mit ihrer Erfahrung beim Aufbau helfen zu können. Doch das ging völlig schief. Die Kollegen in den neuen Schulen empfanden die Ratschläge meist als Bevormundung und taten sie als Besserwisserei ab. Sie wollten ihre Fehler selber machen. Damit war diese Alternative für mich nicht gegeben. Ich blieb bis zur Pensionierung 2007 an der Schule.

Der Weg in den Ruhestand fiel mir leicht. Die vorletzte Klasse hatte überwiegend sehr nette Schüler. Doch schon hier machte sich mein Alter bemerkbar. Ich war über 60 und manchmal etwas ungeduldig. Meine Nerven waren nicht mehr so strapazierfähig wie früher. So konnte ich nicht mehr gut damit umgehen, dass es eine Gruppe von Schülern gab, für die Schule im Wesentlichen nur dazu da war, Freunde zu treffen. Schule war ihr *facebook live*. Etwas zu lernen, war im besten Fall eine unbedeutende Nebensache im schlechtesten Fall wurde es aktiv abgelehnt. Hinzu kam, dass ich wegen zweier Bandscheibenoperationen eine längere Zeit ausgefallen war und meine junge Kollegin Alex die Klasse allein führen musste.

Ich übernahm eineinhalb Jahre vor meiner Pensionierung zusammen mit Alex noch einmal eine fünfte Klasse. Wir waren ein eingespieltes Team. Ich hatte die Erfahrung und Routine des Alters und sie die Ideen, die Lockerheit und die Frische der Jugend.

Diese letzte fünfte Klasse war ein Glücksfall. Ich liebte die Schüler und sie liebten mich. Daher denke ich heute mit einem guten Gefühl an meine letzten Schuljahre zurück.

Das ist nicht selbstverständlich und ich empfinde es als großes Glück. Es gab Kollegen, die hatten dieses Glück nicht. Ich denke dabei an eine Kollegin, zu der ich noch heute Kontakt habe. Ihre letzte Klasse war schwierig, wenn nicht sogar chaotisch. Daran waren nur wenige Schüler schuld, die durch ihre psychischen Störungen die ganze Klasse herunterzogen.

Ich vermisse die Schule nicht. Das liegt daran, dass ich fast immer Schule und Privatleben trennen konnte. Die Schule ist für mich abgeschlossen, und ich genieße jetzt jeden Tag meines Ruhestandes. Obwohl es mir anfangs komisch vorkam: Es landete jeden Monat ein Geldbetrag auf meinem Konto, und ich musste nichts dafür tun. Es dauerte eine Zeit lang, bis ich mich daran gewöhnt hatte.

Nachruf auf Else

Im November 2000 starb Mutti im Alter von 92 Jahren im Altersheim. Sie hatte bis kurz vor ihrem Tod noch allein zu Hause im Ohmoor 43 gelebt, wo ich sie fast täglich einmal besuchte. Es war ja nur um die Ecke. Obwohl sie allein lebte, war sie nie allein. Im Haus im oberen Stockwerk wohnte Bruder Thomas mit Frau und zwei Kindern, und sehr viel später, als Thomas zu seiner dritten Frau nach Eidelstedt gezogen war, wohnte dort sein Sohn Lars mit seiner Frau Christina und seinen beiden Kindern Kevin und Julian. Die inzwischen immer größer gewordene Familie war oft zu Besuch.

Während der Bauzeit meines Hauses versorgte Mutti mich regelmäßig mit Mittagessen.

Sie war immer für uns da. Sie übernahm, zwar selten kommentarlos, die Mutterrolle an ihren Enkelkindern, wenn durch widrige Umstände die Mutter gerade nicht zur Verfügung stand oder andere Dinge im Kopf hatte. Sowohl für Steffi und Lars, die beiden Kinder von Thomas, als auch für Andreas, Ursels Sohn, war sie mehr Mutter als Großmutter.

Aber sie mischte sich eben auch in die persönlichen Dinge ein, wie zum Beispiel in die jeweiligen Beziehungen, was die verschiedenen Ehefrauen von Thomas, die mit ihr zwar nicht in derselben Wohnung, aber doch unter einem Dach lebten, schon zur Weißglut bringen konnte und was im Nachhinein betrachtet manchen Schaden angerichtet hat. Mein Leben allerdings blieb davon verschont, denn ich war ihr Lieblingssohn und vor allem wohnte ich nicht mehr mit ihr unter einem Dach.

Sie konnte sehr rechthaberisch und eigensinnig sein. So gab es nach ihren Vorstellungen nur eine bestimmte Art und Weise, Dinge zu erledigen. Zum Beispiel war Inas Art, ihre Wohnung zu reinigen, die einzig wahre. Wenn ihr Enkelkind einmal keine Zeit hatte und jemand anders aus der Familie einspringen musste und dann die Unverfrorenheit besaß, den Feudel links herum statt rechts um den Leuwagen zu wickeln, dann zeugte das natürlich von völliger Unfähigkeit in haushaltstechnischen Dingen.

Meine zweitälteste Tochter Ina kam einmal die Woche vorbei, machte die Wohnung sauber und half ihr bei Dingen, die sie nicht mehr konnte. Sie setzte sich anschließend immer noch zu ihr und hörte ihren Geschichten aus ihrem Leben zu. Sie hatte ja auch wirklich viel zu erzählen und Ina liebte diese Geschichten.

Irgendwann, Mutti muss so um die 70 gewesen sein und noch topfit, tauchte Arthur auf. Dadurch, dass die Familie sich rasant vermehrte, nicht nur auf dem normalen Wege, nämlich dem der Fortpflanzung, sondern vor allem durch die Einhaltung der schon erwähnten Scheidungsregel, war es nur natürlich, dass irgendeiner der neu Hinzugestoßenen in seiner Verwandtschaft einen potenziellen Heiratskandidaten für Else aufzuweisen hatte. Und das war Jochen, der zweite Mann von Schwester Ursel. Er hatte einen Onkel namens Arthur.

Arthur war allein, Else war lange Zeit allein, also entschloss man sich, im hohen Alter zu heiraten. Und wie alle Entscheidungen im Leben hatte auch diese zwei Seiten, in diesem Falle sogar drei: eine gute und zwei schlechte. Wie immer zuerst die schlechten.

Else hatte lange Zeit allein gelebt, aber wohl etwas zu lange. Deshalb passte es ihr schon bald nicht mehr, dass da ein alter Herr ständig zwischen Staubsauger und Kochlöffel herumwuselte. Also beschloss man, sich nach kurzer Dauer wieder zu trennen, nichts Außergewöhnliches in der Familie. Die zweite schlechte Seite war, dass Arthur kurz darauf starb. Nun die gute. Die gute Seite war, dass Arthur starb – und zwar bevor sie sich scheiden ließen. Die Folge war, dass Else zum ersten Mal in ihrem langen, abwechslungsreichen Leben durch die zweite Rente nicht mehr jeden Pfennig umdrehen musste. Ein Ruhestand ohne Geldsorgen war etwas, das wir alle ihr gegönnt haben; sie hatte es wirklich verdient.

Als Mutti die 90 überschritt, ging es ihr immer schlechter. Ina oder auch Lars' Frau Christina, die ja im oberen Geschoss wohnte, waren mit der Versorgung ihrer Oma überfordert und keiner aus der Familie konnte die Betreuung von Mutti mehr leisten. Sie war in längeren Phasen auf Grund ihrer immer schlimmer werdenden Osteoporose bettlägerig und wurde inkontinent.

Es kam dann morgens und abends jemand von der ambulanten Pflege vorbei, der sie anzog und wusch und bettfertig machte. Doch mein Bruder und ich waren unzufrieden damit, wie der Dienst seine Arbeit verrichtete, also wechselten wir mehrfach den Anbieter. Sie brauchte immer intensivere Pflege, sodass Isolde und ich mit ihr zusammen ein Heim aussuchten. Sie war geistig bis kurz vor ihrem Ende immer noch so rege, dass sie selbst einsah, dass ein Verbleib in ihrem Haus nicht mehr möglich war. Doch im Heim baute sie schnell ab. Es bewahrheitete sich auch bei ihr die bekannte Redensart, dass man einen alten Baum nicht mehr verpflanzen kann. Sie litt auch unter ständigen Schmerzen, denn die Osteoporose schritt weiter voran, und erste Demenzerscheinungen setzten ein. Insofern war der Tod dann eine Erlösung für sie.

Da sie eine Vollmacht auf mich ausgestellt hatte, regelte ich problemlos ihren Nachlass. Es war nach Abzug der Beerdigungskosten noch Geld übrig, das ich, entsprechend ihrem Wunsch, zu gleichen Teilen auf uns vier Kinder verteilte.

Auf der Beerdigung hielt ich dann den Nachruf auf meine Mutter, denn ein Pastor kam natürlich nicht in Frage. Mutti hatte ja nie etwas mit der Kirche am Hut gehabt. Einen wildfremden Beerdigungsunternehmer damit zu betrauen, hielt ich für unangemessen. So habe ich auf meine Art von ihr Abschied nehmen können mit einer Rede, die ihr reiches Leben mit allen Höhen und Tiefen Revue passieren ließ, die ihre Stärken, aber auch ihre Schwächen aufzeigte.

Bandscheiben-Marathon

Zwei Jahre später zeigten sich bei mir meine Schwächen, und zwar die körperlichen.

Im Herbst 2002 hatte ich meinen ersten Bandscheibenvorfall und musste operiert werden. Es gab ein paar Komplikationen und ich verbrachte fast drei Wochen im Krankenhaus. Anschließend musste ich meine erste vierwöchige Kur erdulden:

Sankt Peter Ording an der Nordsee! Im November! Grau, windig, nass! Mit einem Wort: grässlich!

Trotzdem hatte die Kur auch etwas Gutes. Das Essen vorher im Krankenhaus und jetzt auch hier war grottenschlecht. Ich nahm ab. Die Kurärztin war schockiert und ich begeistert, denn ich konnte gut ein paar Pfund weniger gebrauchen, um wieder an mein Idealgewicht von etwas über sechzig Kilogramm heranzukommen. Als ich wieder einigermaßen beweglich war, ging ich abends tanzen, mit Frauen, die ich dort kennenlernte und die man normalerweise als Kurschatten bezeichnen würde. Aber ich hatte nichts mit den üblichen kurschattigen Aktivitäten am Hut. Ich wollte nur tanzen, um wieder fit zu werden. Mein Kurschatten konnte daraufhin seine Enttäuschung nicht verbergen, war aber immerhin so nett, für mich jeden Morgen ein Brötchen sicher zu stellen und es abends auf meinen Platz zu legen, denn abends gab es weder Brötchen oder gar mein geliebtes Baguette, sondern nur schreckliches Grau- oder Schwarzbrot.

Auch ich war reichlich enttäuscht, und zwar von dem, was in der Klinik als Anwendung bezeichnet wurde. Man machte keine gymnastischen Übungen, sondern wendete sie an. Man ging nicht Schwimmen, sondern wendete Wasserbewegungen an. Auch die junge Masseuse wendete nicht meinen Körper, um ihn von allen Seiten zu bearbeiten, sondern wendete Massagen bei mir an. Und diese Anwendungen empfand ich eher als Spielkram, denn als körperliche Herausforderung.

Das Einzige, was mich forderte, war das zweimal pro Woche stattfindende *Walken*.

Da ging es unter fachkundiger Anleitung eine halbe bis dreiviertel Stunde durch Dünen und über Deiche. Während ich anfangs noch am Ende der Truppe hinterher keuchte, machte ich schnell Fortschritte und marschierte nach vier Wochen vorneweg.

Das habe ich dann beibehalten, als ich Anfang Dezember wieder nach Hause kam. Ich marschierte in schnellem Tempo zwei- bis dreimal wöchentlich durch Niendorf, meist auf dem Tarpenbek-Wanderweg. Doch auch das genügte mir bald nicht mehr und ich wechselte langsam in einen Laufschritt über. Ich fing an zu joggen. Innerhalb eines halben Jahres dehnte ich die Laufzeiten aus. Ich lief jetzt eineinhalb bis zwei Stunden zwischen fünfzehn und zwanzig Kilometer. Gelegentlich leistete mir Olaf Gesellschaft. Olaf war der männliche Teil des Tanzpaares Olaf und Christine. Olaf überredete mich, an einem Laufwettbewerb in Ahrensburg teilzunehmen, am *Zwanzig-Kilometer-Lümmellauf.* Man lief zwei Runden durch ein schönes Hügel- und

Sumpfgelände und erhielt am Ende eine große Wurst, den Ahrensburger Lümmel. Natürlich ging es uns nicht darum, zu Höchstleistungen aufzulaufen. Wir liefen im hinteren Drittel mit.

In den nächsten beiden Jahren meldeten wir uns bei drei Hamburger Läufen an, dem Zehn-Kilometer-Alsterlauf rund um Binnen- und Außenalster, dem Zehn-Meilen-Airport-Race, einmal rund um den Hamburger Flughafen, und dem Alster-Halbmarathon entlang der Oberalster von Klein-Borstel bis zur Mellingsbütteler Schleuse und zurück.

Dann erzählte Olaf vom Marathon. Er war schon zweimal mitgelaufen.

Das war mir denn doch eine Nummer zu groß.

»Mensch, Ulli! Einmal in deinem Leben einen Marathon zu laufen, das hätte doch was!«

Das hatte wirklich was.

Also marschierte ich im Herbst 2004 zu einem bekannten Hamburger Sportarzt und ließ mich auf Marathon-Tauglichkeit durchchecken. Er war selbst Marathonläufer und betreute das *Hamburger-Abendblatt-Team*. Der Arzt war zufrieden mit mir.

»Wenn Sie vorher ausreichend trainieren, können Sie teilnehmen. Von ihrer Gesundheit und körperlichen Leistungsfähigkeit her gibt es da keine Einschränkungen.«

Also trainierte ich. Ich lief drei Monate lang zwei- bis dreimal die Woche um die zwanzig Kilometer und jeweils zweimal im Monat dreißig Kilometer. Das sollte reichen, meinte der Arzt. »Kommen Sie keinesfalls auf die Idee, nun mehrmals die volle Strecke von gut 42 Kilometern laufen zu wollen. Das bringt gar nichts. Fürs Training sind ein- oder zweimal 30 Kilometer völlig ausreichend.«

Am 24 April 2005 im Alter von einundsechzig lief ich mit Olaf den *20. Olympus Marathon Hamburg*.

Es war ein unglaubliches Erlebnis. Überall an der Strecke standen Menschentrauben, Stadtteil-Bands spielten Samba- und andere Rhythmen, und auf den Balkonen feierten die Menschen. Wo wir vorbeikamen, wurde geklatscht, obwohl wir Stunden hinter den schnellsten Läufern herliefen.

Auf der Hebebrandbrücke, etwa bei Kilometer 30 warteten meine beiden großen Mädel Ilka und Ina mit zwei Plakaten *SUPERPAPA* und *SUPEROLAF*. Sie erzählten mir später, dass sie mit einer jungen Frau ins Gespräch gekommen waren. Als diese hörte, dass sie auf ihren Papa warteten, der beim Marathon mitlief, brach es aus ihr heraus.

»So einen Papa möchte ich auch gerne haben!«

Meine Mädchen waren stolz auf mich und ich war stolz auf meine Mädchen.

Fünf Kilometer weiter standen Christine und Iso an der Alsterkrugchaussee und feuerten uns an. Und einige Kilometer weiter löste sich die Mutter einer meiner Schüler von der Julius-Leber-Schule aus der Zuschauermenge, lief eine Zeitlang neben uns her und ermunterte uns.

Die Adrenalinschübe in unseren Körpern wollten gar nicht aufhören. Trotzdem waren die letzten fünf Kilometer über die Rothenbaumchaussee die Hölle. Ich war fertig. Aber wir hielten durch. Doch beim Zieleinlauf war alle Anstrengung vergessen. Olaf und ich tanzten über die Ziellinie.

Wir liefen nach 5 Stunden, 5 Minuten und 56 Sekunden an 16.335. Stelle und mit drei Kilogramm Gewichtsverlust ein, also weit hinten. Aber nach uns kamen noch über 4.000 Läufer. Es ist eben alles relativ.

2006 beim Joggen auf der Margareten-Insel in Budapest hatte ich meinen zweiten Bandscheibenvorfall: wieder mit Operation, aber ohne Kur. Dazu hatte ich keine Lust mehr.

Danach ging es mit dem Laufen nicht mehr. Das hatte aber nichts mit der Bandscheibe zu tun, sondern mit meinem Magen. Ich bekam vom Laufen immer Magenschmerzen. Die gingen zwar nach einer halben bis Dreiviertelstunde weg, aber diese Zeit immer mit Schmerzen zu laufen, kostete mich zu große Überwindung.

Der Ärzte-Marathon, den ich danach absolvierte, war wenig erfolgreich. Kein Arzt konnte die Ursache herausfinden und ich fand mich schweren Herzens damit ab.

Karibik, Kanada und das Kreuz des Südens

Neben tanzen wurde reisen unser zweites Hobby. Doch das entwickelte sich erst einmal ganz sutje, wie der Hamburger sagt, also ganz langsam und bedächtig. Iso wollte meine Vergangenheit kennenlernen und ich ihre. Also tauchten wir in meine ein und machten erst einmal Campingurlaub in Vieux Boucau.

In Saarbrücken lernte ich dann später die Orte kennen, an denen sie aufgewachsen war und die Menschen, mit denen sie ihre Kindheit und Jugend verbracht hatte, ihre Familie und Verwandte.

Von Saarbrücken aus wollten wir Maria, ihre Freundin und Cousine ihres Ex-Mannes, in Freiburg besuchen. Und weil Mannheim auf halber Strecke von Saarbrücken nach Freiburg liegt, machten wir einen Zwischenstopp bei meiner Schwester Elke, die dort mit ihrem Günter lebt.

Sie freuten sich riesig. Elke und ich, die wir uns recht fremd waren, wurden langsam warm miteinander.

Dann sprach Iso von ihrer Freundin in Freiburg und deren Ex, Hagen.

»Hagen!« sagten Elke und Günter wie aus einem Munde. »Wir kennen einen Hagen aus Freiburg. Der ist, als Franz Kammigan noch lebte, bei ihm zu Hause immer ein- und ausgegangen, und noch heute sind er und eine gleichgesinnte Gruppe oft bei Liesel zu finden.« Für Hagen und seine Leute aus der linken Freiburger Szene war Franz Kammigan eine Art Guru, den sie verehrten und zu ihm, dem Alt-Kommunisten, voller Respekt und fast andächtig aufsahen.

Es war derselbe Hagen! Denn Maria fiel vom Hocker, als Iso mich ihr später als ihren neuen Lover vorstellte und genüsslich meinen Nachnamen hinzufügte.

»Wie! Was! Kammigan! Ist der mit Franz Kammigan verwandt?« Im Zeitlupentempo nahm Maria wieder auf dem Hocker Platz.

»Er ist sein Sohn!«

Maria lag schon wieder auf dem Boden.

»Das glaube ich nicht! Mein Gott! Wie klein doch die Welt ist!«

Später besuchten wir Elke und Günter häufiger. Meine Schwester und ich sprachen immer öfter über alte Zeiten und persönliche Dinge. Wir hatten zueinander gefunden. Die Fremdheit war verflogen.

Iso und ich weiteten unsere Reisen aus.

Zum ersten Mal konnte ich mir teurere Flugreisen leisten. Denn ich musste nun ja nur für mich bezahlen. Als Familie mit zwei oder als Single mit vier Kindern, lag das bisher außerhalb meiner finanziellen Möglichkeiten. Nun waren die Kinder groß und der Unterhalt wurde weniger.

Also stürmten wir im Frühjahr 1999 das Reisebüro und riefen: »Karibik«!

Als Fernreisen- und Karibik-Neulinge wurde uns die Insel Aruba angedient. Aruba ist das *A* der ABC-Inseln

Aruba, Bonaire und Curacao; alle drei ehemals Niederländische Antillen.

Wir hatten ein Appartement im *Amsterdam Manor* gebucht und von unserer ebenerdigen Terrasse jeden Abend einen Blick durch die Palmen und Divi-Divi-Bäume auf einen traumhaften Sonnenuntergang im türkisblauen Karibischen Meer. Allerdings mussten wir unsere Aussicht mit zwei Mitbewohnern teilen, einem giftgrünen und einem grünbraunen Leguan von etwa 50 Zentimetern Länge, die sich in der Palme auf unserer Terrasse gegenseitig ihren Schlafplatz streitig machten. Aber wir kamen gut miteinander aus.

Die Hauptstadt Oranjestad war gewöhnungsbedürftig. Die großen Gebäude im Zuckerbäckerstil zeigten sich quietschbunt. Die täglich mit einem riesigen Kreuzfahrtschiff anlandenden Amerikanerinnen passten hervorragend in dieses Bild. Sie strömten nachmittags vom Schiff, riefen zwanzig Mal hintereinander »Oh, my God!« und waren nach zwei Stunden samt Schiff wieder verschwunden.

Auch der Norden der Insel war fest in US-amerikanischer Hand. Hier war das Mallorca der US-Bürger. Hier verbrachte man seinen maximal einwöchigen Jahresurlaub, mietete sich gleich nach der Ankunft einen Wasser-Scooter, donnerte täglich zwölf Stunden mit ohrenbetäubendem Lärm die Küste hinauf und herunter und schüttete sich abends mit Alkohol zu. Also Erholung pur!

Aber auch wir waren ständig betrunken. Allerdings nicht be- sondern nur trunken – trunken von dem Licht, den Farben des Meeres, dem Weiß des Strandes, der exotischen Flora und Fauna, der immer gleichen Temperatur von etwa 28 Grad und dem immer aus der gleichen Richtung wehenden warmen Wind, dem ständigen Nordost-Passat.

Wir nahmen an einer Tour über die Insel teil, unter der Führung der einzigen Tochter des letzten überlebenden reinrassigen Arawak-Indianers. Die Invasion der kriegerischen Kariben vom Festland hatte die Ureinwohner bereits vor der Ankunft der Spanier deutlich dezimiert, zum Teil waren sie aber auch in ihnen aufgegangen. Die Weißen aus Europa hatten es später dann geschafft, die alten Stämme fast gänzlich auszurotten.

Aruba ist sonst karg und arm an Niederschlägen. Trinkwasser wird aus großen Meerwasserentsalzungsanlagen gewonnen, und fast nur in den Bereichen um die Hotelanlagen und um die Hauptstadt findet man frisches Grün.

Also eine Insel, ideal für Karibik-Anfänger wie wir. Für fortgeschrittene Weltreisende aber eher nicht zu empfehlen.

Im Jahr darauf besuchten wir Rex und Kathrin. Kathrin war eine Kollegin aus der Julius-Leber-Schule, die mit ihrem Schweizer Ehemann nun schon das zweite Mal und seit sieben Jahren im Auslandschuldienst arbeitete. Sie lebten diesmal in Reñaca, einem kleinen Nachbarort Valparaisos in Chile. Im kommenden Jahr wollten sie wieder zurück nach Deutschland kommen. Jetzt sei die letzte Möglichkeit, so schrieb mir Rex, mit dem ich ständig in E-Mail-Kontakt war, sie zu besuchen.

Das taten wir dann auch. Wir buchten einen Flug über Paris und Buenos Aires nach Santiago de Chile.

Am Flughafen in Santiago war die Hölle los. Es wimmelte nur so von Polizisten und Militär. Kurz darauf erfuhren wir, dass ein paar Stunden später der ehemalige Diktator und Massenmörder Augusto Pinochet ankommen sollte. Er war in England festgenommen worden und wurde nun an Chile ausgeliefert.

Wir aber waren gerade durch die Zollabfertigung durch, als unser Blick hängen blieb an einem chilenischen Granden, einem schlanken, kleinen, schwarz gekleideten Mann mit schwarzem Sombrero und einer roten Rose in der Hand.

Rex!

Die Rose war für Iso. Wir waren gerührt.

Rex lud uns samt Gepäck in seinen VW-Bus, und ab ging es über Valparaiso und Viña del Mar nach Reñaca.

Der VW-Camper war eine Legende.

Als der erste Auslandsaufenthalt der beiden im Süden Chiles vor 10 Jahren zu Ende gegangen war, nahm Kathrin ein halbes Jahr unbezahlten Urlaub. Rex war damals schon Rentner. Sie wollten sich einen Traum erfüllen und einmal die Panamericana zufahren, die *Traumstraße der Welt*. Von Alaska bis Feuerland.

Sie schickten uns damals aufregende Reiseberichte.

Nun saßen wir persönlich in dem sagenhaften Camper und fuhren an die Küste.

Ihr Haus lag an einem Berghang. Von dem Balkon vor dem Schlafzimmer hatte man einen traumhaften Blick über Valparaiso und über den Pazifischen Ozean. Sie räumten für uns, trotz massiven Protestes unsererseits, ihr Schlafzimmer frei, denn der Ausblick sei nachts noch atemberaubender. Und er war es. Wie ein Diamant auf schwarzem Samt lagen Valparaiso und Viña del Mar unter uns. Man sparte nicht an Strom. Die gesamte Bucht war beleuchtet, einschließlich der großen Schiffe, die draußen auf Reede lagen.

Nur mit dem Kreuz des Südens war es ein Kreuz. Ich fand es nicht, bis Kathrin mich auf eine mickrige Konstellation von vier blassen Sternen links über unseren Köpfen aufmerksam machte.

Das sollte das berühmte Kreuz des Südens sein? Das jeder Schnulzenroman und jede Fernseh-Novela, die etwas auf sich hält und in der südlichen Hemisphäre spielt, in ihrem Titel trägt und den Zuschauer mit sehnsuchtsvoll verklärten Blicken seinen profanen Alltag vergessen lässt? Ich war enttäuscht. Ich hätte mindestens etwas mit unserem Sternbild Großer Wagen Vergleichbares erwartet. Das blieb denn auch die einzige Enttäuschung, denn Rex und Kathrin hatten ein tolles Programm für uns zusammengestellt.

Wir fuhren in einen schnuckeligen Badeort im Norden, wo ich meinen großen Zeh in den Pazifik tauchte und ihn flugs wieder zurückzog. Ich hatte nicht etwa Befürchtungen, dass die zu Hunderten in der Bucht und eigentlich überall vor der Küste sich tummelnden Seelöwen daran knabbern würden. Nein! Alexander von

Humboldt hatte zugeschlagen. Nach ihm ist der Strom benannt, der das kalte Wasser aus der Antarktis entlang der chilenischen Küste bis zu den Galapagosinseln am Äquator ziehen lässt.

Später fuhren wir mit Rex, Kathrin musste arbeiten, in die Anden bis zur argentinischen Grenze. Dort war dann Schluss. Man ließ uns nicht hinüber, weil das Auto nicht auf Rex zugelassen war. Wir kehrten also um und machten Picknick an einem wunderschönen See gleich vor der Grenze.

Rex nahm die Kühltruhe, ich den Korb, und wir kletterten die fünfzig Meter von der Straße hinunter zum See. Er trabte mit seinen 82 Jahren munter voran, und Iso und ich keuchten hinterher. Uns blieb schon nach zehn Metern die Luft weg. Rex drehte sich um und grinste. Wir würden uns schon daran gewöhnen, meinte er; es sei sicherlich das erste Mal, dass wir auf über 3000 Metern Höhe ein Picknick machten.

Nicht so hoch lag die *Isla Negra*, die wir am Wochenende besuchten. Es war auch keine Insel, sondern das Anwesen am Meer, in welchem der Nobelpreisträger Pablo Neruda mit seiner Frau gelebt hatte und wo er begraben liegt. Er war ein echter Jäger und Sammler. In seinen Räumen lagen die verschiedensten Dinge aus aller Welt, die er von seinen früheren Reisen im ausländischen Dienst mitgebracht hatte.

Kathrin erzählte, dass sie bei ihrem ersten Chile-Aufenthalt nur mit großem Aufwand sein Haus gefunden hatten. Die offiziellen Stellen weigerten sich, Auskunft zu geben und sie mussten sich bei den Leuten durchfragen. Damals herrschte noch der faschistische General Pinochet, der nach Nerudas Tod 1973 dessen Haus plündern und zerstören ließ.

Alles in allem waren es aufregende zwei Wochen, die wir in Chile verbrachten.

Die nächste große Reise ging im Frühjahr 2002 nach Guadeloupe, der französischen Karibikinsel. Mit von der Partie war mein Neffe Andreas, der sich ja inzwischen längst von der Mühle in der Nähe von Hannover, seiner ersten Frau Gisela und der lesbischen Krankengymnastin Ruth getrennt hatte. Mit dabei war seine junge dritte Frau Nathalie, ebenfalls Krankengymnastin, mit inzwischen gut gehender Praxis.

Über eine private Vermittlung hatten wir ein am Hafen eines kleinen Ortes im Westen gelegenes Haus in traumhafter Lage gemietet.

Wir fuhren mit dem Mietwagen an Strände, einer schöner als der andere.

Karibik pur.

Wir kletterten auf den noch aktiven Vulkan La Soufrière, auf dem wir allerdings nicht tanzten. Obwohl wir gern einmal einen Tanz auf dem Vulkan hingelegt hätten. Es stank zu sehr nach Schwefel. Und wir badeten unter einem Wasserfall mitten im Dschungel.

In den nächsten Jahren erkundeten wir die Kanarischen Inseln. Zuerst Lanzarote, dann Teneriffa, Fuerteventura und Gran Canaria. Auch hier mieteten wir Autos, um die Inseln kennenzulernen, aber der Schwerpunkt war Badeurlaub.

Anfang März 2006 buchten wir einen Flug über Wien und dann direkt nach Tobago, die zweitsüdlichste der karibischen Inseln, darunter lag nur noch Trinidad. Wir hätten auch über London fliegen können mit den British West Indian Airways, kurz Bee-Wee. Aber davon riet uns die Reisebürotante ab. Das sei ein Katastrophenverein.

In Wien mussten wir dann feststellen, dass unser Reisebüro vergessen hatte, uns zu informieren, dass es den Flug nach Tobago schon länger nicht mehr gab.

Also flogen wir von Wien nach Toronto, klingt ja ähnlich wie Tobago, und sahen uns beim Anflug die Niagarafälle aus der Luft an. Von da ging es sieben Stunden später um ein Uhr nachts weiter über Barbados nach Tobago, und natürlich mit Bee-Wee. Und es war natürlich ein Katastrophenbagger.

Als ich die Armlehne zum Mittelgang herunterstellen wollte, fiel sie in den Mittelgang und das Klapptablett fürs Essen mir auf den Schoß.

Aber dafür waren alle gut gelaunt, besonders die Rugby-Mannschaft; lauter junge Männer in kurzen Hosen, die zu einem Freundschaftsspiel auf Barbados unterwegs waren.

Tobago, das wir mit 12 Stunden Verspätung erreichten, entschädigte uns dann für die Flug-Odyssee. Der Regenwald ist ein seit 90 Jahren geschütztes Naturreservat, und an den Buchten und Stränden erwartet man jeden Augenblick, dass der einbeinige Schiffskoch Long John Silver aus Stevensons *Schatzinsel* aus dem Dschungel stelzt. Etliche der Traumstrände und Buchten hatten tatsächlich als Kulisse für manchen Piratenfilm hergehalten.

2008 kurvten wir mit einer Reisegruppe und Bus durch British Columbia und die Rocky Mountains mit einem Abstecher in die Hauptstadt Victoria auf Vancouver Island. Wir wandelten auf den Pfaden der Grizzlies und bekamen auch zweimal einen Braunbären zu sehen, und am 31. August in der Prärie zwischen Calgary und den Rockies begleitete uns ein Rudel Kojoten durch den frisch gefallenen Schnee. Man beachte: Schnee! Am 31. August in der Ebene zwischen Calgary und den Rockies! Das kommt dort tatsächlich gelegentlich vor.

Mit uns reiste eine ältere Dame, deren Sehkraft schon deutlich nachgelassen hatte. Sie fragte nämlich eines gemeinen Tages Iso, ob sie mit ihrer *Frau Mutter* unterwegs sei. Ich war am Boden zerstört und rannte nach unserer Rückkehr sofort zum Friseur.

Im kommenden Jahr war Kuba angesagt: Eine Woche Havanna mit Sprachkurs, eine Woche Rundreise durch den mittleren und östlichen Teil der Insel und zwei Wochen bei Mercedes, in einer Privatpension am Playa del Este, dort, wo die Habaneros Urlaub machen, wenn sie es sich denn leisten können.

In Havanna wohnten wir im luxuriösen alten Hotel *Ambos Mundos*, gleich neben dem Zimmer, in dem Ernest Hemingway lange Zeit gelebt und einige seiner Romane geschrieben hatte.

Hier erleben wir etwas, das uns die Sprache verschlägt.

Es ist Donnerstag, der 05. März 2009 gegen 18 Uhr. Iso und ich kommen vom Altstadtbummel in Havanna in unser Hotel. Unser Zimmer befindet sich im fünften Stockwerk. Wir steigen aus dem Fahrstuhl und hören auf dem Weg zu unserem Raum ein lautes Geschnatter aus der Etage über uns. In dieser Etage befinden sich das Restaurant und die offene Dachterrasse. Iso steigt neugierig, wie Frauen nun einmal sind, einen Stock höher, um nachzusehen, was das Geschnatter zu bedeuten hat. Ich gehe in unser Zimmer. Kurz darauf kommt sie zurück und berichtet, dass im Vorraum zum Restaurant und der Dachterrasse sich zirka zwanzig junge Mädchen aufhalten, von denen etliche nach ihrer Einschätzung deutlich unter 18 Jahre alt sind. Es sind bildhübsche Mädchen, die sehr aufreizend und knapp bekleidet sind.

Dann machen wir uns für unseren abendlichen Rundgang durch die Stadt fertig; wir wollen Essen gehen und anschließend im nahegelegenen Hotel Florida Salsa tanzen. Nach etwa einer Stunde verlassen wir unser Zimmer. Aus dem 6. Stock ist immer noch das laute Geschnatter zu hören. Nun bin auch ich neugierig geworden und steige mit Iso die Treppe hinauf. Die *jineteras* (Reiterinnen) – so werden diese Mädchen auf Kuba genannt – stehen immer noch im Vorraum vor den verschlossenen Türen, inzwischen seit einer Stunde. Wir können durch die Scheiben des Restaurants auf den Teil der Dachterrasse sehen, der als Frühstücksbereich und auch als abendliche Tanzfläche dient. Dort hat sich eine Band aufgebaut und an den Tischen sitzen einige ältere Herren beim Speisen. Wir drücken gegen die verschlossene Tür. Da es sich um eine Flügeltür handelt, lässt sie sich öffnen und wir gehen hindurch. Auch in dem bisher nicht einsehbaren Bereich der Terrasse sitzen gut gekleidete ältere Herren, nach unserer groben Einschätzung insgesamt etwa zwanzig. Einer der Kellner, der uns als Gäste des Hotels erkennt, deutet uns freundlich an, dass es sich um eine geschlossene Gesellschaft handelt. Wir verlassen also den Ort und sehen beim Hinausgehen einen Zettel an der Tür, den man nur von dieser Seite aus lesen kann und der auf die geschlossene Veranstaltung hinweist. Wir sind schockiert! Den Grund unserer Betroffenheit berichte ich gleich.

Wir verlassen das Hotel und verbringen den Abend wie geplant.

Gegen 23.30 Uhr kommen wir zurück. Aus dem 6. Stock klingt Musik zu uns herunter. Wir gehen hinauf. Sämtliche Türen sind inzwischen geöffnet; die Band spielt Salsa-Musik. Auf der Tanzfläche sehen wir einen der jüngeren Herren, so um die vierzig, mit einem Mädchen tanzen. Davon abgesehen, ist die Tanzfläche leer. Wir werden nicht beachtet und betreten die Tanzfläche, tanzen Salsa und schauen uns dabei unauffällig um. Es sind offensichtlich nicht mehr alle Herren und alle *Chicas* da. Ein paar Herren sitzen an den Tischen und haben jeweils ein junges Mädchen auf dem Schoß.

Gegenüber der Band steht einer der ältesten Herren, den wir aus nicht nachvollziehbaren Gründen als den Chef der Gruppe einschätzen, auf wackeligen Füßen. Er versucht Salsahüftbewegungen sehr ungeschickt nachzumachen und ist offensichtlich stark angetrunken. Um ihn herum sitzen drei der jungen Mädchen und beklatschen seine tollpatschigen Bewegungen.

Wir sind empört, verlassen die Tanzfläche und gehen auf unser Zimmer. Dabei schauen wir wieder auf das Blatt Papier an der Tür, auf dem in deutscher Sprache steht: *Das Ambos Mundos begrüßt die Herren von der ...!* Hier steht der Name einer großen deutschen Rückversicherungsgesellschaft.

Unsere Empörung richtet sich keineswegs dagegen, dass es sich hier um Prostitution handelt. Die wirtschaftliche Situation ist so, dass wir Verständnis dafür haben, dass die Mädchen an den begehrten *peso convertible* der Touristen kommen wollen. Denn nur mit diesen Devisen können sie sich die Dinge des täglichen Lebens leisten, die es für den normalen *peso cubano* in den regulären Geschäften nicht zu kaufen gibt. Für den Gegenwert von fünf pesos convertibles, etwa fünf Euro, muss ein Lehrer auf Kuba einen Monat lang arbeiten.

Was wir aber schockierend finden, ist, dass einige der Mädchen vermutlich unter 18 sind, und dass hier, so scheint es, das Geld der Versicherten missbraucht wird. Wir sind auch verwundert darüber, dass so etwas weiterhin geschieht, trotz der Affären um VW, Siemens und Telekom, die kurze Zeit vorher durch die deutsche Presse gingen.

Von dieser erschreckenden Begebenheit abgesehen, war die Insel beeindruckend. Die anschließende Rundreise führte uns natürlich an die bekannten historischen Orte: Santa Clara, wo Che Guevara mit einem Bulldozer den Zug mit Batistas Soldaten zum Entgleisen brachte, und die Schweinebucht, an der die von der CIA eingefädelte Invasion von Exilkubanern ihr klägliches Ende fand.

In Trinidad tanzten wir nachts auf den Stufen vor der Kathedrale Salsa, und in der Gegend von Piñar del Rio im äußersten Osten der Insel sahen wir den Tabakdrehern beim Herstellen der berühmten kubanischen Zigarren zu.

Bei Mercedes am Playa del Este erlebten wir dann den kubanischen Alltag am Meer einschließlich Stromausfällen und Invasion hunderter fröhlicher junger Habaneros am Wochenende mit Bussen aus der fernen Hauptstadt.

In Sommer darauf ging es mit dem Auto über Frankreich nach Spanien. Wir wollten Kathrin und Rex in Andalusien besuchen, die sich dort ein Häuschen in einem *Weißen Dorf* – den typischen schneeweißgestrichenen Dörfern Andalusiens – gekauft hatten, nachdem sie aus Chile zurückgekehrt waren.

Wir ließen uns Zeit, denn der Weg sollte das Ziel sein. Der Wetterbericht sagte für den ganzen Tag Nieselregen voraus. Wir fuhren durchs südwestliche Niedersachsen und die Sonne schien die ganze Zeit. Unser erstes Ziel war Bernkastel-Kues an der Mosel.

Es ist ein Städtchen mit wunderschönen alten Gassen und tausend und einem Fachwerkhaus. Das Touristeninformationsbüro schickte uns gleich um die Ecke in ein schönes altes Hotel: Richtig urig! Alles eng mit Möbeln aus dem Gelsenkirchener Barock: alte deutsche Eiche. Das Zimmer war schnuckelig.

Der Ort war voll von Weißköpfen beiderlei Geschlechts, unser Alter und älter. Es war Weinlesezeit, und die Weißkopfadler und Graugänse saßen in den Weinlokalen und grölten schmutzige Lieder. Wir fanden ein Lokal ohne schmutzige Lieder und Iso aß Hirsch. Das Essen war hervorragend, aber ihr Magen rebellierte am nächsten Tag.

An der Uferpromenade fragten wir dann eine Eingeborene, ob man hier irgendwo tanzen könne. Um halb neun krochen wir in ein Kellergewölbe. An der Bar standen etliche Weißköpfe und palaverten. Die Musik war nicht so unser Geschmack: Andrea Berg, Roland Kaiser und Marianne Rosenberg. Wir tanzten aber trotzdem. Im Laufe des Abends wurde die Musik deutlich besser: englische Oldies und es herrschte eine ausgelassene Stimmung. Als wir ins Hotel zurückgingen, beglückwünschten wir uns dazu, dass unsere Tour einen Superanfang genommen hatte.

Unser nächstes Ziel war Nancy in Frankreich.

Die Innenstadt beherrschten fast ausschließlich Jugendstilgebäude, und die *Stanis-Laus* war allgegenwärtig: Hier ein Denkmal, da ein Platz, dort ein Schloss. Stanislas I. hatte sich hier ausgetobt.

Am Nachmittag fuhren wir weiter zu Thérèse und Jean-Pierre in Villehardouin. Wir kannten das Ehepaar von früher. Sie besitzen einen wunderschönen Bauernhof mit mehreren Gästezimmern. Um halb fünf bretterten wir auf den Hof.

Es war alles wie früher, nur ungefähr hundert blühende Blumenkübel mehr. Uns kommt ein Herr entgegen, etwas schütteres Haar, leicht beleibt, etwa so wie ich. Ich bin nicht ganz sicher, also frage ich ihn, ob er Jean-Pierre sei. Er ist es. Kurz darauf kommt auch Thérèse vom Einkaufen zurück. Sie hat sich überhaupt nicht verändert und die Begrüßung ist außerordentlich herzlich. Dann holt sie zwei rosa Kindersandalen aus dem Haus und fragt, wem die wohl gehört haben. Natürlich meiner Sarah!

Zur Begrüßung wurde wie immer selbstgemachter Apfelsaft und Cidre gereicht. Währenddessen kam ein belgisches Ehepaar an, Anke und Luc, die ein bisschen Deutsch, ein bisschen Englisch, gut Französisch und am besten Flämisch sprachen.

Daraufhin wurde in Thérès' tausend Fotoalben geblättert. Luc zeigte uns seinen Sohn mit seiner Familie, die letztes Jahr hier waren und von denen er den Tipp bekommen hatte, unbedingt bei Thérèse und Jean-Pierre vorbeizuschauen, aber nur mit hungrigem Magen.

Wir fanden das Album von 1992 mit Bildern von Sarah als Prinzessin und Simon als Torero verkleidet. Luc und Anke amüsierten sich über ein Bild von mir, mit schwarzem Lockenkopf, mit Bart und ohne Brille und vor allem mit kurzen Hosen.

Zum Abendessen mit sieben(!) Gängen waren wir dann elf am langen Tisch. Es kam noch eine belgische Groß-familie dazu mit Vater, Mutter, Tochter, Oma und Opa sowie ein junges französisches Paar, das sich allerdings schon nach dem vierten Gang ins Bett verabschiedete. Die belgische Großfamilientochter, so wurde uns vom Großfamilienvater mitgeteilt, wäre traurig, weil sie ge-rade keinen Freund hätte, was ihrem Aussehen nach nur eine vorübergehende Situation sein konnte. Sie wirkte überhaupt nicht traurig, sondern plapperte fröh-lich drauflos und übertraf damit noch die Großfamili-enmutter. Sie erzählte, dass sie gerade holländisch ler-nen würde, was Luc außerordentlich freute. Es war je-denfalls wieder ein unglaubliches Sprachgewirr bei der sich endlos hinziehenden Mahlzeit, die wie immer mit Jean-Pierres selbstgemachtem Aperitif und Thérèses kleinen leckeren Häppchen eröffnet wurde. Jedenfalls endete der Abend damit, dass wir bezeichnenderweise auf den Film *Das große Fressen* zu sprechen kamen und überlegten, wer neben den drei bekannten der vierte Schauspieler war.

Nach einem herzlichen Abschied am nächsten Mor-gen fuhren wir weiter Richtung Avignon. Von unserem Zimmer in Avignon aus schauten wir auf Altstadt und Papstpalast, beides beleuchtet von der Abendsonne. *Sur le pont d'Avignon* ging leider nicht, denn sie war für Fußgänger gesperrt, und die Altstadt war voller Penner und kiffender Jugendlicher. Das war nicht so unser Ding. Wir zogen uns daher recht früh in unser Hotel zurück.

Wie schon am Vortag fuhren am folgenden Tag kaum Autos auf der Autobahn. Alle zehn Minuten überholten wir einen Campingbus und wir wetteten, dass jedes Mal ein Weißkopfadler oder eine Graugans zwischen 70 und 80 am Steuer saß. Wir gewannen jede Wette gemeinsam.

Zur Mittagszeit rasteten wir in Argelès-sur-Mer, das ich von zwei früheren Campingurlauben zusammen mit Sarah und Simon kannte als sie noch klein waren. Das Meer war stahlblau, der Himmel auch und der Strand hellgelb und blitzsauber. Ich wäre am liebsten geblieben, aber Iso wollte noch über die nahe Grenze nach Spanien.

Wir fuhren über die Küstenstraße nach Figueras und spazierten durchs Dali-Museum. Beeindruckend!

Dann ging es weiter nach Girona, das mit einer historischen Altstadt und Resten alter Stadtmauern aufwarten konnte. Am Abend bummelten wir durch die alten Gassen und aßen sehr günstig in einer Tapas-Bar, in der es nur Eingeborene gab.

Dann las Iso im Reiseführer von dem Ort <u>Tossa de Mar</u>: schnuckelige Altstadt – wir haben es mit schnuckeligen Altstädten – im Sommer fest in der Hand der Touristen und 60 Kilometer entfernt.

Wir kommen dort um 11 Uhr an: Meer und Himmel sind tiefblau, der Strand ist wunderschön, und es ist nicht viel los. Wir wollen bleiben. Aber um 11 Uhr morgens in ein Touristenhotel und nach einer Übernachtung für nur eine Nacht fragen? Wir trauen uns: Hotel Florida, drei Sterne, Bar Floridita! Wir fühlen uns an Havanna und Hemingway erinnert. An der Rezeption strahlt uns eine Dame an. Smalltalk auf Spanisch, aber sie kann natürlich deutsch und – natürlich habe sie ein Zimmer. Wir können gleich rauf. Das Zimmer ist spitzenmäßig! Großes Fenster mit Balkontür nach Süden und das Gleiche nochmal nach Westen sowie zehn Meter umlaufender Balkon!

Zu Mittag essen wir an der Strandpromenade. Vor uns schaukelt ein unglaublich fettes englisches oder deutsches Paar wie Nilpferde im Passgang vorbei: Die Bermudas des Herrn unterhalb des Bauchnabels gegürtet, Oberkörper schwabbelnd und unbedeckt. Ich bin ja auch nicht der Schlankste, aber ich würde zumindest ein T-Shirt überziehen. Doch das Essen hat uns trotzdem geschmeckt.

Danach marschieren wir zurück ins Hotel zur Siesta, obwohl wir die Flasche Wein nicht ganz geschafft haben.

Den Nachmittag verbringen wir am Strand. Es ist 26 Grad warm. Abends bummeln wir durch die Altstadt auf dem Berg. Zum Abschluss genießen wir noch auf der Hotelterrasse zur Straße hin Rotwein und Sangría und spielen ein wenig Canasta. Es gibt natürlich, weil es Floridita heißt und ein Bild von Hemingway an der Wand hängt, Mojito, Daiquiri, Cuba Libre und Papa Doble. Letzterer ist ein Daiquiri mit dreifacher Menge kubanischen Rums. Papa Hemingways Spezialmischung, schließlich war er einer der größten Saufköpfe.

Wir beschließen, noch einen zweiten Tag hier zu bleiben.

Der begrüßt uns mit zirka 30 Grad Wärme, und das im September. Wir lassen uns zu einer Bootstour überreden, die sogenannte Höhlentour. Auf dem kleinen Boot erzählt uns ein junger Mann aus Budapest seine Lebensgeschichte und wir ihm unsere.

Das Boot schaukelt nicht nur heftig, sondern quetscht sich auch in etliche Höhlen an der Küste und lässt uns dann an einer herrlichen Bucht mit weißem Sandstrand raus. Ulli ist schlecht! Aber eher nicht von dem Geschaukel als vielmehr vom vielen Kaffee zum Frühstück. Wir bleiben dort zwei Stunden, dann holt uns das Boot wieder ab und Ulli geht es wieder gut. Zurück im Hotel kurze Dusche und dann wieder Essen an der Promenade. Da die Saison offiziell zu Ende ist, sind die Gerichte außerordentlich preiswert: Menü für elf Euro einschließlich einer Flasche Wein, einer Flasche Limonade und einem Liter Wasser.

Gestern Abend zog eine Horde deutschsprachiger Jugendlicher laut grölend am Hotel vorbei, jeder eine Dose Bier vor sich in der Hand haltend. Aber davon abgesehen war es sehr ruhig.

Der nächste Tag: Im Reiseführer wird der Ort Peñiscula an der Costa Dorada als empfehlenswert ausgewiesen, der im Sommer zwar fest in der Hand der Touristen, aber um diese Jahreszeit fast menschenleer ist. Auch das Navi spielte mit, wenn man davon absah, dass es uns eine 180-Grad-Wende auf einer Autobahnauffahrt vorschlug und uns, bevor wir das Zentrum von Peñiscula erreichten, quer durch die Pampa führte. Peñiscula ist, wie der Name schon sagt, sehr merkwürdig. Schaut man am Strand nach rechts, blickt man auf eine alte Stadtmauer und Burg auf einem Hügel. Links allerdings befindet sich das Grauen, abgefüllt in Bettenburgen. Wir beschlossen, nur nach rechts zu schauen und fanden ein Hotel mit Zimmer, Balkon und Blick aufs Meer. Zum Strand mussten wir nur über die Straße, auf der zu dieser Jahreszeit kaum etwas los war. Das Meer war so warm wie sonst im Hochsommer, sodass auch Ulli sich ins Nass wagte. Später bummelten wir durch die Altstadt und besichtigten die Burg. Wir kletterten auf hohen und schmalen Stufen teils innen teils außen ganz nach oben. Die Burg wurde einst von dem Templerorden errichtet, und irgendein Papst hatte sich hier auf der Flucht – wahrscheinlich vor seinem zeternden Weibe oder auch vor einem Gegenpapst – versteckt. Auf jedem Hof sowie ganz oben spielte aus Lautsprechern klassische Musik in einer tollen Akustik!

Unser nächstes Ziel war Elche oder, wie die Katalanen sagen, Elx. Die Katalanen sprechen sowieso alles sehr merkwürdig aus. Statt *buenos diás* nuscheln sie *bon dia* und die *ciudad* ist eine *ciutat*. Ich glaube, die können gar kein Spanisch.

In Elche (sprich:Eltsche) gab es keine Elche, sondern Unmengen an Palmen. Es müsste daher eigentlich Palmsche heißen. Heißt es aber nicht! Und der berühmte Palmenhain befand sich hinter Mauern, die kein Tor hatten, wir fanden jedenfalls keines. Ohne Mauern war aber der *parque municipale*. Der war auch schön und konnte ebenfalls mit vielen Palmen aufwarten. Wir waren zufrieden.

Dann zweieinhalb Stunden Nachmittagessen auf einer Verkehrsinsel. Neben unserem Tisch kam alle fünf Minuten der städtische Bus vorbei und fegte die Pommes vom Teller. Aber sonst war das Essen gut und preiswert.

Iso hatte inzwischen wieder einen Ort an der Küste ausgemacht: Santa Pola. Wir fanden kurz vor der Strandpromenade einen Parkplatz und stolperten gleich nebenan in die Arme der Frau von der Touristeninformation. Sie gab uns eine Karte vom Ort und kreuzte an, wo die drei einzigen Hotels waren: Ein ganz schickes am Strand gleich nebenan, zwei andere, nicht so schicke, weiter weg. Sonst gab es nur Apartments von Engländern, Deutschen und Eingeborenen.
Wir wählten das schicke. Unser Zimmer lag im vierten von fünf Stockwerken, im fünften waren Restaurant und Bar untergebracht. Unser Balkon befand sich direkt über dem Strand. Die Temperatur des Wassers war deutlich niedriger als die Außentemperatur, nämlich nur 24 Grad; das entsprach aber gerade noch Ullis Wohlfühltemperatur.

Da es hier keine Burg und keinen Papst gab, liefen wir die Strandpromenade einmal hin und zurück mit Umwegen über zwanzig Schuh- und zehn Bekleidungsgeschäfte. In der Tapasbar, direkt am Strand, dann ein paar Tapas und Cervezas und zum Absacker hoch in den fünften Stock des Hotels.

Die Bardame kam uns auf der Treppe entgegen, sah uns, drehte auf der Stelle um und machte die gesamte Beleuchtung in der Bar wieder an. Iso bestellte einen Hierbas, das ist ein Kräuterlikör, ohne Eis und bekam ein großes Rotweinglas zur Hälfte mit dem Likör gefüllt. Ich bestellte einen Havanna Club Rum, sieben Jahre alt, auf Eis. Sie reichte mir ein Wasserglas, das bis zum Rand gefüllt war, wobei die Eisstückchen durchaus nicht in der Überzahl waren.

Wir standen auf der Dachterrasse des Polarmar, hielten unsere Drinks in der Hand, blickten aufs Meer und das nächtliche Santa Pola und fühlten uns wie der Herrgott in Spanien – wer auch immer das ist.

Dann zahlten wir wenige Euros für viele Prozente und gaben ein reichliches Trinkgeld; schließlich hatte sie extra unseretwegen die Bar wieder geöffnet.

Der Morgen begrüßte uns wieder einmal mit der aufgehenden Sonne über dem Meer und einem hervorragenden Frühstück. Unten am Strand raffte sich ein einsamer junger Mann aus dem Sand, klopfte seine Klamotten ab und kotzte erst einmal ausgiebig. Dann wankte er davon.

Wir riefen Kathrin und Rex an, dass wir wohl schon am frühen Nachmittag in Bedar sein würden.

Wir waren bereits am späten Vormittag da. Auf der Autobahn gab es neben unserem tatsächlich ab und zu auch einmal ein anderes Auto.

Kathrin klagte uns ihr Leid: Sie hatten während ihrer Abwesenheit die Straße vorm Haus mit Betonsteinen gepflastert und die riesige Bougainvillea, die ihre Haustür umrahmte, einfach rausgerissen. Sie war stinksauer und bereitete sich auf einen Tanz mit dem Bürgermeister vor.

Doch erst einmal servierte sie uns einen Kaffee. Rex hatte sich hingelegt. Er war nicht so gut drauf, da er kürzlich einen Hexenschuss hatte (Kathrin war's nicht!). Schließlich war er ja auch schon 91.

Dann fuhren wir runter ans Meer nach Mojacar-Playa, eine Bleibe suchend: Einmal zehn Kilometer hin und wieder zurück. Es gab massenhaft leerstehende Apartments, aber nur wenige Hotels. Dann fragten wir in einem Restaurant nach, bei dem zusätzlich das Wort *hostal* stand. Bei fünf Tagen Aufenthalt 30 Euro fürs Zimmer ohne Frühstück; wohlgemerkt: fürs Zimmer, nicht pro Person. Wir schauten uns erst einmal das Zimmer an: einfach, französisch schmales Bett und Terrasse, fast doppelt so groß wie das Zimmer, mit Blick über die Straße aufs Meer. Wir nahmen es.

Zum Abendessen fuhren wir später wieder hoch zu Kathrin und Rex.

Wir saßen auf der Dachterrasse und schauten über die Ebene bis zum zehn Kilometer entfernten Mittelmeer. Die Sterne blinkten, die Kirchturmuhr schlug und die Grillen machten einen Höllenlärm.

Zurück in Mojacar-Playa sahen wir uns um nach einer Lokalität für einen Absacker, denn wegen der vielen Serpentinen auf dem Weg von Bedar in den Bergen hinunter zum Mittelmeer hatte ich bei Kathrin und Rex auf Alkohol verzichten müssen.

Neben unserer Herberge legte ein furchtbar englischer DJ furchtbar englische Musik auf den Teller, das musste so etwas wie Roy Black und Drafi Deutscher auf Englisch sein, denn eine Gruppe vier englischer Oldies, so um die vierzig, grölte lauthals mit. Danach legte der DJ Musik von Elton John, Lionel Ritchie und Smokie auf. Die vier Boys grölten weiterhin mit, aber es klang nicht einmal schlecht. Wir betraten die heiligen englischen Hallen für einen pint und einen halben.

Der Laden wurde immer voller und die vier Boys auch. Neben ihrem *pint o' bitter* oder *lager*, den sie relativ langsam genossen, schenkte die Wirtin ihnen etwa alle zehn Minuten etwas Merkwürdiges ein: In ein leeres Wasserglas wurde ein Schnapsglas gestellt. Dieses füllte sie bis zum Überlaufen mit so etwas Ähnlichem wie Jägermeister. Dann goss sie so lange Red Bull darüber, bis das Schnapsglas *unter Wasser* stand. Das alles stürzten die vier Jungs dann in einem Zug in sich hinein, ohne das Schnapsglas zu verschlucken. Sie hielten sich erstaunlich gut, und die Musik war gelegentlich auch richtig nach unserem Geschmack. Die vier Schluckspechte törnte die Musik so an, dass sie anfingen zu tanzen, allerdings mit sich selber, aber erstaunlich gut im Takt.

Das konnten wir auch. Wir legten zweimal einen Jive aufs Parkett. Die Jungs waren beeindruckt. Im Laufe der nächsten halben Stunde kam jeder einmal bei uns vorbei, um uns – ganz im Vertrauen und im breitesten East-London-Cockney-Dialekt – zu verraten, dass er unseren Tanz ganz toll fand. Doch bevor die Jungs auf die Idee kamen, uns an ihrem Besäufnis teilhaben zu lassen, verdrückten wir uns schnell und unauffällig nach nebenan ins Bett.

Die Nacht war ruhig, der Verkehr auf der Straße fast eingestellt, es war sowieso nur Ortsverkehr, und der furchtbar englische DJ mit seinen Grölemännern war nicht zu hören.

Der nächste Tag war noch heißer. Wir trafen uns mit Kathrin und Rex zum Baden am Strand. Allerdings hielten wir es nicht länger als zwei Stunden aus; wir hatten keinen Sonnenschirm. Kathrin erzählte uns von einer Bar weiter im Süden, in der abends Live-Musik sein sollte: das Irish-Rover!

Nach der Siesta, so gegen vier Uhr, sah man zwei verrückte Deutsche in glühender Sonne auf der Strandpromenade gen Süden wandern. Das waren wir. Sonst waren kein Mensch und ein Hund unterwegs.
Wir fanden nicht nur, dass der Strand, die Promenade und die ganze Anlage hier sehr schön waren, sondern auch das Irish-Rover. Man brauchte fünfzehn Minuten zu Fuß, und wir beschlossen, den Abend dort zu verbringen.

Um acht Uhr begann die Musik. Ein junger Ire, namens Tommy McCarthy sang zur Musik. Er hatte eine tolle Stimme. Das sagten wir ihm auch. Er strahlte vor Freude. Er sang hauptsächlich ältere Lieder von Sinatra und Co. Zu seinem letzten Lied, einem Cha-Cha-Cha, tanzten wir. Das fand er großartig.

Dann war Pause. Danach stand auf der Bühne einer mit Schmalzlocke und schwarz pomadisiertem Haar.

Der sah wie eine jüngere Version von Dean Martin aus. Und was sang er? Dean Martin!

Bei *It's amore* tanzten wir Wiener Walzer, dann noch einen Cha-Cha-Cha und einen Quickstepp. Auch Schmalzlocke fand das gut. Aber die meisten seiner Stücke waren Slowfox und dafür war die Tanzfläche zu klein.

Am nächsten Abend fanden wir uns im Irish-Rover wieder. Tommy McCarthy sang im Duett mit Schmalzlocke Lieder von Cole Porter, Frank Sinatra und natürlich Dean Martin. Später gab es irisches Karaoke. Das war ganz anders als europäisches und erinnerte uns an einen Film über eine Amerikanerin in einem irischen Dorf, in dem ein Sängerwettbewerb stattfand.

Tommy forderte Einzelne auf, sich auf der Bühne zu produzieren. Offenbar kannte man sich. Die legten dann los. Und wie! Man riss sich förmlich darum, auf die Bühne zu kommen und sein Talent zum Besten zu geben. Und die Girls und Boys älteren Semesters hatten Talent! Fast alle konnten hervorragend singen und die meisten schauten nicht einmal auf den Teleprompter, und wenn der eine oder andere es nicht so gut konnte (wobei *nicht so gut* bedeutete, dass sie keine volle Stimme hatten, aber grundsätzlich den richtigen Ton trafen), also in dem Fall fiel das gesamte Publikum mit ein und sang lauthals mit. Offenbar kannte jeder jeden Text.

Am Morgen des folgenden Tages standen wir bei Sonnenaufgang auf. Wir waren zum Frühstück bei Kathrin und Rex eingeladen und zum Wäschewaschen. Außerdem wollten wir ins Rathaus. Dort gab es Internet und wir konnten E-Mails verschicken. Aber es war Nationalfeiertag und das Rathaus geschlossen.

Na, vielleicht morgen!

Am Tag darauf fiel das Wasser, das sich normalerweise im Mittelmeer befindet, vom Himmel. Es war abgekühlt und die Brandung gewaltig.

Abends wieder bei den Engländern: Es war gähnend leer. Ich bestellte *una cerveza*; das verstand die Wirtin. Iso sagte: »Para mi también!«, das verstand sie nicht und guckte wie ein Austin Mini. Wir stellten fest, dass sie überhaupt kein Spanisch sprach. Sie und ihre ganze Crew sprachen nur Englisch. Mojacar Playa war offenbar für die Engländer so etwas wie Mallorca für die Deutschen.

Am nächsten Tag war das Wasser wieder da, wo es hingehörte nämlich im Mittelmeer, und der Himmel so blau, als könne er kein Wässerchen trüben.

Es folgten zwei Bade- und Shoppingtage. Garrucha, der Nachbarort, hatte 84 Schuhgeschäfte und 25 Klamottenläden. Ich kannte sie nun alle.

Die Reise endete abrupt. In der Nacht ging es Iso sehr schlecht. Sie hatte heftige Magenbeschwerden und konnte nicht schlafen. Es war so schlimm, dass wir eigentlich einen Notarzt brauchten. Sie hielt bis morgens durch. Wir riefen Kathrin an, was zu tun sei. Sie sagte, dass es mit den spanischen Ärzten nicht so toll wäre, einzige Möglichkeit: das Krankenhaus in Almería. Da war Rex auch schon gewesen. Allerdings sei das damals, so Kathrin, sehr enttäuschend gewesen, eigentlich grottenschlecht. Man säße dort nur herum und wartete und wartete.

Die Schmerzen waren am Morgen nicht mehr ganz so arg, und nach kurzer Beratung beschlossen wir, nach Deutschland zurück zu fahren. Kathrin hielt das auch für das Beste.

Wir ließen die bereits im Internet bestellten Eintrittskarten für die Alhambra in Granada sausen, und ab ging es auf die Autobahn.

Iso fühlte sich etwas besser. Sie konnte die Fahrt halbwegs gut ab. Wir kamen bis Girona und übernachteten im uns schon bekannten freundlichen ibis Hotel. Iso schlief gut, die Betten waren auch wirklich sehr komfortabel. Am nächsten Tag ging es ihr schon so gut, dass sie vorschlug, einen Abstecher an die Küste nach Cadaqués zu machen, wo Dali gelebt hatte und wo wir das dortige kleine Museum, hauptsächlich mit Fotos aus seinem Leben, besuchten. Weiter auf einer schmalen und traumhaft schönen Küstenstraße durch die bergige Wildnis nach Port Lligat: ein Leuchtturm mit Restaurant und toller Aussicht. Nur der Wind ließ einem die Wangen nach hinten flattern.

Wir beschlossen bis Aubenas im Ardeche-Tal zu fahren. Dort gab es ein ibis-Hotel. Das Navi kannte drei Aubenase oder heißt es Aubenasen: Zwei im Gebiet Rhône-Alpes, das dritte im Ardèche-Bereich. Wir gaben das dritte ein und das Navi führte ins in die Pampa. Das Aubenas mit noch was dahinter erreichten wir nach Fahrten durch enge und engste Straßen, auf denen uns weder ein Mensch noch ein Fahrzeug begegnete. Kurz vor dem Dunkelwerden erreichten wir unser Ziel: Drei Häuser, fünf Eingeborene, ein Hund und drei Hühner – und kein Hotel.

Dann kamen wir auf die Idee, Postleitzahl und Straße des ibis-Hotels einzugeben, wie es in unserem ibis-Katalog stand. Und siehe da: Es gab noch ein viertes Aubenas, und das war 83 Kilometer entfernt. Also 83 Kilometer nachts durch das Ardèche-Tal, Serpentinen über Serpentinen bis wir im ibis-Hotel ankamen, dessen Restaurant aber schon geschlossen hatte. Man schickte uns ein paar Meter weiter in den *Buffalo-Grill*. Ich bestellte ein Entrecôte, well done, weil ich das französische Wort für *durchgebraten* nicht wusste und bekam ein Stück Kohle. Das Fleisch völlig schwarz gebrannt, bitter. Ich ließ es zurückgehen. Mit zweitausend blumenreichen französischen Worten erklärte die Bedienungsmaid, dass das immer so würde, wenn man es durchgebraten haben wolle; auf dem Grill ginge das nicht anders. Aber sie nahm es zurück. Leider hatte es mir sämtliche französischen Worte verschlagen und ich konnte ihr nicht sagen, dass der Koch gar keiner wäre, sondern bisher als Köhler gearbeitet hätte, und wenn er nicht wisse, wie man Fleisch auf dem Grill durchbrät, dann sollte er einmal zu mir in die Lehre kommen.

Als sie das Fleisch dann wieder brachte, das heißt natürlich ein anderes, war es in Ordnung, aber sie palaverte wieder, dass der Koch es nicht auf dem Grill, sondern extra für mich in der Pfanne gebraten hätte.

Also, Wanderer, kommst du nach Spa, nein nach Aubenas in den Buffalo-Grill, dann verlange niemals durchgebratenes Fleisch oder gucke dir vorher den Koch an. Wenn der aussieht wie ein Köhler und mit Vornamen auch noch Horst heißt, dann ergreife eilends die Flucht.

Aber sonst war die Bedienung sehr nett. Sie hatte für Iso, wegen ihres kranken Magens (den von Iso!) extra nur eine Schüssel Reis gebracht und nicht einmal berechnet.

Am nächsten Morgen fuhren wir dann nach einem Abstecher zu Isos Bruder am Rande von Saarbrücken zurück nach Hause.

Krishna, Kängurus und Krokodile

Im Frühjahr 2010 meinte Tochter Sarah, es sei an der Zeit, sie in Australien zu besuchen. Das taten wir dann auch.

Erste Station: Bangkok, 33 Grad.

Der Flug war recht erträglich. Ich hatte mir einen Film von Roland Emmerich reingezogen, in dem ein Supervulkanausbruch im Yellowstone-Nationalpark die halbe Welt zerstörte. New York versank in einem Riesentsunami, überall auf der Welt brachen Hochhäuser zusammen, Flugzeuge stürzten ab (!) und die Erde brach auf. Nur die Chinesen, die im Allgemeinen nicht als besonders bibelfest gelten, hatten drei Arche Noahs gebaut mit meterdicken Stahlwänden und Toren, die von gewaltigen Zahnrädern betrieben wurden, in denen sich auch so dies und das verklemmte – Metropolis von Fritz Lang ließ grüßen! Darin fanden also Emmerichs Protagonisten nebst einigen Bösewichtern Zuflucht und trotzten der über den Himalaja (!) hereinbrechenden Flutwelle.

Also genau das Richtige für eine Reise in einem großen Flugzeug wie der Boing 747. Deswegen schaute ich auch gelegentlich durch das Fenster, das ein Stück von uns entfernt war – wir saßen in einem Jumbo in der Mittelreihe –, ob draußen die leider dunkle Erde noch intakt war. Doch die Erde hatte offenbar die Ruhe weg, allerdings noch mehr die Zollbeamten der Einwanderungsbehörde auf dem Flughafen von Bangkok. Wir standen uns die Beine in den Bauch. Doch irgendwann hatten wir auch das überstanden und wurden von Kong oder Nkong oder Khongh, wie immer man das auch schreibt, mit einem strahlenden Lächeln begrüßt.

Kong hatte den Auftrag, uns vom Flughafen abzuholen und ins Hotel zu bringen. Er war einer, den Iso als *lecker Kerlchen* bezeichnen würde, wenn sie 40 Jahre jünger wäre. Kong war also noch ganz jung und hatte einen langen, für Europäer völlig unaussprechlichen Namen. Und weil er das wusste, sagte er uns, dass wir ihn bei seinem Spitznamen nennen dürften und der sei Kong, wohl wie das Hinterteil von King Kong.

Kong hatte ein Auto nebst Fahrer mitgebracht, der uns dann in einer abenteuerlichen Slalomfahrt durch die Rushhour Bangkoks zum Hotel kurvte.

Am nächsten Morgen will uns Kong zur Stadtrundfahrt abholen.

Wow! Und nun sitzen wir auf der Riverside-Terrasse des *Bangkok Marriott Hotels*. Es ist bereits dunkel. Auf dem Fluss wechseln sich lange Trecks von Lastenkähnen mit wunderschön beleuchteten Barken und Partyschiffen ab. Auf der Terrasse wird eine Bühne von in großen Amphoren brennenden Fackeln beleuchtet.

Ich habe es gerade geschafft, eine Auswahl unter den acht runden Tafeln mit jeweils Koch oder Köchin in der Mitte für die Vorspeise zu treffen. Wobei zu bemerken ist, dass ich nicht unter die Kannibalen gegangen bin. Mit Auswahl meine ich all die leckeren Dinge, die sich rund um die Köche ausbreiten, und die nur darauf warten, entweder sofort auf dem Teller zu landen oder von den Küchenkünstlern weiter zubereitet zu werden.

Ich bekomme ein Problem: Ich habe nämlich die Vorspeise hinter mir und will mich gerade mit dem zweiten Gang beschäftigen, als eine Gruppe bildschöner Thai-Frauen und -Männer in traumhaften Kostümen beginnt, auf der Bühne vor dem Hintergrund der Feuer und des Chao Phraya Rivers ihre spirituellen Tänze aufzuführen.

Also, mein Problem ist, dass ich jetzt unmöglich aufstehen kann, um mir etwas so Banales wie Fisch oder Fleisch auf den Teller zu füllen. Das kann ich diesen Grazien nicht antun. Also bleibe ich sitzen und hoffe, dass das Buffet nicht irgendwann schließt.

Doch dann ist Pause und ich kann mich wieder der Nahrungsaufnahme widmen.

Mein Gott, sind die Menschen hier schön! Also, wenn ich es mir vor 40 Jahren hätte leisten können, so eine Reise zu unternehmen, woran natürlich nicht einmal im Traum zu denken war, ich wäre hiergeblieben und hätte Deutschland für immer den Rücken gekehrt. Aber da ich vor nunmehr genau sechseinhalb Jahren Aufnahme in den *Klub der alten Säcke* gefunden hatte, erfreue ich mich heute einfach nur des zauberhaften Anblickes. Anblicke anderer, aber nicht minder fantastischer Art, erfuhren wir am folgenden Tag.

Unser Kong holte uns mit einem Kleinbus nebst Fahrer zur Stadtrundfahrt ab. Er zeigte uns die interessantesten Highlights von Bangkok: Tempel und Königspaläste mit Hunderten von Buddha-Statuen, die vor Gold und Edelsteinen nur so strotzen.

Buddha in allen Lagen: stehend, sitzend, kniend, liegend. Ein liegender Buddha von über hundert Metern Länge, dessen Füße die dahinter stehenden Besucher wie Zwerge aussehen ließen, war vollständig mit Blattgold überzogen.

Im Königspalast reihten sich Hunderte goldener Buddhas und Dämonen an den Wänden auf. Die Dächer waren ebenfalls aus Gold und Perlmutt. Es haute uns um.

Und immer wieder: raus aus den Schuhen und wieder hinein.

Kong erzählte uns die Geschichte Thailands und die Bedeutung der Figuren und Bilder. Wir verstanden zwar nur die Hälfte, manche seiner deutschen Worte waren als solche nicht unbedingt zu erkennen, aber wir begegneten wieder Krishna, Wishnu und Rama dem Ersten bis zum Neunten. Der Neunte, so glaube ich, war es, der noch einen anderen Namen hat. Doch nicht etwa Harald, wie der informierte Leser vermuten könnte, denn wir kennen ja alle den Song aus dem Musical *Hair*, der da lautet: *Harald (oder hare) Krishna, Harald Rama, Harald Wishnu, ...*«.

Nun, Rama IX. ist bekannt unter dem Namen *Bhumibol* und ist verheiratet mit einer gewissen *Sirikit*. Von der hat man irgendwann schon mal in der Regenbogenpresse gelesen. Bhumibol ist aber nicht nur König, sondern gleichzeitig auch Gott. Ihn zu kritisieren kommt einer Gotteslästerung gleich und kann mit dem Tode bestraft werden.

Wir waren inzwischen restlos fertig. Die Hitze, die Zeitumstellung und der gewaltige Smog über Bangkok machten mir schon am Morgen zu schaffen. Ich hatte Kopfschmerzen und mir war übel, sodass ich auch kaum gefrühstückt hatte. Also fuhr uns Kong am Mittag zum Hotel zurück, wo wir erst einmal ausgiebig Siesta abhielten.

Gegen vier tauchten wir ab in den Pool, der von einer traumhaft schönen Parkanlage umgeben war, wo sich Eidechsen, Fische und Schildkröten tummelten und Vögel exotische Geräusche produzierten.

Das Wasser war, hört, hört, sogar Ulli zu warm und das soll etwas heißen. Erfrischung genoss man erst, wenn man aus dem Wasser kam und die Tropfen der Haut jede Menge Verdunstungswärme entzogen.

Abends wollten wir uns eigentlich mit dem hoteleigenen Fährschiff zur nächsten Sky-Train-Station übersetzen lassen, um dann zum Night Market zu fahren, aber ich war immer noch nicht fit, und wir beschlossen, ein zweites Mal, uns an dem reichhaltigen Buffet auf der Riverside-Terrasse zu laben.

Die Thai-Maiden waren auch wieder da, und wir verstanden dank Kongs vormittäglichen Erläuterungen etwas von dem Sinn der Tänze.

Zur gleichen Zeit ließ Bhumibol auf der gegenüberliegenden Flussseite – wohl extra für uns – ein gewaltiges Feuerwerk entzünden.

Das wäre nun wirklich nicht nötig gewesen, Bhumibol! Zu viel der Ehre! Aber die gesamte Szenerie war schon wahnsinnig.

Dann ließen wir uns doch noch von der Fähre übersetzen. Die Flussfahrt dauerte zirka 15 Minuten. Wir genossen den Blick vom Fluss auf die nächtliche Skyline Bangkoks.

Auf der Rückfahrt reichte uns der Bootsmann zusammengerollte eiskalte Handtücher für Gesicht und Hände. Was für ein Service!

Am nächsten Morgen machte Iso schlapp und wir blieben im Hotel.

Mittags fuhr Kong uns zum Flughafen und am nächsten Morgen holte Sarah uns in Sydney vom dortigen Flughafen ab.

Ankunft Sydney, zirka 6.30 a.m.!

Der Zoll war schrecklich pingelig. Sie, der Zoll war weiblich, wollte wissen, ob wir Trekking-Schuhe oder so etwas Ähnliches dabeihätten. Wir glaubten, nicht richtig verstanden zu haben und hatten sie daher angesehen, als ob sie vielleicht 'ne Schraube locker hätte. Sie rächte sich dafür, indem sie unser gesamtes Gepäck noch einmal durch den Nacktscanner schickte. Der erkannte jedoch weder nackte noch angezogene Kletterlatschen.

Sarah erklärte uns später, dass frau befürchtete, man könnte in den dicken Profilen der Sohlen irgendwelchen kontaminierten Schmutz oder gefährliche außerirdische Viren vom Mars einschleppen. Die Aussies haben eben schlechte Erfahrungen gemacht. Man denke da nur an die Kaninchen oder Ratten von Mister James Cook und Nachfolger.

Dann kurvte uns Sarah durch den Verkehr der Großstadt Richtung Manly, jedoch ohne es zu unterlassen, sämtliche motorisierten Aussies, die sich nördlich ihrer Motorhaube auf der Straße bewegten, als lahmarschig, schnarchtrödelig und bescheuert zu beschimpfen, schlicht als unfähig, ein Fahrzeug durch den Dschungel einer Großstadt zu lenken. Dann aber kam sie ins Schwärmen:

Wir erreichten Manly, den angesagtesten, flippigsten, sonnigsten und sportlichsten Stadtteil Sydneys, der die schönsten Strände, die tollsten Wanderwege, die verrücktesten Kneipen und überhaupt die nettesten Leute sein eigen nennt.

Und sie hatte recht. Sie zeigte uns die tollsten Strände, machte uns mit den nettesten Leuten bekannt – die sie natürlich alle kannte – führte uns entlang der Strandpromenade durch die Haupteinkaufsstraße und erklärte uns die jeweiligen Vorzüge der Kneipen und Gastronomiebetriebe.

Dann scheuchte sie uns durch die Wildnis. Gleich oberhalb des *Shelly Beach* beginnt ein Wanderpfad durch den *Sydney Harbour National Park*, eine Halbinsel, die südlich an Manly grenzt. Das ist ihr abendlicher Joggingpfad.

Sie eilt fröhlich hüpfend voraus, während wir damit beschäftigt sind, zu verhindern, dass unsere heraushängenden hechelnden Zungen über den steinigen Boden schleifen.

Es geht bergauf und bergab und wir werden mit einem tollen Ausblick auf die Skyline von Sydney belohnt. Sarah ist jedoch überhaupt nicht zufrieden; die Sicht auf Sydney sei nämlich erst dann die richtige, wenn die Sonne vom knallblauen Himmel scheinend die Stadt in das richtige Licht setzt. Heute stören leider einige Wolken das Gesamtbild.

Wir sind trotzdem sehr beeindruckt.

Abends schleppte sie uns in eine Kneipe mit preiswertem Essen und Live-Performances einheimischer Comedians. Ich verstand so gut wie kein Wort. Aber sie kamen recht gut beim Publikum an.

Weil mir gelegentlich Bruchteile von Sekunden der manlyschen Gegenwart fehlten, offenbar mangelte es mir ein klitzekleines bisschen an Schlaf, brachen wir früh auf und liefen Slalom mitten durch die Hundertschaften joggender junger Männer und Frauen.

Sarah übernachtete bei Freunden und überließ uns ihre kleine Einzimmerwohnung zwei Straßen oberhalb des Manly Beach.

Den nächsten 30 Grad warmen und sonnigen Morgen hatten wir für uns. Sarah arbeitete von 6.00 bis 11.00 Uhr a.m. unten am Manly Beach in einem Imbiss und Coffee-Shop.

Wir marschierten gegen 9.30 Uhr zum Strand, begrüßten Sarah und ihren Chef, bewunderten die ersten Surfer, die um diese Zeit schon draußen in der Bucht auf die große Welle und den nächsten Hai warteten, und ließen uns am zehn Minuten entfernten Shelly Beach nieder.

Hier waren die Taucher und Schnorchler in der Überzahl.

Ich traute mich ins Wasser. Es lag ein paar Grade unterhalb meiner Wohlfühltemperatur von 25 Grad, aber nach dem ersten Schock, den ich trotz Jetlag und Zeitverschiebung überlebte, genoss ich es, *down under* im Wasser zu schwimmen.

Am Mittag kam Sarah nach Hause und schleppte uns sogleich auf die Fähre Richtung Zentrum Sydneys.

Als Opera und Harbour Bridge in Sicht kommen, steht mindestens die Hälfte aller Passagiere mit hoch erhobenen Händen an der Reling, sodass man meinen könne, es stehe ein Piratenangriff bevor. Doch beim genaueren Hinsehen erkennt man zwischen den erhobenen Händen einen kleinen silbernen Kasten mit Linse vorn und Display hinten.

Es wird fotografiert bis der Zeigefinger streikt.

Sarah macht den Stadtführer und zeigt uns die schönsten Teile der Innenstadt Sidneys.

Das interessanteste Highlight aber war für Iso die George Street, genauer: Ein Klamottenladen in der George Street, die bekannteste Einkaufsmeile, Hier erstand sie unter Sarahs fachfraulicher Beratung eine kurze Hose und ein langes Kleid.

Der Tag klang aus im besten *Thai-Lestaulant* von Manly (O-Ton Sarah!).

Am nächsten Morgen nieselte es. Es war abgekühlt auf frostige achtzehn Grad.

Sarah gab wieder den Fremdenführer ab und fuhr mit uns in die *Blue Mountains*, die weder besoffen noch melancholisch, sondern wirklich blau waren. Hier wurde vermutlich der deutsche Gassenhauer *Von den blauen Bergen kommen wir* erfunden.

Trotz Wolken sahen wir die blauen Berge tatsächlich etwas blau. Bei Sonnenschein wäre das alles aber noch viel blauer, versicherte uns Sarah.

Mit der *railway* am Seil ging es unter schrillem Quieken von etwa 50 Chinesinnen, ohne Kontrabass, im Winkel von 52 Grad ins Tal, dann durch den Urwald auf befestigten und auf Stelzen angebrachten Wegen.

Eine Liane hing neben der anderen. Tarzan hätte seine helle Freude gehabt. Doch Sarah belehrte uns, dass Lianen mindestens armdick sein müssten, um die Last eines Menschen zu tragen. Davon gab es aber nicht allzu viele. Tarzan wäre dann wohl doch beleidigt davongeschlichen oder heftig auf den Hintern gefallen.

Am Ende zog uns die *cableway* wieder nach oben.

Den Abend ließen Iso und ich ausklingen im Brauhaus neben der Manly Wharf mit dortselbst gebrautem Bier. Sarah hatte ihren Mädelstreff, bei dem sie mit Freundinnen gemeinsam isst und ratscht.

Tags darauf war Bondi Beach angesagt.

Wir vergammelten den Vormittag, es war sowieso bedeckt. Doch als Sarah von der Arbeit kam, schien wieder die Sonne und wir fuhren durch die Stadt an die

Ostküste, wo sich ein Beach an den anderen reiht. Hier führte ein Wanderweg an der Küste entlang, der uns Buchten mit weißem Sand erschloss, eine schöner als die andere.

An der Spitze der Halbinsel, die die Watson Bay einschließt, aßen wir dann die besten fish & chips Sydneys (wieder O-Ton Sarah).

Auf dem Rückweg nach Manly schlug Sarah ein Stop-over in einem großen Einkaufstempel mit einer Unzahl von Schuhgeschäften vor.

Ich verbrachte die meiste Zeit auf den verschiedensten Bänken und machte Smalltalk mit anderen männlichen Leidensgenossen.

Am Abend sah man uns wieder auf der Piste Manlys. Es war Freitag und überall die Hölle los.

Einen Tag später flogen wir nach Brisbane. Dort übernahmen wir unser vorbestelltes Auto, um dann in aller Gemütlichkeit die Ostküste entlang bis hoch nach Cairns zu fahren.

Der Flieger nach Brisbane hob mit einer halben Stunde Verspätung ab, weil irgendeine chinesische oder japanische Tusse den Weg nicht gefunden hatte. Kannte ja auch nicht unser Alphabet! Aber immerhin, solche Aufmerksamkeit von zirka 150 Fluggästen wird sie ihr Leben lang noch nicht gehabt haben. Alle starrten sie an, als sie mit eingezogenen Schultern durch den Gang schlich.

Der Flug dauerte nicht eine knappe halbe Stunde, wie in unseren Reiseunterlagen stand, sondern eineinhalb Stunden. Das lag daran, dass Queensland im Gegensatz zu New South Wales keine Sommerzeit hatte.

In Brissie übernahmen wir dann unser *Alte-Leute-Auto*: Sehr komfortabel, viel Platz, ein Toyota Corolla, und ab ging es auf die Straßen und den Highway nach Norden – und nur Geisterfahrer unterwegs! Alle fuhren auf der falschen Seite. Was blieb uns übrig, als uns einzureihen.

In Noosa wollten wir übernachten, aber das war nicht möglich, weil hier am Wochenende ein Surf-Wettbewerb stattfand und der Ort somit unter Überbevölkerung litt.

Also kamen wir bei Alex unter, genauer in ihrem Kopf. Der Ort hieß wirklich *Alexandra Head* und es gab den Alex Beach Club, Alex Golf Club, Alex Beach Resort, wo wir unterkamen bei Bill, der ausnahmsweise nicht Alex hieß.

Wir aßen im – natürlich – Alex Football Club zu Abend.

Hier brummte der Bär, denn ein Mädel feierte seinen 18. Geburtstag, und das bedeutete viel im Aussieland. Denn ab diesem Zeitpunkt erspart sie sich selbst 1.750 Dollar, der Bedienung 3.000 Dollar und dem Management des Lokals 17.500 (!) Dollar. Soll heißen: Wenn eine Person unter 18 Jahren in einem Lokal Alkohol trinkt, und dazu zählt auch Bier, dann sind diese Strafen laut Gesetz vom So-und-so-vielten fällig und das steht überall angeschlagen. Sollte man bei uns auch einführen! Daher ist zu verstehen, was hier abläuft.

Am Sonntagmorgen verließen wir Alexandras Kopf und mischten uns in Noosa unters Volk:

Großer Surf-Wettbewerb des örtlichen Lions Club! Eine Minute und 15 Sekunden waren zu überbieten.

Wir schauten uns das ein Weilchen an und machten uns dann vom Acker, Richtung Hervey Bay, Ausgangspunkt für Ausflüge nach Fraser Island.

Wir fuhren bis zur Marina. An der Touristeninformation buchten wir eine zweitägige Tour durch den Nationalpark Fraser Island. Außerdem suchten wir eine Übernachtungsmöglichkeit.

Sie, die *tourist-information-lady* hatte gleich um die Ecke eine *cabin* anzubieten, drückte uns den Schlüssel in die Hand, damit wir sie uns ansahen. Die Cabin war eine Art Containerbungalow mit abgeteiltem Schlafraum, in der Küche Mikrowelle und allem möglichen Schnickschnack.

Wir nahmen sie und buchten gleich für die Nacht nach unserer Rückkehr von Fraser Island mit.

Am Abend fanden wir uns im gegenüberliegenden Hervey Boat Club wieder.

Dort gab es die besten fish & chips und nicht nur das: Eine Zweimannband spielte auf und die australischen Oldies, so zwischen 45 und 70, tanzten dazu wie die Wilden. Wir reihten uns ein.

Eine Truppe von fünf Paaren tanzte synchron. Zwar die uns bekannten Tänze, aber ganz andere Schritte.

Am Morgen fuhren wir mit dem Bus zur Anlegestelle und von dort mit der Fähre nach Fraser Island.

Ein geländegängiger Kleinbus mit Allradantrieb und Jon, Fahrer und Ranger in einer Person, holten uns vom Anleger ab und kurvten durch hundert Schlaglöcher durch den Dschungel.

Irgendwann mussten wir zu Fuß weiter, immer am Bach mit kristallklarem Wasser entlang.

Es herrschte ein Höllenlärm im Dschungel. Wellenförmig schwoll der Lärm Hunderter Papageien an und ebbte wieder ab, nur ein paar blöde Vögel tanzten aus der Reihe; die konnten wohl den Dirigenten nicht sehen.

Wir kletterten über umgestürzte Bäume und umarmten mit sechs Männern und Frauen einen uralten Mammutbaum.

Später donnerten wir mit achtzig Sachen mit dem Bus auf dem *75-miles-beach* nach Norden.

Unterwegs hatte sich ein Dingo, das ist ein australischer Wildhund, in Pose gestellt.

Jon warnte uns, wir sollten auf keinen Fall denken, das sei ein normaler Hund. Ein einzelner Dingo nimmt zwar eher Reißaus vor mehreren Menschen, aber wenn die Tiere zu fünft oder mehr sind, sollten die Menschen lieber Reißaus nehmen. Und dann erzählte er uns Ranger-Latein über Geschichten von doofen Touris, Dingos und Kängurus.

Weiter ging es den 75-miles-beach nach Norden, vorbei an einem alten Wrack von 1935 bis zum Indian Head, wo der olle Cook zum ersten Mal an Land ging.

Abendessen dann im *Eurong Beach Resort*: Ein Schwarm junger Chinesinnen steht kichernd vor dem

Buffet und amüsiert sich über all die exotischen Dinge, die da zum menschlichen Verzehr angeboten werden, wie zum Beispiel ungeborene Hühner mit verschrumpeltem Fleisch (ham & eggs).

Eine beobachtet uns, was wir auf den Teller füllen und kippt sich dann freudestrahlend die Bratensoße über den Kuchen. Lecker!

Am nächsten Morgen bretterten wir wieder über den Strand zum Lake Wabby, ein ganz und gar grüner See zwischen riesigen Sanddünen auf der einen Seite und Dschungel auf der anderen.

Baden war angesagt!

Das absolute Highlight war aber nachmittags der Lake McKenzie. Wir wurden wieder auf der Fahrt dahin mächtig durchgeschüttelt, Mitten im Dschungel gelegen bot er kristallklares türkisblaues Wasser – das sauberste auf der Welt, O-Ton Jon – schneeweißen Sandstrand und war 28 Grad warm. Hier ließ es sich aushalten: Wir lagen im Wasser, umgeben von den exotischen Geräuschen des Dschungels.

Erst gegen Abend wurden wir zurück zur Fähre geschüttelt.

Rockhampton war unser nächstes Ziel. Wir überquerten den Tropic of Capricorn, den Wendekreis des Steinbocks, der die Subtropen von den Tropen trennt. Hier beginnt auch die Capricorn Coast.

Wir suchten uns ein kleines Kaff, das noch kleiner als ein kleines Kaff war, zur Übernachtung aus. Es hieß *Emu Park* und wir nisteten uns für zwei Tage im Motel ein. Von hier aus wollten wir all die Dinge besichtigen, die der Reiseführer anpries.

Beim Abendessen im Hotel trafen wir auf lauter grüne Menschen. Die waren weder vom Mars noch grün vor Angst. Draußen im Pazifik baute sich nämlich ein Zyklon auf und raste auf die Küste von Australien zu, so die Nachrichten im Fernsehen. Das schien hier keinen zu interessieren, war ja auch noch zwei Tage hin, obwohl es draußen schon mächtig stürmte. Nein, es war der 17. März und Saint Patricks Day, der irische Nationalfeiertag.

In der Nacht stürmte es heftig. Die Papageien krallten sich in den Palmen fest und sogar kopfüber hängend konnten sie das Schnäbeln nicht lassen. Nun, wir waren ja auch in Down Under und die bunten und äußerst monogamen Vögel, die zu Hunderten paarweise in den Bäumen hingen, ließen Alfred Hitchcock wie ein Waisenknabe aussehen.

Am Morgen war der Himmel wieder knallblau, aber es war nur 25 Grad warm, und das in den Tropen! Es bewölkte sich später und die Temperatur erreichte 29 Grad. Aber es regnete nicht.

Wir verbrachten den Tag in Rockhampton und besuchten das *Aborigine-Culture-Centre*.

Jetzt sind wir auf der Flucht! Vor Ului! Heute, Freitagmorgen, kam in den Nachrichten, dass am Sonntag der Zyklon Ului – nicht Uli-u – auf die australische Küste zwischen Bowen und Mackay trifft, voraussichtlich mit

Windgeschwindigkeiten um 200 Kilometer pro Stunde und sieben Meter hohen Wellen.

Unser Ziel war eigentlich Airlie Beach und das liegt genau dazwischen.

Wir fragten an der Rezeption nach, ob es gefährlich werden könnte, dorthin zu fahren. Die Rezeptionistin wusste es nicht, holte die Tageszeitung und wusste es immer noch nicht, aber sie hat gleich beim Wetterfrosch von Rockhampton angerufen, und der quakte, wenn wir Lust auf das große Abenteuer hätten, sollten wir nach Airlie Beach fahren, wenn wir aber zu den Zeitgenossen gehörten, die lieber auf Nummer sicher gehen, dann sollten wir bis Sonntagabend warten und sehen, was sich dort oben tut. Curtis Island, vor Rockhampton gelegen, sei sicherheitshalber schon evakuiert worden. Wir geben vor der Concierge kleinlaut zu, dass wir schon Abenteuer lieben, aber eher die kleinen, die weniger als sieben Meter hoch sind.

Also flüchten wir vor dem Abenteuer und Ului ins Inland: westwards ho!

Wir fuhren auf dem Capricorn-Highway 325 Kilometer ins Inland bis nach Emerald, überfuhren dabei eine Schlange, die bestimmt extrem giftig war, vor allem wohl deswegen, weil wir sie überfahren hatten und sahen zwei tote Kängurus am Straßenrand liegen. Schnief!

Emerald kann seit heute mit etwas völlig Neuem und Exotischem aufwarten: Fußgänger! Und gleich zwei davon! Wir sind nämlich auf die wahnwitzige

Idee gekommen, nachdem wir uns im Pool des Hotels etwas abgekühlt hatten, uns den Ort zu Fuß zu erschließen und dabei gleich ein Internet-Café zu suchen.

Es gibt keine Fußwege an den Straßenseiten, nur Rasen. Und wie rasende Hasen, die von der Hundemeute gehetzt werden, überqueren wir, Haken schlagend, die Fahrbahnen und landen tatsächlich in einem Internet-Café.

Wir blieben noch einen Tag in Emerald und tauchten ab in den Untergrund. Denn wir fuhren nach Sapphire und Rubyvale. Hier ist der gesamte Erdboden durchwühlt und durchsiebt, denn hier sind Australiens größte Saphir- und Rubinvorkommen.

Eine schon sehr betagte und andauernd gähnende (wirklich!) Dame führte uns bis 15 Meter unter die Erde durch mannshohe und -breite Gänge und erzählte viel. Wir verstanden allerdings nur ein Viertel davon. 60 Kilometer nördlich, in Capella, wo es nichts gibt außer einem Hotel und ein paar Van-Parks und kein einziger der wenigen Einwohner *a capella* singt, wollten wir die Pioneer Village, eine Art Freilichtmuseum besichtigen.

Aber die Capellianer – klingt wie Aliens aus dem Sternbild Capella – hatten nicht mit Ului gerechnet, der ihnen unerwartete Touristenströme von zwei Deutschen vor ihr Museum spülte.

Es war geschlossen, kein Capellianer weit und breit, nur zwei freundlich mit dem Schwanz wedelnde Hunde, die eindeutig irdischen Ursprungs, aber keine Dingos waren! Also marschierten wir ins einzige Hotel, einen Kaffee trinken, den wir nicht einmal bezahlen mussten. Als Dank gaben wir unser gesamtes Kleingeld in das fast leere Tip-Glas; die beiden Barmaids hätten uns am liebsten umarmt, offenbar ist Trinkgeld zu geben, hier eher selten.

Nette Leute, diese Capellianer!

Zurück in Emerald kauften wir eine Zeitung. Man rechnete weiterhin mit heftigen Stürmen, Gewittern, Regengüssen und Überschwemmungen für Sonntag. Also beschlossen wir, auf keinen Fall vor Montag zurück zur Küste zu fahren. Mal sehen, wie wir hier die Zeit totschlagen! Vielleicht mit E-Mail schreiben? Jedenfalls war es immer noch warm!

Leichen pflastern unseren Weg! Baumleichen!

Wir sind auf dem Weg zurück zur Küste nach Airlie Beach. Genau diesen Ort hat Zyklon Ului ins Auge gefasst. Und das Auge eines Zyklons ist schlimm. Er hat, ebenso wie sein griechischer Namensvetter, der Zyklop, nur ein Auge, und Odysseus war gerade nicht da, um das unseres Ului auszubrennen. Hat wohl grad mit Circe rumgemacht. Jedenfalls: Wo das Auge eines Zyklons durchmarschiert, da bleibt keines trocken.

Auch hier in Airlie Beach war es entsetzlich nass. Es schüttete wie aus Eimern, überall lagen umgestürzte Bäume herum und etliche Häuser waren oben ohne. Die Menschen waren mit Aufräumarbeiten beschäftigt. Auf den Felsen der Küste tummelten sich Boote, die da nicht hingehörten, Strommasten lagen darnieder und die Leitungen waren provisorisch hochgebunden worden, um die Straße frei zu machen.

Die Bäume, die vorher auf den Straßen herumlagen, waren bereits beiseitegeschafft und fachgerecht zerlegt worden.

Es gab natürlich keinen Strom, alle Läden waren dicht und die Backpackers verzweifelt, denn sie kamen an kein Bargeld, die ATMs (Geldautomaten) funktionierten nicht, und mit Karte bezahlen, war nirgends möglich, weil die Terminals alle stilllagen. Das einzig offene Hotel war das *Best Western*. Dort hatten man uns sogar ein Zimmer anzubieten, aber leider ohne Strom und Wasser. Wir hielten den üblichen äußerst freundlichen Smalltalk – alle Aussies sind wirklich unglaublich freundlich – und machten uns davon.

Dann bekamen auch wir ein Problem. Unser Tank dürstete nach Benzin, aber alle Tankstellen hatten geschlossen. Ohne Strom ging gar nichts.
Doch wir hatten Glück. Kurz bevor der letzte Tropfen sich auf den Weg durch die Benzinleitung zum Motor machte, fanden wir eine Tanke mit eigenem Generator. Hier drängelte sich natürlich alles. Aber unser Tank war wieder voll und weiter ging's, Richtung Norden.

In Bowen, zirka 80 Kilometer weiter, sahen wir eine mit elektrischem Licht beleuchtete Burg links an der Straße liegen. Davor stand ein Plakat, auf dem nicht etwa Neuschwanstein stand, sondern Castle Motel.

Naja, die Motel-Burg war ein bisschen missglückt. Iso musste mich darauf aufmerksam machen, dass das Gebäude einer Burg nachgebildet sein sollte. Aussies kennen sich da ja nicht so aus, aber sie hatten offenbar

Strom aus einem Generator, denn das übrige Bowen lag im Dunkeln.

Wir fuhren über das was der Besitzer für eine Zugbrücke hielt zwischen zwei Türmen ins Office. Alles funktionierte: der herrliche Swimmingpool, die Klimaanlagen und das Restaurant. Da Thermometer zeigte inzwischen wieder 29 Grad. Das Restaurant allerdings war saukalt. Die Klimaanlage powerte es auf achtzehn Grad herunter und die Aussies saßen muggelig in kurzen Hosen und T-Shirt an der Bar und glotzten erstaunt zu uns herüber, weil wir uns warme Strickjacken angezogen hatten und beim Essen mit den Zähnen klapperten. Außerdem starrte uns ständig ein Ritter, *not in a rusty armor*, an. An den Wänden hingen Speere, Schilde, Banner und alles, was nach Meinung des Burgherrn Ritter ihr Eigen nannten. Das Burgfräulein an der Rezeption, schon etwas fortgeschrittenen Alters, war wie immer ausnehmend nett und fragte uns Löcher in den Bauch. Nach dem Woher und Wohin, nach Gott und der Welt.

Den Pool hatten im Dunkel des Abends Unmengen von grasgrünen kleinen Fröschen besetzt, die einen Höllenlärm veranstalteten, sodass man sein eigenes Wort nicht verstand. Wir fühlten uns trotzdem wieder richtig wohl, ganz im Gegensatz zum letzten Sonntag in Emerald.

Dort hatten wir morgens noch einen Marsch durch den Botanischen Garten gemacht und uns mit Hunderten von großen weißen Kakadus angelegt.

Wir wollten sie fotografieren und sie uns auf den Kopf scheißen.

Es klappte weder das eine noch das andere, und wir wurden schließlich unter lautem Geschrei aus dem Park vertrieben. Es fing nämlich mal wieder an zu regnen.

Und das tat es dann bis auf wenige Ausnahmen den ganzen Tag und die ganze Nacht. Wir hatten Karten gespielt, gelesen und uns gemopst.

Gemopst hatte sich offenbar auch die nette Dame von der Touristeninformation in Ayr, und das wohl schon seit Tagen. Sie war überglücklich, dass wir bei ihr hereinschneiten. Nein! Hereinschneien war nun wirklich völlig unpassend. Sie war begeistert, dass wir bei ihr *hereinschwitzten*. Sie erzählte uns alles, was wir in den nächsten 200 Kilometern auf keinen Fall versäumen dürften, lobte in höchsten Tönen die Sehenswürdigkeiten, die sie selbst begeisterten (aber weniger ihren Mann, wie sie verschämt zugab), und meinte, wir könnten ja, wenn wir unbedingt wollten, auch zu den Orten fahren, die ihrem Mann gefielen, aber ihr weniger.

Ihr Redeschwall war nicht zu bremsen. Dann deckte sie Iso mit etwa zehn Kilogramm Informationsmaterial ein, das für das nächste halbe Jahr ausgereicht hätte. Wir waren nun bestens informiert, hatten Reiseführer von sämtlichen Hotels und Caravan-Parks nördlich des Wendekreises des Steinbocks.

So fanden wir unser kleines, aber feines Motel in Townsville mit Wohn- und zwei Schlafzimmern, von denen wir aber nur eines, auf Bitten der Concierge, benutzen möchten.

Wir nahmen das mit den zwei getrennten Betten. Denn wegen der vielen Eindrücke tagsüber träumte ich nachts wieder sehr heftig und kämpfte mit Aliens von Capella, Beteigeuze und Riegel IV. Da war es durchaus von Vorteil, wenn Iso außerhalb der Reichweite meiner sechs Arme blieb.

Townsville gefiel uns. Wir buchten zwei Tage, weil wir einen Tag auf Magnetic Island verbringen wollten. Das hieß so, weil die Schiffskompassnadeln von Captain James Cook verrücktspielten, als er daran vorbeigesegelt war. Kurz darauf war er mit seiner *Endeavour* dann auf Grund gelaufen. Das lag aber nicht am Kompass, sondern an der Tatsache, dass er das Great Barrier Reef übersehen hatte.

Iso wurde gerade von einem dieser grasgrünen Lärmfrösche geküsst. Wir hatten nämlich heute gewaschen und vergessen, die Wäsche von der Leine zu nehmen. Wir waren vom Essen nach Hause gekommen und hatten im Dunkeln mit Taschenlampe die Wäsche abgenommen. Und da balancierte so ein Kermit auf der Wäscheleine, war wohl mal im Zirkus aufgetreten und sprang Iso in den Nacken, weil er den Mund verfehlt hatte. Das war vielleicht ein Gejuchze!

Magnetic Island!

Morgens mit der Personenfähre, dann mit dem Inselbus (Tageskarte!) einmal zur Picnic Bay im Süden und dann 12 Kilometer nach Norden zur Horseshoe Bay. Relaxen und Baden, im abgegrenzten Bereich zum Schutz vor den Stingers. Es gibt acht verschiedene Arten von Quallen hier und davon sind mindestens neun giftig. Also: einfach so im Meer baden, das sollte man tunlichst lassen.

Gegen Nachmittag kletterten wir dann nach einer Eineinhalb-Stunden-Wanderung, den *forts trail*, auf einen Aussichtspunkt, von dem man einen wunderbaren 360-Grad-Ausblick über die Insel hatte. Dort trafen wir Ku(o)ala aus Lumpur. Direkt neben unserem trail hockte in etwa zwei Metern Höhe ein Koala und vertilgte in aller Ruhe ein Eukalyptusblatt nach dem anderen. Der sah echt zum Knuddeln aus.

Auf der Rückfahrt zur Fähre stieg ein Trupp Backpackers zu, die Insel war voller Backpackers und achtzig Prozent davon waren jung und weiblich. Die waren ganz aufgeregt und erzählten, dass sie einen echt wild lebenden Koalabären gesehen hätten. *Oh my God!* Der muss wirklich die Ruhe weg gehabt haben, bei dem Geschnatter der Girls.

Wir blieben noch einen Tag, weil wir noch nicht viel von Townsville gesehen hatten. Erst einmal Besuch der Shopping Mall. Dann fuhren wir, faul, wie Iso ist, auf den Castle Hill, auf dem nie ein Castle gestanden hatte, und genossen von dort oben einen herrlichen Ausblick auf Townsville und Umgebung.

Am Nachmittag nahmen wir ein Bad im *Rock-Pool*, einem Meerwasserpool, von Wällen eingegrenzt, also stinger-sicher und am Strand unter Palmen gelegen.

Freitag:

Urlaub im Urwald
Ich geh im Urwald so für mich hin,
wie schön, dass ich im Urwald bin.
Man kann da stundenlag so wandern,
ein Urbaum steht so neben dem andern.
Und an jedem Baum hängt Blatt für Blatt
Urlaub – schön, dass man ihn hat.

(Heinz Erhardt)

Freitag war Dschungeltag. Wir fuhren 50 Kilometer in die Berge zu den *Wallaman Falls*, mit 305 Metern frei fallendem Wasser (was soll das Wasser auch sonst tun? Am Fallschirm hängen?) Australiens höchster Wasserfall.

In etlichen Serpentinen fuhren wir bergauf, die Straße wurde immer schmaler und der Asphalt ging in rote Erde über. Uns war seit zwei Stunden kein Mensch begegnet, außer ein paar blöden Rindviecher, die glaubten, die Straße für sich gepachtet zu haben und nur schwer dazu zu bewegen waren, Platz für einen roten Corolla zu machen.

Doch dann waren wir oben – und siehe da: Es standen bereits drei Autos herum. Wir waren doch nicht die Einzigen.

Der Ausblick auf die Fälle war umwerfend.
Ich überredete Iso, den zwei Kilometer langen Abstieg durch den klitschnassen Dschungel zu machen. Iso ging voraus, falls wir auf irgendein giftiges Geschlängel

treffen, das sich für den totgefahrenen Kumpel rächen wollte.

Nein, es gab hier kaum giftige Schlangen, außer vielleicht eine Python, mit Vornamen Monty. Also Monty Python. Aber die ist auch nicht giftig, sie würgt lieber.

Iso hatte selbst entschieden, vorauszugehen, damit sie das Tempo bestimmen konnte. Wir brauchten jeweils eine dreiviertel Stunde. Unterwegs machten uns zwei schräge Vögel den Weg streitig. Aber als wir sie fotografiert hatten, machten sie den Weg frei. Sie sahen ein bisschen aus wie Truthähne und es waren auch welche, wie wir später erfuhren: Brushturkeys, wilde Truthähne.

Auf dem anstrengenden Weg nach oben kam freundlicherweise Kühlung von ganz oben. Es gab einen tropischen Regenguss, dessen Wasser es bis auf den Dschungelboden schaffte. Wir waren in kürzester Zeit völlig durchnässt.

Oben am Auto zogen wir uns komplett um und fuhren dann in ein Mini-Kaff am Meer, wo wir eine schicke Cabin mit zwei Pools, lautem Papageiengeschrei und *roadrunner* buchten.

Roadrunner trieb sich vor unserer cabin herum und lauerte auf Brot. Wir hatten ihn so genannt, weil er wirklich aussah, wie der Roadrunner im Comic: lange Beine wie ein Mini-Storch, lief unheimlich schnell, wenn man ihn scheuchte, fliegen schien er nicht zu mögen oder können, war zirka 50 Zentimeter groß und glotzte uns aus riesigen Augen an: also ein Mini-Emu.

Am nächsten Morgen hatte sich Roadrunner zu seinen Kumpels zurückgezogen, die auf dem Platz herumlungerten, und auch wir zogen uns aus dem kleinen Kaff am Meer mit Namen Lucinda zurück.

Alle naslang gab es einen heftigen Regenguss. Wir waren auf dem Weg nach Mission Beach. Dort sollte es Cassowaries geben, das sind ziemlich große, Emu-ähnliche Vögel mit einem Puschelfederkleid und lila-blauem Kopf mit einem braunen Horn obendrauf. Und sie sind vom Aussterben bedroht, weil sie sich sehr langsam bewegen und deswegen dauernd überfahren werden. Außerdem können sie nicht fliegen.

Mission Beach erwies sich als *mission impossible*, kein Cassowary steckte seinen blauen Kopf aus dem Blätterwald. Wir kurvten stundenlang durch die Einsamkeit: kein Mensch, kein Cassowary, nur Zuckerrohrfelder! Endlos!

Innisfail war nun angesagt: *Salsa in Innisfail*. Wir bekamen wieder heiße Tipps von der Tourist-Information-Lady von Innisfail. Unseren Nachmittagskaffee nahmen wir auf einer Luxusyacht ein, so ein Bötchen für zirka sechs Leute, Oberdeck mit Tischen und unten eine Messe und ein todschicker Schlafraum! An dem Steg zum Schiff hing eine Glocke und daneben ein Schild, das zum Läuten aufforderte, wenn man Kaffee haben wollte.

Diese machte einen Höllenlärm, sodass wir uns furchtbar erschreckten, doch sie wirkte.

Der Kapitän steckte seinen Kopf aus der Kajüte und forderte uns auf, das Boot zu betreten. Wir saßen oben auf dem Yachtdeck bei Kaffee und Kuchen und fühlten uns wie Millionäre.

Dann meinte der Bootseigner, wir sollten besser nach unten kommen, denn es finge gleich an zu regnen. Unten in der Messe saß schon ein japanisches Pärchen und wir talkten small mit dem übrigens lang bezopften Chef. Echt 'n Typ!

Dann klapperten wir Innisfail ab und suchten uns das netteste Motel aus, das auch die erste Wahl der Tourist-Office-Lady gewesen war.

Am Abend hockten wir in der Bar und ich versuchte verzweifelt, das furchtbar australische Englisch meines Sitznachbarn zu verstehen. Er war *truck driver* und laberte mich voll. Sogar die Chefin und Barfrau der Anlage, Amanda, verstand ihn manchmal nicht.

Doch dann kam das Stichwort ABBA. Irgendwann erwähnte ich, dass ich heute die Musik von Abba sehr gern hören würde (früher nicht!). Amanda hörte nur Abba und verschwand im Hintergrund, wühlte dort herum und kam freudestrahlend mit der DVD *Abba - Der Film* wieder. Sie bezeichnete sich als den größten Abba-Fan der südlichen Halbkugel.

Dann sitzen Amanda, ihre Tochter, Abba-Fan in zweiter Generation im Restaurant zusammen mit uns vor der 150-Zentimeter-Plasma-Glotze und sehen uns den Film mit den Schauspielern Meryl Streep und Pierce Brosnan an – bis zu seinem eher nicht bitteren Ende.

Der nächste Tag war ein Sonntag und in Innisfail fand das *Feast of Senses* statt.

Farmer aus der Umgebung boten ihre Produkte an und Künstler ihre Werke. Wir wanderten staunend von Stand zu Stand. Da gab es Früchte und Pflanzen, die hatten wir noch nie im Leben gesehen, und wir bekamen von etlichen der ausgestellten Waren Kostproben.

Um elf Uhr versammelte sich ganz Innisfail vor dem einzigen Zebrastreifen der Hauptstraße.

Eine Gruppe Innisfailer führte *Salsa auf dem Zebrastreifen* vor. Es gab einen Tanzlehrer und seine Assistentin, die waren echt gut; die übrigen fünf bis sechs Paare konnten es so leidlich.

Doch Innisfail staunte und war begeistert.

Zweite *mission impossible*:

In Etty Bay, sechzehn Kilometer südlich von Innisfail sollen Cassowaries ihr Domizil aufgeschlagen haben, hieß es.

Wir fuhren hin, und wow, *mission possible*: Kurz vor Etty Bay stand am Straßenrand so ein Riesenvieh und glotzte uns an und wir glotzten zurück und zogen unseren Fotoapparat. Und unten am Strand stolzierte tatsächlich ein zweiter, groß wie ein Emu, gemächlich über den *picnic ground*.

Wir waren mit dem Tag zufrieden.

Weitere zwei Wasserfälle in der Gegend erwarteten noch unseren Besuch. Beide wow-mäßig ganz weit vorn, und über eine Abzweigung war ein als Badeplatz ausgewiesenes *golden hole* zu erreichen.

Iso war unverständlicherweise nicht dazu zu bewegen, ins Wasser zu gehen, nur weil weiter vorn so ein blödes Schild vor Krokodilen warnte. Konnte ich natürlich überhaupt nicht verstehen.

Die folgende Nacht verbrachten wir in *Fishery Falls*, in einer Lodge, wunderbar am rauschenden Fluss gelegen. Zum Essen mussten wir allerdings ins fünfzehn Kilometer entfernte *Gordonville*.

Als wir aus dem Restaurant zurück zum Motel fuhren, gingen plötzlich hinter mir alle Lichter an und eine Polizeisirene machte einen ohrenbetäubenden Lärm. Das in allen Farben grell blinkende Fahrzeug hielt hinter mir und ein *Officer* schritt breitbeinig, wie man es aus amerikanischen Filmen kennt, an mein Wagenfenster. Aber er war ganz freundlich und wollte nur meinen Führerschein sehen und dass ich in sein Röhrchen blase. Ich hatte Gott sei Dank nur Limo getrunken.

Dann noch der üblichen Smalltalk und zurück ging es bei Regen und Dunkelheit und auf der falschen Straßenseite zur Lodge.

Der nächste Tag:

Regenwald ist ja ganz schön, wenn nur der erste Teil des Wortes uns nicht nerven würde. Wir fahren den ganzen Tag von Wasserfall zu Wasserfall bei Wasserfall von ganz oben. Wir sind in den *Atherton Table Lands* und es ist 21 Grad kalt. Auch den höchst gelegenen Ort Queenslands, Rabenschuh oder *ravenshoe* nehmen wir mit. Dort ist Queenslands breitester Wasserfall.

Die Unterkunft am Abend lag in einer riesigen Parklandschaft, die zudem noch ein Fluss durchzog. In selbigem sollte sich das berühmte Schnabeltier, der *Platypus* herumtreiben. Wir wollten es besuchen, aber kein Typus weit und breit. Wahrscheinlich regnete es ihm zu viel.

Der *Granite Gorge National Park* ist unser nächstes Ziel. Wir sind fast die Einzigen um diese Zeit (10.30 Uhr), und Miss Park Ranger begrüßt uns superfreundlich, erklärt alles ausführlich und verkauft uns Futter für die in den Granitfelsen herumlaufenden Rock-Wallabies (Felsen-Kängurus). Die sind etwas größer als unsere Feldhasen und klettern uns fast auf den Schoß, so gierig sind sie nach Futter. Wir sind hin und futsch! Sie lassen sich sogar streicheln und zwischen den Ohren kraulen.

Versorgt mit Mückenspray, einer großen Wasserflasche und Sonnencreme, denn es ist inzwischen 27 Grad warm, machen wir uns auf die Wandertour über riesige Granitfelsen.

Sie entpuppt sich als eine Klettertour, die sich gewaschen hat. Unter den Felsen gurgelt ein Fluss, und manchmal muss man kräftig springen, um auf den nächsten Felsen zu gelangen. Zwischendurch locken wir das eine oder andere Wallaby mit unserem Futter aus den Felsspalten.

Auf dem Weg nach Cairns machten wir noch einen Stopover in Kuranda und kletterten auf einem gut befestigten Weg, der zum Teil auf Stelzen und etwa 20 Meter über dem Boden des Dschungels gebaut worden war, zu einem Ausblick auf die berühmten *Barron Falls*.

Wir hatten noch acht Nächte in Cairns bis zu unserem Abflug nach Singapur. Da es in den nächsten Tagen um Ostern eng werden könnte, buchten wir eine feste Bleibe und kamen im *Southern Cross Apartments* (es ist ein Kreuz mit dem Süden) unter: Ein-Zimmer-Apartment mit Bad, Küchenzeile, Mikrowelle, Ceran-Kochfeld im Zentrum Cairns' und gleich neben dem Bahnhof. Aber das störte nicht, denn Cairns ist Endstation und nur etwa einmal pro Tag lärmten zwei hintereinandergekoppelte Dieselloks im Schritttempo unten vorbei, hielten hinter der Anlage, der Lokführer stieg aus und legte die Weiche zum Kehrgleis per Hand um. Dann fuhr er zurück, wahrscheinlich, weil die Loks sich wieder vor den Zug setzten, von dem allerdings nichts zu sehen war.

Jedes Mal, wenn wir auf dem Balkon standen und der Aktion zusahen, winkte der Lokführer zu uns herauf und wir zurück. Wirklich nette Leute, diese Aussies!

Ja und das Beste war natürlich, O-Ton Iso, dass sich das größte Einkaufszentrum von Cairns, vergleichbar mit unserem Alstertal-Einkaufszentrum, zwei Minuten zu Fuß neben unserer Anlage befand.

Iso schwelgte in Shopping! Auch die Mönckebergstraße, die hier *Shields Street* heißt, war in fünf Minuten zu Fuß zu erreichen.

Die Wettervorhersage sagte leider nichts Gutes. Es war zwar 29 Grad warm, aber es sollte weiterhin immer wieder Regengüsse geben. Der geplante Schnorchelausflug ins Great Barrier Reef würde wohl in den pazifischen Ozean fallen. Ein Grund, noch mal ins Aussie-Land zu fahren.

Es ist Gründonnerstag! Das hat ein großer grüner Kakadu, ein *Alexandrine Parrot*, also eigentlich ein Papagei, zum Anlass genommen, Iso sich als Partner auszusuchen. Er hockt auf ihrer Schulter, knabbert zärtlich an ihren Ohrläppchen – sie hat vorsorglich die Ohrringe herausgenommen – und beißt jeden Vogel weg, der versucht, bei ihr zu landen. So konnte keiner tatsächlich bei Iso landen! Dann fütterten wir noch richtig große Kängurus. Auch Monty war wieder da und lag zusammengeringelt auf einem großen Ast etwa einen Meter über uns.

Aber keine Sorge, Monty Python war nicht hungrig und gehörte, wie die Kängurus, Koalas und Süßwasserkrokodile (sowohl Croc Monsieur als auch Croc Madame) zu den *Kuranda Koala Gardens*.

Doch bevor wir auf die Idee kamen, Monty zu streicheln, fing es mal wieder furchtbar an zu regnen.

Wir machten noch schnell die *Kuranda Rainforest Tour* mit dem Boot auf dem Barron River oberhalb des Wasserfalls, immer am Rand des Regenwaldes entlang. Im Barron River wimmelte es nur so von Fischen, Schildkröten, Wasser-Pythons und Krokodilen. Während Erstere sich vor uns im Wasser tummelten, bekamen wir Letztere nicht zu Gesicht. Der Bootsführer meinte, es läge am Regen. Sonst kämen sie an die Wasseroberfläche bzw. ans Ufer, um sich aufzuwärmen. Und weil wir ja sonst nichts zu tun hatten, kaufte ich mir einen Hut aus echtem Känguru-Leder und nannte mich *Crocodile Dundee der Dritte*.

Tags darauf hatten wir den hässlichsten Bahnhof unter dem Kreuz des Südens angesehen, den Bahnhof von Cairns: Zwei Gleise, eines für den Zug und ein Kehrgleis für die Loks, und das Ganze war Teil eines großen Parkhauses des schon erwähnten Einkaufszentrums. Kein Wunder, dass schon seit zwei Tagen kein Zug mehr angekommen war; ich als Zug würde mich auch gruseln, in so einen Bahnhof einzufahren. Jetzt wissen wir es auch: Die Lokführer hatten gar nicht gewunken. Sie hatten sich lediglich entschuldigt, dass sie den Zug in so einen hässlichen Bahnhof gefahren hatten.

Ostersonnabend hatte es den ganzen Tag geregnet, nur abends zum Essengehen hatte Petrus ein Einsehen und machte die Schleusen dicht.

An der Esplanade, der Promeniermeile am Wasser entlang, fielen Scharen von fliegenden Hunden, die hier *flying foxes* heißen, in die Bäume ein. Es sah unheimlich aus, weil ihre Silhouetten am Himmel großen Vampiren glichen. Wir hatten den ganzen Tag gelesen und uns gemopst.

Ostersonntag hatten wir die Nase gestrichen voll vom Regen und beschlossen, ins Outback zu fahren, denn eine alte australische Wombat-Weisheit sagt, dass es im Outback eher weniger regnet.

Auf nach *Chillagoe*, 220 Kilometer westlich von Cairns im Outback gelegen, einst bedeutende Bergwerkssiedlung; Kupfer, Silber, Blei, Wolfram und natürlich Gold. Hier tobte einst der Koalabär, heute ist dort der Dingo begraben.

220 Einwohner bevölkern den Ort, 25 Prozent davon sind Dauergäste in der Bar des einzigen Hotels, das gut nach Dodge-City passen würde. Man erwartet jeden Moment, John Wayne o-beinig aus der Schwingtür des Saloons auf die staubige Straße treten zu sehen.

Die Piste nach Chillagoe war teilweise unbefestigt, einige tote Kängurus lagen am Straßenrand, und wir bretterten durch die Einsamkeit, eine gewaltige Staubwolke hinter uns herziehend. Dann kam uns ein Laster entgegen. Teufel sei Dank kein Roadtrain und wir befanden uns eine halbe Minute lang auf dem Mars: Nur roter Staub um uns herum!

Aus dieser Schilderung wird der halbwegs intelligente Leser haarscharf geschlossen haben, dass das Wombat richtig lag. Es war trocken, die Sonne schien und alle 10 Kilometer stieg die Temperatur von anfangs 21 Grad jeweils um ein Grad an und blieb dann bei 30 stehen.

Wir besichtigten noch die alte Schmelzerei, in der früher das Metall aus dem Gestein herausgelöst wurde und die heute einen kläglichen und kontaminierten Rost- und Steinhaufen darstellt mit drei halb verfallenen riesigen Schornsteinen.

Dann führte uns ein Zweihundertzwanzigstel der Einwohner Chillagoes in eine Tropfsteinhöhle mit lauter Stalag-Nieten und Stalag-Titten. Erstere stehen und schreiben sich eigentlich Stalagmiten, Letztere hängen und es fehlt ihnen nur das vierte *t*.

Außerdem trafen wir noch Batman und Batwoman, die gelangweilt an der Höhlendecke abhingen.

Ostermontag: Fat Albert war das Stichwort! Fat Albert war 3,5 Meter lang und lag versteckt unter Mangroven am Ufer des Daintree Rivers. Wir befanden uns auf einem Boot nur zwei Meter von ihm entfernt und wollten ihn natürlich ablichten. Aber es war zu dunkel im Mangrovendickicht und es regnete mal wieder. So begnügten wir uns mit seinen Sprösslingen, 4 und 2 Jahre alt, also noch richtige Croc-Babies.

Die Chinesinnen in unserem Boot – hier sind immer und überall Chinesen mit im Boot – hatten sogar in einem Baum in etwa zehn Meter Entfernung Monty gesehen. Wir hatten sie leider nicht entdeckt, dafür hatte eine junge Chinesin mir sie auf ihrem Display gezeigt.

'Ne richtige Python in der Wildnis! Auf dem Display einer echten Chinesin! Jing Tong Wow!

Wir hatten uns nach Norden aufgemacht, immer an der Küste entlang nach Port Douglas und dann weiter über Mossman nach Daintree. Hier endete die Welt für normale Autos, wenn man nicht einen riesigen Umweg machen wollte. Wer weiter wollte, brauchte die Erlaubnis von den Aborigines und Vierradantrieb. Was in dem Moment aber auch nicht weiterhalf. Die Flüsse waren so voller Wasser, dass man bei den Furten nicht mehr durchkam. Und Aussteigen und Schieben sollte man tunlichst lassen! Es wimmelte nur so von Krokodilen, die sich schon die Servietten umgebunden hatten und auf uns als ihr Hors d`oeuvre warteten.

Auf der Rückfahrt sahen wir eine große Herde Kängurus, die einen Sportplatz und das umliegende Gelände besetzt hielten. Als wir uns näherten, richteten sie sich alle auf und ließen uns nicht aus den Augen. Wir trauten uns nicht näher heran; die waren zu viele und einige bis zu 1,30 Meter groß. Wir hatten nämlich läuten gehört, dass das eine oder andere Känguru Boxprofi sein soll und wir hatten unsere Boxhandschuhe nicht dabei. Also begnügten wir uns mit ein paar Fotos und trollten uns.

Der letzte Abend in Cairns, der übrigens gemeinerweise trocken war, befriedigte noch einmal Isos Gelüste nach Schmuck, genauer: Halsschmuck: Sie probierte *Monty* an! Man merkt: Monty verfolgte uns. Diesmal auf dem Nachtmarkt. Da lag Monty Python herum und wurde den Besuchern umgehängt. Und Iso hatte nichts Besseres zu tun, als sich eine fast ausgewachsene Python um den Hals zu hängen. Ehrlich gesagt: Es war wohl eher eine Baby-Python von gerade mal zwei Metern Länge. Leider musste sie sie wieder abgeben. Hätte sonst wohl auch das eine oder andere Problemchen im Flugzeug nach Singapur gegeben.

Unser Abflugtag war natürlich sonnig und warm. Der Regen in Cairns hatte ein Ende und wir mussten abreisen. Das war echt doof.

Der Flug nach Singapur über Darwin war langweilig. Es gab nicht einmal einen Fernseher, und das Essen würde man nur als bekennender Engländer als solches bezeichnen.

Man sollte also nie mit *EasyStar* fliegen. Das schien so eine Magermilch-Fluglinie zu sein, vergleichbar mit Ryanair oder easyJet. Aber Sitze hatten sie zumindest in ihrer Maschine und die Toilette war auch kostenlos.

Singapur ist futuristisch und gigantomanisch!

Man baut immer höher und immer verrückter. Rechtwinklig ist absolut out: Ein Turm schiefer und schräger als der andere und obendrauf sitzt etwas Ufo-Ähnliches. Das Gebäude des obersten Gerichts ist sogar ein Ufo in Reinform.

Gegen das, was hier so gebaut wird und entsteht, nimmt sich die zukünftige Elbphilharmonie in Hamburg wie das Häuschen einer Klofrau aus, und so würde man hier auch damit verfahren. Wobei ich nichts gegen Klofrauen gesagt haben will. Mein Großtante Mimi war schließlich auch eine.

In unserem Hotel bestanden das Restaurant und die Rezeption in einem achtzehn Stockwerke hohen Innenraum, der sich oben zulaufend nach innen verjüngte. Vier gläserne Fahrstühle, die ständig die Farbe wechselten, fuhren im Innern an der einzigen Senkrechten nach oben auf die Zimmer und Suiten.

Ja, und nun war Iso in ihrem Element: Eine Shopping-Mall neben der anderen, unter denen sich unser Alstertal-Einkaufszentrum wie eine Hundehütte macht. Eigentlich ist ganz Singapur eine einzige Shopping-Mall. Es gab von unserem Hotel gleich vier Ausgänge, die direkt in das anliegende Shopping-Center führten, in dem wir uns am zweiten Abend fast verlaufen hätten. Little India und Chinatown waren Pflichtprogramm. Die Kür war dann die nächtliche Flussfahrt mit gigantischer Skyline im Hintergrund.

Alles ist blitzsauber. Es gibt weder Hunde noch Katzen und daher auch nirgends deren Hinterlassenschaften. Die Strafen für Verschmutzung von öffentlichem Raum sind allerdings drastisch. Sie fangen mit dreistelligen Beträgen an und sind nach oben offen wie die Richterskala.

Es gibt auch so gut wie keine Kriminalität, keine Penner, Aussteiger oder Junkies, kein Kaugummi, und die Arbeitslosenquote liegt bei 2,5 Prozent. Dafür gibt es die Todesstrafe, nämlich für Drogendelikte und Kapitalverbrechen. Auch ausgepeitscht wird noch, allerdings nur Männer.

Wieso das eigentlich? Ich bin ja nun wirklich kein Befürworter der Todesstrafe, aber wenn man das alles hier so sieht, kann man doch nachdenklich werden.

Ohne groß nachzudenken, hatte ich mich am südlichsten Punkt von Asien, am *Southern Most Point Of Continental Asia,* so stand es tatsächlich auf einem Hinweisschild, ins brühwarme Meer gestürzt. Was hätte da bloß alles passieren können? Ich hätte abdriften können Richtung Sumatra! Oder Asien hätte sich nach Norden entfernen können! Man hört ja so viel von der Konti-

nentaldrift! Indien ist ja schließlich auch auf Asien ge-
knallt und hat den Himalaja aufgeworfen. Und nach
der *Chaostheorie* reicht der Flügelschlag eines Schmetter-
lings in Singapur aus, um in Australien einen Zyklon
auszulösen oder eine Schiffskatastrophe mit ausgelau-
fenem Öl.

Aber nichts dergleichen war geschehen – jedenfalls
nicht in diesem Moment – und wir hatten einen herrlichen Sonnen- und Badetag auf Sentosa-Island verbracht, gleich neben dem Vergnügungspark von Singapur.

Zurück im Hotel hatten wir noch schnell die Klimaanlage hochgefahren, um uns langsam wieder an das
Zähneklappern zu gewöhnen!

Dann am Flughafen: Wir warteten aufs Einchecken. Der
Abflug in Singapur um 24.00 Uhr verspätete sich, weil
sie offenbar Probleme mit der Klimaanlage im Flugzeug hatten. Es waren solche Menschenmassen, dass
die meisten es sich auf dem Boden bequem gemacht
hatten, weil nicht genügend Sitzplätze vorhanden waren. Dann ging es endlich los. Und tatsächlich, alle
passten hinein, und wir wunderten uns nicht einmal.
Drinnen war es sehr komfortabel. Ich konnte aus über
hundert Filmen und Tausenden von Musik-alben aus-
wählen, und es sah alles sehr neu aus. Erst beim Aussteigen in London merkten wir es, denn es kamen aus
einer zweiten Röhre noch Massen von Leuten von oben.
Ich schaute durch die Fenster der Gangway nach draußen und sah es: Das Flugzeug war riesig! Wir waren

mit dem nagelneuen A380-Airbus der australischen Fluggesellschaft Qantas geflogen, der aber dann einige Wochen später in Singapur mit aufgerissenem Triebwerk notlanden musste.

Iso muss aber auch überall dran herumfummeln.

Die H-A-N-F-Reise

Im Jahr darauf, im November 2011, brachen wir zu unserer größten Reise auf: Sie führte über Hongkong nach Sydney, dann vier Wochen durch Neuseeland mit anschließend zweiwöchigem Badeurlaub auf Fidschi. Wer nun aber glaubt, wir hätten uns auf dieser Reise mit Marihuana vollgedröhnt, den muss ich enttäuschen. H-A-N-F ist meine Abkürzung für **H**ongkong-**A**ustralien-**N**euseeland-**F**idschi.

Der Abflug von Hamburg war superpünktlich. Wir waren sogar so früh in London, dass Mister Pilot noch einmal umdrehte und wir schon dachten, nun will er zurück nach Hamburg. Wollte er aber nicht; er musste nur ein paar Schleifen drehen.

Dann waren wir durch das Heathrow-Labyrinth geirrt und endlich am Abflugterminal nach Hongkong gelandet. Hier der Hammer: Flug QF30 nach Hongkong hatte vorerst eine Stunde und 20 Minuten Verspätung. Na toll! Also bedienten wir uns erst einmal ausgiebig am Buffet in der Qantas-Lounge und ich knallte mir ein Bier rein. Das war kein Koma-Saufen sondern Kummer-Saufen (naja, bei einem Bier!). Aber immerhin gab's hier *Internet for free*, das ist so etwas Ähnliches wie *Coffee to go*, nur mitnehmen durfte man die Geräte nicht.

Hamburg, 10 Grad, leicht bewölkt, die Frisur sitzt. London 11 Grad, Nieselregen, kein Problem. Hongkong

19 Grad, bedeckt. Der Allwettertaft hält. Auch, wenn das Haar aussieht, als hätte ich in eine Steckdose gefasst.

Wir haben einen ganzen, aber sehr kurzen Tag verschlafen.

11.45 p.m. Abflug, 6 Uhr p.m.; nächster Tag Ankunft in Hongkong. Der Tag hatte wegen der Zeitverschiebung nur fünf Stunden gedauert und alle hatten gepennt, nur ich hab mich kurz getraut, die Fensterklappe hochzuschieben.

Wer lag da im Sonnenlicht unter mir? Die wüste Gobi! Das ist nicht etwa die verlotterte Schwester der frommen Helene, sondern 'ne richtig wüste – nein, eine richtige Wüste!

Jetzt sind wir in Hongkong, dem duftenden Hafen, so heißt es nämlich auf Chinesisch. Überall nur Chinesen! Soweit das Schlitzauge reicht, und fast alle unter dreißig.

Mindestens!

Auch die Miniröcke, in Zentimetern gemessen, vom Gürtel aus!

Auf zur Sightseeing-Tour mit Blick auf gewaltige Hochhäuser mit bis zu 118 Stockwerken und viel Wasser drumherum.

Am Abend mit Dick und Mary aus London auf den Night-Market gleich gegenüber: Seafood ist angesagt. Aber die Bedienung kann kein Englisch, nur Kantonesisch. Unser Kantonesisch ist zwar schon fortgeschritten; wir kennen schon viele Wörter wie jo *san*, das heißt

Guten Morgen und *hau*, das bedeutet schön. Sehr schön heißt dann *hau hau* und wunderschön *hau hau hau*. Und das geht so weiter. Superschön dann natürlich viermal *hau*. Also, das kann bis zwanzigmal *hau* gehen. So einfach ist kantonesisch. Nur leider können wir mit diesem reichen Wortschatz der Bedienung nicht klarmachen, dass wir das Essen gern gleichzeitig hätten und nicht in Abständen von einer halben Stunde.

So haben wir alle von allen vier Gerichten etwas; essen gemeinsam wie aus einem Trog und fuchteln mit den Essstäbchen herum.

Aber schön war es trotzdem, und Mary hat dann eine gefälschte Tasche und Dick einen Fake-Gürtel für einen Spottpreis erstanden.

Sydney, 12. November, 25 Grad, leicht bedeckt, 7 a.m. Manly Beach: Lautsprechergedröhn weckte uns. Auf dem Beach war die Hölle los. Es herrschte *nipper-carnival*! Der findet einmal im Jahr statt, und da können die Eltern mit ihren Sprösslingen angeben. Die werden nämlich kraulend, paddelnd oder auf dem Surfbrett stehend durchs Wasser gescheucht. Es wimmelte nur so von Kurzen in ihren einheitlichen Sportdresses.

Das alles sahen wir von unserem Frühstückstisch in Steves und Sarahs Wohnung aus. Sarah hatte sogar meine Lieblingsmarmelade, mein Lieblingsfrühstücksei und mein über alles geliebtes Baguette besorgt. So ließ sich's frühstücken!

Aber schon einen Tag später war morgens um sieben die Welt nicht mehr in Ordnung, denn Sarah fragte mich doch glatt, ob ich mit ihr und Steve schwimmen ginge: Vom Manly Beach zum Shelly Beach und zurück, je eineinhalb Kilometer. Das Wasser hatte zwar 'ne muggelige Temperatur von 40 Grad. Das war aber nur so lange muggelig, bis ich herausbekam, dass sie Fahrenheit meinte. Es waren polarmäßige Temperaturen von 18 bis 19 Grad Celsius.

Ich glaub, es hackt!

Die beiden konnten gut reden. Die hatten ja auch ihre Neoprenanzüge an, die jede Schockstarre verhinderten!

Nach dem Frühstück gingen Iso und ich an den Strand bei der Manly Wharf und genossen das Ozonloch über dem Aussie-Land. Iso stürzte sich sogar ins Wasser und paddelte down under. Ich hatte lieber gewartet, bis der Sommer kam.

Am Nachmittag der *Spit-Manly-Walk*: Das ist ein Fußmarsch zirka zehn Kilometer entlang der Buchten und Fjorde. Sydney liegt an einem stark verzweigten Fjord-System, überall sind herrliche Strände, tolle Villen oder einsames Buschgelände. Steve hatte uns in Spit ausgesetzt und wir absolvierten den *walk*. Es ging ständig auf und ab. Guide Sarah marschierte vorneweg mit ermunternden Sprüchen wie: »Jetzt kommen nur noch etwa 20 Stufen und dann geht es bis Manly nur geradeaus.« Hochmotiviert kletterten wir dann die nächsten zweitausend Stufen *up and down* und es erschlossen sich uns Ausblicke, einer schöner als der andere. In der letzten Bucht drei Kilometer vor Manly knallte uns ein heißer Wind ins Gesicht. Das Thermometer zeigte inzwischen 37 Grad Celsius (!) und Sarah sorgte sich um ihren Vater: »Papa, du musst mehr trinken!«

Also trank ich warmes Wasser aus unserer mitgenommenen Flasche. Würg!

Angekommen in Manly-Wharf schmeckte das kalte Bier so gut wie schon lange nicht mehr. Und Sarah traf auch gleich Freundinnen, denen sie uns stolz vorstellte. »Meine Eltern aus Deutschland, und ich habe sie gerade über den *Spit-Manly-Walk* gescheucht«. Es folgten Hunderte Male *Oh my God!* und *Nice to meet you*. Alle waren riesig nett.

Am Abend hatte Steve für uns gekocht. Sarah war skeptisch, denn das machte er eigentlich selten.

Es war super. Er hat stundenlang in der Küche gewirbelt, im Kochbuch von Jamie Oliver geblättert. Das Ergebnis war hervorragend.

Der nächste Tag: Iso und ich waren durch die Shopping-Mall in Sydney geschlendert, hatten aber nichts gekauft. Anschließend waren wir durch den Botanischen Garten bei der Sydney Opera spaziert. In zwei großen Bäumen hingen Hunderte von Fliegenden Hunden ab, die hier *flying foxes* heißen. Mann die waren echt groß: Körperlänge zirka 25 Zentimeter und eine Flügelspannweite von bis zu einem Meter. An den Flügelenden hatten sie Krallen, mit denen sie sich von Ast zu Ast hangelten. Wenn sie gähnten, und das taten sie andauernd, konnte man ihre scharfen Eckzähne blitzen sehen. Was sie damit machen, bleibt der Fantasie überlassen, jedenfalls lässt Graf Dracula grüßen. Sie gehören nicht umsonst zu der Familie der *mega-bats* und – das beruhigt – sind reine Pflanzenfresser.

Dann hatten wir Sarah von ihrer Arbeit auf Cockatoo Island abgeholt. Es war ihr dritter Arbeitstag.

Die Insel ist ein absolutes Highlight für alle Aussies. Wir Europäer würden eher sagen: *naja*.

Auf Cockatoo Island gibt es die ältesten Fabrikgebäude von Australien, also weit über hundert Jahre alt, und das älteste Gefängnis für die ersten Strafgefangenen aus England. Und das waren fast alle, denn Australien war die Strafkolonie Englands. Hier mussten sie schuften.

Es sah alles sehr verfallen aus, aber die Aussies nutzten es für Ausstellungen sehr moderner junger Künstler und machten an Wochenenden dort *big party*, und das war richtig teuer. Sarah kurvte uns mit einem Elektro-Buggy durchs Gelände und wir fühlten uns wie reiche privilegierte Besucher.

Die Fähre zurück war dann kostenlos, jedenfalls für uns und Sarah. Wie sie das immer macht, ist mir ein Rätsel. Von mir hat sie das nicht! Ich bin früher NIE – naja, FAST NIE – sagen wir mal, SELTEN – zumindest NUR GELEGENTLICH – schwarzgefahren.

Der nächste Tag zeigte sich bedeckt und nur 23 Grad warm. Sarah jobbte heute als Betreuerin von Schülergruppen aus dem Binnenland, die noch nie das Meer gesehen hatten und lernten, sich ans Wasser zu gewöhnen. Also stand sie mit ihrem Neoprenanzug im Wasser und dirigierte die Kiddies. Sie hatte sich als *Lifeguard* ausbilden lassen.

Das Wetter spielte wirklich verrückt. Während es am Dienstag innerhalb weniger Stunden von 25 auf 37 Grad angestiegen war, hatte es dann zwei Tage geregnet bei 23 und 21 Grad. Tage zum Herumgammeln und Shoppen.

Sarah und Steve mussten arbeiten. Steve ist Ingenieur, – dem Ingeniör ist nichts zu schwör – und baute gerade ein Hochhaus im Zentrum von Sydney.

Freitag! Letzter Tag in Sydney. Sarahs *Ei* hatte uns *gephoned*, dass ab drei Uhr alle Wolken weg wären und es 25 Grad warm würde. Ihr i-Phone lag falsch. Der Himmel war bereits um halb drei stahlblau, und wir machten uns auf nach Middle Head. Hier stehen noch die alten Verteidigungsanlagen aus dem 19. Jahrhundert, die die englische Kolonie gegen die bösen Holländer, Deutschen und Portugiesen verteidigen sollte, die sich überall in Südostasien, Indonesien und im Pazifik breit machten. Wir hatten mal wieder einen tollen Blick auf die verzweigte Bucht von Sydney.

Abends gingen wir noch zusammen essen und am nächsten Morgen flogen wir weiter nach Christchurch, New Zealand.

Neuseeland, 3 Uhr p.m.:

Wir waren am frühen Nachmittag in Christchurch angekommen und bei Jen (Jennifer) untergekommen. Sie war ganz reizend. Wir hatten die Unterkunft schon vorher gebucht gehabt, denn es war schwierig, in Christchurch eine Bleibe zu bekommen.

Christchurch war bedrückend. Ein großer Teil im Zentrum war immer noch völlig abgesperrt und man durfte nicht hinein. An manchen Stellen sah es aus wie in Deutschland nach dem Zweiten Weltkrieg: Trümmergrundstücke und von Trümmern freigeräumte Flächen. Auf den Gehwegen waren immer noch hier und da Absenkungen und tiefe Risse zu sehen, die Folgen des schrecklichen Erdbebens im Frühjahr. Es war auch schwer, ein freies Restaurant zu finden, da viele Restaurants, die sich im Zentrum befanden, zerstört worden sind.

Aber Jen hatte ein Thai-Restaurant für uns gefunden und zwei Plätze reserviert. Es war das letzte intakte Gebäude vor dem Sperrbezirk. Es standen zwar noch etliche Hochhäuser im Zentrum, aber sie waren einsturzgefährdet.

Christchurch hatte mich schon arg mitgenommen. Ich hatte nachts Albträume.

Am nächsten Tag bestand ich meine Linksfahrerprüfung: von Christchurch nach Kaikoura durch die Berge. Dann hatten wir auch noch eine Nebenstrecke gewählt, auf der es von Serpentinen nur so wimmelte.

Und in Kaikoura dann das Highlight:
In Deutschland hatten wir im Fernsehen einen Film über Neuseeland gesehen, in dem es mit der nostalgischen Touri-Bahn auf der Südinsel von Picton nach Christchurch ging. Nun, wir waren gerade dabei, für

morgen früh eine whale-watching-tour zu buchen, als wer wohl gleich nebenan mit lautem Pfeifen einfuhr?

Der KIWI RAIL! Voll mit Touris!

Großes Hallo, Winken und Knipsen!

Dann saßen wir auf der Terrasse vor unserer Cabin und hatten einen traumhaften Blick auf die schneebedeckten Berge.

Aber es fing an zu tröpfeln. Also gingen wir hinein und machten uns ein paar Baguettes.

Das war das Zeichen für Daisy Duck und ihre sieben halbwüchsigen Kleinen. In einem Affentempo stürzten sie auf unsere offene Tür zu und wollten sich offenbar in unserem Raum breit machen. In wirklich letzter Sekunde schaffte es Iso, die Tür zu schließen.

Es herrschte Belagerungszustand.

Aber wir blieben stur. Kein Einlass und kein Brot. Die Viecher hatten überhaupt keinen Respekt vor uns. Wenn wir versuchten, sie wegzuscheuchen, watschelten sie drei Schritte zur Seite und kamen sofort danach wieder zurück. Die Kiwis müssen die absoluten Entenverwöhner sein, so wie die Viecher sich benahmen – unsere Vorgänger hatten die Enten offenbar immer gefüttert. Nur bei uns Deutschen hatten sie keine Chance. Das wussten sie aber nicht und hielten es eine halbe Stunde auf unserer Terrasse aus. Endlich zogen sie beleidigt ab und schissen uns aus Protest die Terrasse voll.

Whale Watching ist gecancelt! Es ist ein Sauwetter und mächtig viel Wind. Wir werden es morgen früh noch einmal probieren. Wenn es wieder nicht klappt, dann düsen wir ab in den kalten Süden und umrunden die Südinsel gegen den Uhrzeigersinn – Ostküste runter, dann rüber zum Milford Sound und im rauen Westen wieder hoch.

Doch das Wetter in Kaikoura blieb schlecht. Mit Whale Watching wurde es nichts. Wir hatten einen verregneten Tag verbracht und waren ein bisschen am Wasser spazieren gegangen, wenn es denn trocken war. Aber es war nichts passiert, außer, dass wir ein paar faul herumliegenden Seehunden beinahe auf die Flossen getreten waren.

Die Kiwis müssen irgendetwas verwechseln und zwar die Wettervorhersage mit den Lottozahlen:
Wir machen morgens die Vorhänge auf und schauen auf einen stahlblauen Himmel und ein paar verlorene Wölkchen hinter den sieben Bergen. Dabei sollte es regnen und stürmen. Für Whale Watching ist es nun zu spät, die nächste freie Tour geht erst nachmittags um halb vier. Das ist uns zu spät und hieße noch eine weitere Nacht in Kaikoura. Also: ab in den Süden! Wir fahren die *Inland Scenic Route*.

Die sagenhafte Aussicht auf die Südalpen rechts von der Route wird ergänzt durch die Besinnlichkeit der grünen Hügel der Canterbury Plains auf der linken Seite. Man hört den Reiseführer durch!

Es bleibt den ganzen Tag sonnig. Aber für morgen sagt die staatliche neuseeländische Lottogesellschaft Regen voraus.

Die Lottovorhersage hatte drei Richtige. Es regnete; aber erst am späten Nachmittag, als wir in Dunedin im Motel eincheckten.

Der Tag war sonnig und warm. Es wurde auch immer wärmer, je weiter wir nach Süden kamen. Verrückt!

Am Morgen hatten wir uns auf einen einstündigen Marsch steil bergauf und bergab, den *Acland Falls Track,* zu einem vierzehn Meter hohen Wasserfall mitten in der Wildnis gewagt und somit unsere Morgengymnastik hinter uns gebracht.

Dunedin war überlaufen. An der Tourist-Info drängelten sich die Leute, denn am kommenden Wochenende trat hier ELTON JOHN auf.

Ganz Neuseeland strömte nach Dunedin.

Es war schwierig, eine Unterkunft zu bekommen und wir mussten 150 NZD, das sind 90 Euro, löhnen. Dafür hatten wir aber auch eine Luxusbleibe mit komplett eingerichteter Küche inklusive Mikrowelle und beheizbaren Betten auf der Empore.

Der nächste Morgen war kalt und windig. Sightseeing in Dunedin war angesagt. Der Bahnhof aus dem Anfang des zwanzigsten Jahrhunderts war eines der Highlights.

Dann kurvten wir auf der gewundenen *Portobello Road* immer am Wasser entlang zu den Seelöwen, Albatrossen und Pinguinen. Ein paar Seelöwen lagen faul herum, die Albatrosse hatten sämtlich ihre Kinder allein gelassen. Sie kamen, genauso wie die Pinguine, erst gegen Abend zurück. So lange wollten wir nicht warten, machten ein paar Fotos von den Jung-Albas und uns wieder davon, weiter in den Süden. Die Sonne schien wieder und es war warm.

Wir übernachteten bei Thelma und John in den Catlins. Sie waren beide ganz reizend und John hatte mir seinen Computer zur Verfügung gestellt.

Die Catlins sind grüne Hügel ganz im Süden Neuseelands. Die *South Scenic Route* hatte uns hierher geführt. Südwestlich von uns lag das kaum besiedelte *Stewart Island*, aber wenn man genau nach Süden paddeln würde, wäre die nächste menschliche Behausung die deutsche Forschungsstation am Südpol.

Shiver!!
Nebenan saß Iso mit Thelma und John am flackernden (echten) Kamin, während draußen der Wind mit 120 Kilometern pro Stunde um die Catlins fegte. John hatte uns schon Tipps für den nächsten Tag gegeben, wo wir unbedingt überall hier in den Catlins hin müssten. Auch unsere nächste Bleibe hatte er schon organisiert: Ein befreundetes Ehepaar bot Bed & Breakfast im Norden von Invercargill an. Mal sehen, wie das Wetter morgen wird.

Armer John! Alle seine guten Ratschläge waren für'n Kiwi. Es stürmte, dass man im Gesicht wie geliftet aussah. Die Haut wurde fast über die Ohren geschoben, und immer wieder regnete es. Es wird also nichts mit all den schönen kleinen Wanderungen zu den Seelöwen, Pinguinen und Wasserfällen. Wir wollen wieder in die Sonne!

Also, ab nach Nordwesten. Thelma zeigte uns eine schöne Strecke immer am Fluss entlang, die wohl noch kein Tourist gefahren ist. Es gab nämlich keine Schilder.

Und die Sonne kam wieder durch.

In Alexandra müssten wir unbedingt, so Thelma, zu Sue ins *Tourist-Office*, denn die hätte die besten Tipps zum *Milford Sound*.

Hatte sie auch!

Sie besorgte uns eine traumhaft schöne Cabin in Te Anau mit Küche und Dusche und noch traumhaft schönerem Blick durch die raumhohen Fenster auf den Lake Te Anau, dem größten See der Südinsel, und dahinter die schneebedeckten Gipfel des *Fiordland National Parks*. Dann buchte sie uns für den nächsten Tag eine Bustour von Te Anau zum Milford Sound (176 Kilometer) mit anschließender Schiffstour auf dem Sound. Auch Thelma hatte uns schon empfohlen, nicht mit dem Auto zum Milford Sound zu fahren. Die Strecke wäre eine der schönsten der Welt, aber sehr kurvenreich und gefährlich. Als Fahrer hätte ich gar nichts von der Landschaft, es sei denn, meine Partnerin würde mir ununterbrochen die Gegend beschreiben. Und wer kann denn schon solch ein anhaltendes Gesabbel ab?

Jetzt haben wir eingekauft und machen etwas zu essen. Ich sitze am Tisch, den wir innen vor die Terrassentür gestellt haben, und lasse mir die Sonnenstrahlen aufs

Hirn prasseln. Hier im Windschatten ist es muggelig warm und ich genieße 'ne flüssige CD, ein kühles *Canterbury Draught*; schmeckt ein bisschen wie das Gröninger in Hamburg. Nur zu viel sollte man davon nicht trinken, sonst fängt man an, die Canterbury Tales zu *vertellen*.

Ein absolutes *must do* ist der Milford Sound. Er gehört zum Naturreservat Fiordland, dem regenreichsten Gebiet Neuseelands, dagegen liegt Hamburg glatt in der Atacama-Wüste. Die Bäume sind dick eingepackt mit Moosen und Flechten und man erwartet jeden Augenblick, den Hobbit Frodo und seine Kumpane plattfüßig aus dem Dickicht trampeln zu sehen. Der Film *Herr der Ringe* wurde nämlich zu großen Teilen in Neuseeland gedreht.

Den Milford Sound also bei Sonnenschein zu erleben, ist schon ein großes Glück.

Wir hatten es! Blauer Himmel den ganzen Tag, nur ein paar kleine Wölkchen klebten wie Wattetupfer an den weißen Berggipfeln.

Unser Fahrer hatte an allen sehenswerten Orten gehalten und wir hatten fotografiert. Wir selbst wären daran glatt vorbei gefahren. Im *Mirror Lake* spiegelte sich die Berglandschaft, im *Chasm* donnerten riesige Wassermassen in einen Hohlraum in der Tiefe und vor und hinter dem über zwei Kilometer langen einspurigen *Homer Tunnel* lauerten die Wegelagerer, die Keas, weltweit die einzigen Hochgebirgspapageien, im grünen Federkleid. Noch bis vor kurzem lauerten sie den

Autofahrern auf und forderten Wegezoll in Form von Futter. Als Dank machten sie sich dann über sämtliche Gummidichtungen am Auto her, sodass dem einen oder anderen Autofahrer die Scheiben herausfielen. Dann wurde ein großer Teil von ihnen in entlegene Bergregionen umgesiedelt, denn sie stehen unter Naturschutz. Die verbliebenen Keas benahmen sich daraufhin etwas besser. Sie begnügten sich nun mit Schnürsenkeln, waren aber sonst ganz brav und bettelten nur noch um Futter.

Dann die Schifffahrt auf dem Fjord: Die Berge gehen senkrecht Hunderte von Metern in die Höhe und auf den wenigen Felsen im Wasser dösen Seehundbabys. Es ist eine wirklich magische Landschaft. So etwas hatten wir noch nie gesehen. Überall schoss Wasser aus über 140 Metern Höhe in den Fjord.

Es war ein wahnsinnig schöner Tag.

Sonntag: Abschied von Mittelerde. Auf nach Queenstown am *Lake Wakatipu* und mit der *Skyline Gondola* auf den 470 Meter hohen Bob's Peak. Der Blick auf die Stadt, den See und das umliegende Bergmassiv war beeindruckend. Neben uns starteten die Paraglider, die irgendwann unten in der Stadt auf dem Rugby Platz oder im Park landeten. Man konnte auch Huckepack mitgleiten. Wir sahen eine ältere Dame ungefähr in meinem Alter im Tandem starten und einen Vater, der mit seinem etwa dreijährigen Sohn den Abflug machte.

Nun, man muss ja nicht alles mitmachen, es war mir auch zu teuer.

»Ausrede!«, sagte meine bessere Hälfte.

Heute hatten uns zwei Gletscher ihre Zunge herausgestreckt. Dabei fing alles ganz harmlos an.

Die Nacht war stürmisch und es regnete. Aber der Morgen begrüßte uns mit einem traumhaften Regenbogen. Aber anstatt nach den Töpfen mit Goldstücken an den Enden des Bogens zu suchen, machten wir uns auf über die Südalpen an die Westküste.

Die Strecke war äußerst nass, vor allem von oben. Das hatte aber seine Vorteile. Wir fuhren nämlich die *Straße der tausend Wasserfälle*, wie wir sie nannten. Wenn es nicht dauernd geregnet hätte, hätten wir an jedem Wasserfall angehalten und wären überhaupt nicht vorangekommen. So waren wir mit relativ wenigen Stopps über den Pass in gut drei Stunden an der rauen Westküste.

Hier leben die West-Coaster, und die machen etwa ein Prozent der Neuseeländer aus, aber kaufen etwa 95 Prozent aller Regenschirme, die es in Neuseeland zu kaufen gibt.

Es ist hier also extrem dünn besiedelt, wenn man bedenkt, dass ganz Neuseeland etwas mehr als doppelt so viele Einwohner hat wie die Stadt Hamburg.

Wir hatten uns eine einfache Cabin (ohne Dusche und Küche) in *Fox Glacier* genommen und uns dann aufgemacht, erst zum *Fox Glacier* – eine Stunde Fußmarsch hin und zurück, und dann zum *Franz Josef Glacier* (wo der wohl seinen Namen herhat?), eineinhalb Stunden über das Geröllfeld, das noch vor hundert Jahren völlig vom Eis bedeckt war. Wir haben leider nur die herausgesteckte Zunge der Gletscher sehen können, denn die Berge waren von Wolken verhüllt und es regnete natürlich immer mal wieder.

Charleston, immer noch an der Westküste, aber im nördlichen Bereich und zwölf Kilometer von *Westport* entfernt, hatte uns Unterkunft gewährt.

Hier gab es mindestens 40 Einwohner, aber wir hatten erst zwei gesehen: Sheri und Ray, die Besitzer des Motels.

Unsere Terrasse wurde von Blumen umsäumt: Rosen, Inkalilien, Knollenglockenblumen, Margeriten und einer Pflanze, die aussah wie Roggen, aber lila-rote Blüten hatte. Wir hatten gleich Samen geklaut.

Unter einem strahlend blauen Himmel donnerte die Brandung der *Tasman Sea* gegen die Felsen, auf die wir von der Terrasse aus schauten. Für geologisch nicht so Bewanderte: *Tasman Sea* heißt der Teil des Pazifischen Ozeans zwischen Australien und Neuseeland.

Wir waren an der Bucht unten spazieren gegangen. Sie hat nur einen schmalen Zugang zum Meer, der von hohen Felsen begrenzt wird. Zwischen diesen Felsen wird die Brandung zwei Meter hoch mit gewaltigen Brechern hindurchgedrückt. Es donnerte bis nach oben in den Ort.

Heute Morgen in Fox Glacier war es wolkig mit Aufheiterungen, und manchmal gaben die Wolken den Blick auf die Spitze des Mount Cook frei, den mit 3.754 Metern höchsten Berg Neuseelands.

Auf der Fahrt hatten wir Rast gemacht bei den *pancake rocks* und den *blowholes*. Die pancake rocks sehen wirklich aus, als ob lauter Pfannkuchen übereinander gestapelt wären und bei den blowholes tut die Tasman Sea ihren Blow-Job.

Bill Clinton würde seine helle Freude gehabt haben.

Zwischen Felsspalten schoss das Wasser wie eine Fontaine hoch.

Wir hatten in unserem Motel zwar eine eigene Dusche und WC, mussten aber die Gemeinschaftsküche mit allen anderen Gästen teilen. Das waren genau null – nada – zero. Es herrschte also wenig Gedränge in der Küche.

Die Fahrt zurück über die Südalpen an die Nordwestküste war kurvenreich und landschaftlich sehr abwechslungsreich. Mittags kamen wir in Kaiteriteri an und besichtigten den Strand. Die Sonne knallte vom Himmel und ich musste meinen *Crokodile-Dundee-Kängurulederhut* aufsetzen, um mein bisschen Hirn vor der Sonne zu schützen.

Hier ist so etwas wie die Riviera Neuseelands und es ist natürlich entsprechend teuer. Aber die Strände konnten sich wirklich sehen lassen. Es wurde sogar gebadet, trotz 16 bis 18 Grad Wassertemperatur. Die Kiwis müssen mit den Eskimos verwandt sein, und die Haie litten unter Appetitlosigkeit. Wir blieben eine Nacht.

Mitten in den Bergen zwischen Nelson und dem Fährhafen Picton zur Nordinsel am *Treasured Pathway* residierten wir dann im *Mount Richmond Estate*.

Wir konnten es selbst kaum glauben. Wir hatten eine nagelneu eingerichtete, vollständige Lodge für uns allein, Wohnzimmer mit zwei Sofas und Riesen-Flach-TV, Essecke, Küche, zwei Schlafzimmer, Teppichboden zum Versinken und – einen Carport. Es war uns eigentlich zu teuer. Der *Landlord* wollte 140 NZD haben. Unser Limit war aber 100 NZD.

Als wir nach Besichtigung des Anwesens schon wieder gehen wollten, murmelte er irgendetwas von 120 Dollar – und wir haben zugeschlagen. Berechnet hatte er dann später sogar nur 110, vermutlich, weil wir zwei Tage blieben und weil er uns so nett fand.

Anschließend hatten wir uns im der 38 Grad warmen – wohlgemerkt Celsius und nicht etwa Fahrenheit – sprudelnden Spa im Freien verwöhnen lassen.

Es war eine tolle Anlage. Alle zehn Holzhäuser lagen auf einer großen Lichtung im Wald mit englischem Rasen und Blumenrabatten. Im Haupthaus war die Rezeption untergebracht sowie ein Café und Restaurant mit Kamin, Ledersesseln und Tischen vor raumhohen Fenstern.

Alles vom Feinsten!

Es gab einen Tennisplatz, ein Basketballfeld und einen Crocket-Rasenparcour und – wir waren die einzigen Gäste.

Wir hatten gerade Besuch von Dakota und Shiloh, zwei Golden Retriever, die es sich auf unserer Terrasse bequem machten. Die hätten wir am liebsten mitgenommen.

Der nächste Morgen: Ein Tag mit dem Postschiff durch die *Marlborough-Sounds*.

Die Marlborough-Sounds sind kein Abgesang auf Zigaretten rauchende Cowboys, sondern eine einzigartige Fjord- und Insellandschaft im Norden der Südinsel (sound = Sund). Sie sind entstanden, weil sich die Südinsel auf der Pazifischen Platte langsam unter die Nordinsel schiebt, die zur Australischen Platte gehört. Damit wird die ganze Herrlichkeit langsam geflutet. Aber das dauert noch ein paar Millionen Jahre. Jedenfalls ist es ein tektonisch sehr instabiles Gebiet.

Das Postschiff allerdings schien uns recht stabil. Es fährt fast jeden Tag immer zu anderen abgelegenen Teilen der Marlborough Sounds und versorgt dort die Leute, die meistens schon seit drei Generationen dort leben, mit Post und allerlei Waren. Und am Freitag waren die *Outer Sounds* dran, also der Besuch der weit draußen lebenden Familien.

Um 9.30 Uhr ging es los, nachdem der Bootsmann aus Versehen zwei Postsäcke hat ins Wasser fallen lassen, und im Laufe des Tages wurden acht einfache Bootsstege angelaufen, auf denen die Leute schon warteten, um die Waren in Empfang zu nehmen. Nur an einem Anleger war keine Sau zu sehen.

Stopp! Das ist falsch!

Es ließ sich kein Mensch blicken, dafür aber gleich zwei Säue. Zwei ausgewachsene Schweine, etwas kleiner als die bei uns, standen auf dem Anleger und erwarteten die Post. Es war schon klar, was sie wollten, denn Bootsmann und Kapitän gaben ihnen etwas zu fressen.

Dann wurden die Postsäcke auf dem Anleger abgestellt, das Schiff legte ab und nahm dabei gleich noch eine Planke vom Anleger mit. Der Bootsmann hatte die Leine nicht rechtzeitig gelöst, was kein Schwein interessierte, jedenfalls keines von den anwesenden.

Auf der langen Rückfahrt bis in den frühen Abend hinein schwammen ein paar Pinguine Spalier, die *little blue penguins*.

Niedlich! Wir hätten sie fast für blaue Enten gehalten, aber der Kapitän hatte uns auf unseren Irrtum aufmerksam gemacht.

Abends dann zurück zu unserer Edellodge: Wir hatten gleich eine zweite Nacht gebucht.

Am nächsten Tag ging es nach Picton und auf die Fähre zur dreieinhalbstündigen Überfahrt durch den *Queen-Victoria-Sound* und die *Cook Strait* nach Wellington auf die Nordinsel.

Die Überfahrt war extrem ruhig. Die Fähre fuhr wie auf Schienen. Die Sonne schien und wir hatten uns etwas die Nase verbrannt, trotz intensiven Eincremens.

In Wellington irrten wir eine Stunde durch die Innenstadt voller Einbahnstraßen, bis wir das Backpacker-Hotel gefunden hatten. Es war die einzig bezahlbare Unterkunft.

Hatte ich oben irgendetwas von tektonischer Instabilität gefaselt?

Wie recht ich doch hatte.

Als wir mit dem Fahrstuhl oben auf der dritten Etage ankamen und die Tür sich gerade öffnen wollte, hat es gerumst. Der Fahrstuhl knallte einmal links und einmal rechts gegen den Fahrstuhlschacht und die sich öffnende Tür ratterte wie ein Maschinengewehrfeuer.

Ich war beleidigt und gab dem Fahrstuhl die Schuld: »Nächstes Mal nehme ich den anderen Fahrstuhl« – es gab zwei. Meine Begleitung meinte jedoch, es könne sein, dass der Fahrstuhl gar keine Schuld hätte. Und richtig. Als wir im Flur ankamen, wurde vor uns eine Tür aufgerissen und zwei junge Backpackerinnen stürzten halbnackt und mit Panik in den Augen auf den Flur:

»Was this an earth-quake?«

Es war eines.

Aber keinen Wellingtonianer schien es ernsthaft zu stören. Hier rumst es öfter mal.

Spät abends hatte es wieder gerumst. Aber diesmal war es kein Erdbeben, sondern der Boden im *Molly Mallones* vibrierte vom Dröhnen der Live-Band.

Wir tranken gerade unseren *Pint of Golden Lager*, als lauter als Hexen, Engel, Kitsch-Prinzessinnen und Käfer in lila, pinken, grünen und sonstigen Mähnen das Lokal stürmten. Wir dachten erst, es sei so eine *Bad-Taste-Party*, aber die waren wirklich so hässlich. Es entpuppte sich als ein Junggesellinnenabschied.

Bei der Weibertruppe war sogar ein Mann dabei, der Bruder von Louise, aber er war nur geduldet, weil er sich als Frau verkleidet hatte. Ich wollte von ihm wissen, wer denn die zukünftige Braut sei. Er sah sich um und sagte dann, dass er sie nicht sehen könne. Sie hatten sie wohl unterwegs verloren.

Jedenfalls waren sie alle mächtig angeschickert und die Stimmung schwappte über.

Dann zog die gesamte bunte Truppe weiter und übrig blieben nur ein paar Weihnachtsfrauen mit Mützen, an denen die Sterne blinkten, solche, wie ich sie auch immer zu Weihnachten in der Schule trug.

Man konnte nun auch wieder die rockigen Oldies der Band hören, und wir tanzten Disco-Fox dazu.

Am nächsten Morgen war, bei Regen, *Te Papa* angesagt, das berühmte Museum über die Geschichte Neuseelands und der Maori. Sehr beeindruckend. Nur fotografieren durfte man nicht.

Die Geschichte war nicht so ganz ohne:

Der Holländer Abel Tasman war ein bisschen dusselig. Er hat zwar Neuseeland entdeckt, aber keinen Fuß an Land gesetzt.

James Cook, der über 100 Jahre später ankam, war da pfiffiger. Er ging in Australien und Neuseeland an Land und sagte gleich: »Alles meins, alles meins!« Und schon war der britische Einflussbereich um ein paar Millionen Prozent größer.

Die Aborigines in Australien wurden da nicht gefragt. Im Gegenteil, sie wurden wie räudige Hunde gejagt, nach dem Motto: *Gehn wir heute mal ein paar Ureinwohner abknallen! Hach, wie lustig!*

Und die Maoris auf Neuseeland waren sowieso damit beschäftigt, sich gegenseitig die Kehle durchzuschneiden.

Ja, die Kolonialisierung war schon ein bitteres Kapitel in der Menschheitsgeschichte.

Doch zurück in die Gegenwart:

Mittags ging es bei bedecktem Himmel nordwärts. Wir fuhren durch flaches Land auf schnurgerader Straße. Wie langweilig! Erst gegen Nachmittag wurde es hügelig und wir handelten Leslie von 115 auf 95 Dollar herunter. Wir haben wieder Küche und Bad und waschen in der Laundry.

Ein neuer Tag:

Uns qualmten die Schuhsohlen, aber nicht, weil wir so viel gewandert waren, sondern weil es aus dem Boden unter uns blubberte und qualmte.
Wir sind in Taupo am Lake Taupo, dem größten der Nordinsel.

Heute Vormittag fuhren wir auf der *Desert Road,* vorbei an drei aktiven Vulkanen, deren Spitzen leider von Wolken verhüllt waren: dem 2797 Meter hohen *Mount Ruhapehu,* dem 2287 Meter hohen *Mount Ngauruhoe* und dem 1967 Meter hohen Mount *Tongariro,* alle drei hintereinander aufgereiht im *Tongariro National Park.*

Dann hatten wir in den *Tokaaru Thermal Pools* gehockt, 39 Grad warm, und waren durch blubbernde Schlamm- und qualmende Mondlandschaften geschlendert. Und das bei mindestens 27 Grad im Schatten von oben. Von unten war es deutlich wärmer.

Heute war eindeutig der wärmste Tag. Kein Wunder! Es ging ja auch auf Weihnachten zu. Es ist der 6. Dezember, also Nikolaus. Ich dachte das wird ein Tag, den ich besser aus dem Reisetagebuch streiche. Er entwickelte sich nämlich gar nicht gut.

Heute Morgen war es kalt, 18 Grad und es nieselte. Unser Ziel war *Rotorua*, hochgelobt in den Reiseführern, tausend Sachen, die man unbedingt ansehen sollte.

Also bretterten wir durch.

Das Wetter wurde besser und Rotorua schlechter. Es war ein durch und durch touristisch aufgemotzter Ort. Die Sehenswürdigkeiten wie Kiwi-Aufzucht-Station, *Polynesian Spa*, *Buried Village* und der ganze popelige Rest kostete ein Heidengeld. Überall verlangte man Eintritt, und nicht wenig. Sogar das Klo kostete was. Das hatten wir in ganz Neuseeland noch nicht erlebt.

Ganz ok war *Ohinemuto*, wo die Nachkommen des einst mächtigen Arawa-Stammes sich am Seeufer nördlich der Innenstadt häuslich eingerichtet hatten.

Überall dampfte und brodelte es aus dem Boden, und das reich mit Schnitzereien versehene Versammlungshaus konnte sich sehen lassen. Und durch den Qualm zu wandern, kostete nichts.

Aber sonst fanden wir Rotorua enttäuschend.

Dann stellten wir auch noch fest, dass wir auf unserer eiligen Fahrt nach Rotorua auf halber Strecke *Wai-O-Tapu*, das bekannteste Thermalgebiet Neuseelands übersehen hatten.

Also: Marsch, zurück! Das kostete auch Eintritt, aber der hat sich gelohnt.

Es brodelte und dampfte überall, und man ging mitten durch. Die kochenden Tümpel und Seen boten sich in allen Farben dar, von tiefschwarz über kupferrot bis schwefelgelb und giftgrün.

Inzwischen war es recht spät geworden und wir erreichten den nächsten größeren Ort erst gegen sechs.

Auf dem *Turangi Kiwi Holiday Park* versuchten wir unser Glück.

Und wir hatten mehr als Glück. Die Landlady entschuldigte sich, dass die Gebäude von außen so schäbig aussahen; sie hätte den Park erst übernommen und der Winter wäre so lang und feucht gewesen, dass sie noch nicht zum Streichen gekommen wäre.

Sie bot uns eine Self-Contained-Unit, also eine Selbstversorgungseinheit für 95 Dollar an. Die Unit war völlig neu eingerichtet; zwei Schlafzimmer, zwei Kinderzimmer, eine Küche mit Mikrowelle und Geschirrspüler, eine Essecke mit Riesentisch und sechs Stühlen, Dusche und WC getrennt und ein Wohnzimmer mit Wintergarten. Also ein ganzes Haus für zwei Familien.

Als Krönung des Abends machte Iso uns frische Erdbeeren vom Stand an der Straße.

Nun sitzen wir vor der Superglotze und haben die neuseeländische Lottogesellschaft eingeschaltet, die gerade das Wetter für morgen auslost: Sieht nicht gut aus. Immer wieder Regen.

Um 11.06 Uhr am nächsten Tag kam die Sonne heraus und es wurde warm. Auf nach Norden.

Jetzt sind wir in *Ohope Beach* an der *Bay of Plenty* im Nordwesten der Nordinsel. Irgendwo da draußen dümpelt ein aufs Riff gelaufener Containerfrachter und versaut die Umwelt. Davon sehen wir zwar nichts aber die Zeitungen waren voll davon..

Es ist warm, die Sonne scheint, der Pazifik rauscht, was soll er auch sonst tun, und wir haben lieber im Pool gebadet, weil wir dem Großen-Tümmler-Ehrenwort der Haie nicht glauben, dass wir nicht auf ihrer Speisekarte stehen.

»Hi«, sagte der Hai,
»ich bin so frei
und komm' grad vorbei
für 'ne Keilerei.
Wie wär's mit uns zwei?«
Er tat so als sei
gar nichts dabei.

Auf unserer Route ums East Cape von *Whakatane* bis *Gisborne* war zwar strahlender Sonnenschein, aber wir kamen überhaupt nicht voran. Es ging an der Küste entlang und in den Bergen fuhren wir durch eine Serpentine nach der anderen.

In *Tolaga Bay*, 47 km vor Gisborne, hatten wir keine Lust mehr.
Man leitete uns zu einer Cabin in direkter Strandlage mit einem herrlich einsamen Strand. Hier führt ein ziemlich verfallener Betonsteg weit nach draußen. Vor Jahren war hier noch eine große Fischverladestation.

Wir fotografierten ein paar Maori-Mädels, die vom Steg fünf Meter tief ins Wasser sprangen und dabei laut kreischten. Vermutlich auf Maori. Klang aber auch nicht anders als bei uns.

Mitten in den Bergen waren wir übrigens auf eine Schweizer Familie getroffen, die mit dem Fahrrad unterwegs war. Die Eltern mögen so höchstens dreißig gewesen sein. Der Vater hatte Zelt und Gepäck am Fahrrad und einen Anhänger, in dem zwei kleine Kinder saßen, das eine noch in Windeln. Muttern hatte das Kinderfahrrad ihres wohl vierjährigen Sohnes fest mit einer Stange mit ihrem Fahrrad verbunden. Und die radelten fröhlich die Serpentinen rauf und runter.

Die spinnen, die Schweizer.

Nächster Tag, oder *next day*, wie der Kiwi zu sagen pflegt:

Beeindruckend war heute Morgen die Fahrt auf dem *Waioeke Gorge Drive* durch die Schlucht des gleichnamigen Flusses. Die Schlucht ist unglaublich eng, die Berge gehen auf beiden Seiten senkrecht nach oben und die Straße drängte sich neben dem rauschenden Fluss mit glasklarem Wasser. Und hinter der neunzigsten Kurve meinte man, nun müsse endlich das Ende kommen. Aber *Karottenkuchen* (das ist hier der Pustekuchen): Es ging immer weiter, vierzig (!) Kilometer lang.

Omokoroa hieß der 100-Seelen-Ort, wo wir heute übernachteten, aber wer kann sich das schon merken. Wir waren auf dem Weg nach Norden, die Ostküste entlang. Unser Ziel war die *Coromandel-Peninsula*. Hier tobt touristisch der Bär, wenn die Kiwis ihre Sommerferien haben. Man merkte es auch an den Preisen. Unser Übernachtungslimit war nicht zu halten. Dafür gab es hier im *Omokoroa Thermal Holiday Park,* wie der Name schon sagt, gleich drei Pools mit 39 bis 41 Grad warmem Wasser, und in einem konnte man sogar richtige Bahnen schwimmen. Abkühlung bekam man nur, wenn man aus dem Wasser kam, denn die Luft war 25 Grad kalt.

Wir sind auf der Ostseite der Coromandel Halbinsel. Es gibt hier Hunderte von herrlichen Stränden, fast menschenleer. Wenn nur das Wetter besser wäre! Es war kalt und windig. Höchstens 19 Grad. Ich musste mir sogar Socken anziehen.

Die Backpackers in Whitianga hatten uns alte Säcke aufgenommen, die hatten nämlich auch Self-Contained-Units, und die waren bezahlbar.

Also schauten wir von unserem Wohnzimmer nach draußen über die Straße aufs Meer und die *Aldermen Islands,* und Neuankömmlinge klopften an unsere Terrassentür, weil sie uns für die Rezeption hielten. Klar, so alte Leute müssen die Rezeption sein!

Dann war ein noch älterer Mitsubishi-PKW mit zehn (!) Chinesen angekommen und wir hatten sie nach hinten umgeleitet, da, wo die Rezeption wirklich war.

Heute treffen sich die Kiwis mit Schaufeln bewaffnet am Strand. Aber die wollen nur spielen!

Sie machen etwas, was eigentlich nur den Deutschen in aller Welt vorbehalten ist: Sie bauen Sandburgen in den nassen Sand. Sie schaufeln wie die Verrückten, bis die nächste Welle kommt und ihre ganze Arbeit zunichtemacht. Kurz gesagt: Wir sind am *Hot Water Beach*, wo bei Ebbe heißes Wasser aus dem Sand sprudelt. Bei Flut natürlich auch, aber da merkt man es nicht, weil das kühlere Wasser sich darüber befindet. Also versucht der gemeine Kiwi, sich seine eigene Badewanne mit heißem Wasser zu schaufeln. Eine Sisyphos-Arbeit! Andere Kiwis wiederum hüpfen wie angestochen auf und ab. Sie sind genau auf so eine Stelle getreten, wo das Wasser mit 60 bis 65 Grad aus dem Sand blubbert.

Wir hatten lediglich die Füße ein bisschen in den nassen Sand gebohrt, und schon wurde es muggelig warm; nur nicht zu tief, denn dann reihte man sich in die hüpfenden Kiwis ein.

Dann: eine Eineinhalbstunden-Kletterpartie durch Baumfarne und prähistorischen Wald zum *Cathedral-Cove*. Das war anstrengend, aber die Schönheit der Bucht hatte die beschwerliche Wanderung gelohnt: Schroffe Felsen mit tiefen Höhlen grenzten den Strand mit weißem Sand ein, und in der Mitte stand ein Fels im Wasser, der unten vom Wasser schon ganz schmal war und wie ein Pilz aussah.

Zum Pflichtprogramm gehörte es natürlich, den Ort zu besuchen, an dem Kapitän James Cook am 5. November 1769 als erster Weißer seinen Senk-, Spreiz- und Knickfuß auf neuseeländischen Boden gesetzt hatte, natürlich am *Cooks-Beach*.

Deswegen blieben wir auch noch einen zweiten Tag bei den Backpackers in Whitianga.

Die Westküste der Coromandel Peninsula: Strände wie Regengüsse, einer schöner als der andere!
Auch die Orte Coromandel und Thames sind bei Regen eher nicht so der Hit.

Also auf ins Northland!

Den ganzen Tag war es gerademal vier Stunden trocken. Wir machen etwas falsch. Da, wo wir herkommen, scheint die Sonne, und da, wo wir hin wollen, hat das Wetterlotto die falschen Zahlen gezogen. Wir hoffen auf die hohe Fehlerquote!

Whangarei ist vorbei!

Nun sind wir 60 k's, wie der gemeine Kiwi zu sagen pflegt, weiter nördlich in der *Bay Of Islands.* Es ist zumindest trocken und warm.

Wir buchen eine dreistündige Schiffstour zum *Motukokako*, wobei natürlich jedes Kind weiß, das motukokako Maori ist und Loch im Felsen heißt.
Uns interessierte allerdings weniger das Felsentor in einer der über hundert vorgelagerten Inseln als vielmehr die Ansage, dass man Delfine zu sehen bekäme.

Als wir aus dem Schutz der Inseln ins offene Meer kamen, schaukelte es erst mal so heftig, dass einige Mädels grün im Gesicht wurden.

Der Skipper verzichtete daraufhin, sich durch das Felsentor zu zwängen. Es war zu hoher Wellengang.

Dann auf der Fahrt zurück: Die China-, Aussie- und Kiwimädel an Bord stießen Entzückensschreie aus, denn eine Gruppe Delfine umkreiste das Schiff.

Sogar die Sonne kam kurz hervor und ließ anfragen, was das Gekreische zu bedeuten hätte. Aber auch wir waren begeistert.

Für den Mittwoch quakten die Wetterfrösche nichts Gutes. Also verzichteten wir darauf, bis ganz in den Norden zu fahren, zum Cape Reinga, da, wo sich die Tasmanische See und der Südpazifik knutschen.

Auch den *Ninety-Miles-Beach* ließen wir rechts liegen. Die Kiwis haben mit ihm sowieso geschummelt. Er ist nicht 90 Meilen lang, sondern nur 90 Kilometer, und mit unserem Leihwagen durften wir ihn nicht befahren.

Dafür statteten wir *Tane Mahuta,* dem ältesten lebenden Bewohner Neuseelands, einen Besuch ab.

Den Schätzungen nach erblickte er das Licht der Welt gleichzeitig mit Jesus Christus, also vor mehr als 2.000 Jahren.

Es war ein Kauri-Baumriese und wir erstarrten vor Ehrfurcht. Wirklich!

Die Kauri-Bäume haben riesige und lange Stämme und verzweigen sich erst in gewaltiger Höhe. Sie erreichen zwar nicht ganz die Höhe der nordamerikanischen Mammutbäume, haben aber einen viel größeren Stammdurchmesser.

Klar, dass die ersten weißen Siedler wie die Verrückten die Kauriwälder abholzten und vom Holzhandel stinkreich wurden. Erst jetzt beginnt man, die verbliebenen Bäume zu schützen und die Kauri-Wälder wieder aufzuforsten. Aber das wird dauern. Zumindest unsere Ur-hoch-zehn-Enkel in 1.000 Jahren dürfen sich freuen.

Die letzten Tage bei den Kiwis sind angebrochen und morgen geht's nach Auckland, von wo wir Sonnabend den Abflug machen.

Die Maoris müssen farbenblind sein! Als sie vor zirka 900 Jahren nach Neuseeland kamen, nannten sie die Inseln – übrigens bis heute – *AOTEAROA*, das Land der langen weißen Wolke. Wir erlebten seit Tagen nur dunkelgraue Wolken. Es schiffte wie aus Eimern. In Nelson gab es Überschwemmungen im Land der langen grauen(-haften) Wolke.

Abends kamen die Nachrichten im Fernsehen, dass auch im Norden, genau da, wo wir herkamen, sintflutartige Regenfälle niedergingen. Der State Highway Nr. 1 war gesperrt worden und weitere Straßen und Brücken waren unterspült und nicht passierbar. Sie hatten sogar eine Schuldige gefunden: La niña! Jedenfalls war an einigen Orten an einem Tag mehr Regen gefallen als sonst in zwei Jahren.

In Auckland waren wir wieder stundenlang durch die Stadt gekurvt, auf der Suche nach unserer Bleibe. Wenn es denn aufhört zu regnen, wollen wir ein bisschen bummeln.

Wir sind dabei dann so etwas von nass geworden! Gott sei Dank gab es in unserem Hotel einen Gästetrockner, in dem nicht die Gäste, dafür aber unsere gesamte Kleidung getrocknet werden konnte.

Am nächsten Tag war es überwiegend trocken und hin und wieder schien die Sonne. Also besichtigten wir den Teil von Auckland, der sich oberhalb von zehn Zentimetern befand, denn höher zu schauen, war bei den Güssen am Tag vorher nicht drin. Und siehe da, es liefen lauter Gestalten herum, schwarz gekleidet mit schwarzer Quadratplatte auf dem Kopf. Sie trugen Talar und Doktorhut. Und unter den Talaren nicht der Muff von 1.000 Jahren (Uni Hamburg, 1967), sondern junge knackige Mädels, die ihren Hochschulabschluss gemacht hatten.

Ganz Auckland feierte!

Dann lernten wir Owen kennen. Owen war Straßenbahnfahrer. Durch das Hafenviertel rund um den Fischmarkt fährt noch eine alte Straßenbahn auf einem zirka 20-minütigen Rundkurs. Außer einer Französin mit zwei kleinen Kindern waren wir die einzigen Fahrgäste. Owen ist richtig gut drauf. Er überreicht mir zwei Tickets mit den Worten: »This is for you and the other one is for your nice daughter.« Iso fühlt sich geschmeichelt.

Am Fischmarkt steigt die Französin mit ihren Kindern aus, empfiehlt uns aber noch, dort zu Abend zu essen. Das Essen sei gut. Als auch wir zwei Stationen später aussteigen wollen, fragt uns Owen, wohin es gehen soll. Wir wollen zur Busstation der kostenlosen City-Link-Linie. »Bleibt sitzen«, meint er, »ich fahre euch dahin. Wir kommen noch daran vorbei.«

Wir bleiben sitzen. Dann fängt Owen an zu erzählen: Er sei bis zum vergangenen Frühjahr Straßenbahnfahrer in Christchurch gewesen. Aber dann habe das Erdbeben fast die gesamte Strecke zerstört und er habe sich in Auckland als Fahrer beworben. Nun fährt er seit einem halben Jahr Touristen mit der Straßenbahn durch das neue Hafenviertel. Beim Straßenbahndepot hält er an und sagt, wir sollen aussteigen. Er möchte uns etwas zeigen. Dann führt er uns in einen offenen Lokschuppen. Dort steht ein alter Straßenbahnwagen aus der Zeit um 1900. Den führt er uns vor. Er stellt sich an die Kurbel im vorderen offenen Peron und ich mache ein Foto. Dann steigen wir wieder in die Straßenbahn, und Owen fährt uns in gemütlichem Tempo zu der Stelle, an der unser Bus zum Hotel hält.

Am Abend essen wir am Fischmarkt und lernen Fay und Robert aus Auckland kennen und tauschen Familienfotos aus.

Beide waren ganz reizend und der Fisch grauenhaft.

Bula (sprich: mbula und heißt Guten Tag oder Hallo).
Wir sind nach einem Drei-Stunden-Flug auf Fidschi angekommen und es erschlägt uns. Ein Traum wird Wirklichkeit: Südsee, wie sie im Buche steht.

Es fing schon damit an, dass wir am Flughafen in Nadi (sprich: Nandi) als Begrüßung eine Muschelkette um den Hals gelegt bekamen. Dann brachte uns ein Privatchauffeur ins Hotel, wo wir sogleich von einer Südseeschönheit, natürlich mit Blume im Haar, im Hotel herumgeführt wurden und alles erklärt und gezeigt bekamen.

Und dann unsere Suite! Ein Wohnzimmer mit Küchen-bar, groß wie ein Tanzpalast. Schlafzimmer mit drei Meter breitem Lotterbett, Balkon mit Blick auf Garten und Poollandschaft, ein Traum von Bad und eigene Waschmaschine, Trockner, Geschirrspüler. So etwas haben wir bisher nur in Filmen gesehen. Iso verschlägt es die Sprache.

Und es ist endlich richtig warm, 30 Grad um 20 Uhr abends.

Am Buffet esse ich Sachen, deren Namen ich nicht mal aussprechen kann. Lecker hoch drei. Und das sagt Ulli, der sonst nach dem Motto lebt: *Wat de Buer nich kennt, dat freet he nich!*

Hier verbrachten wir einen ganzen Tag. Die Sonne war etwas hinter Wolkenschleiern versteckt, aber das war uns nur recht, es schonte unsere Haut. Das Meer war 28 Grad warm und der Pool noch ein bisschen wärmer. Wir hängen so richtig ab.

Am nächsten Tag, dem 19. Dezember, beginnt das Abenteuer. Ein Boot soll uns von Port Denarau nach Matamanoa Island bringen, eine winzige vorgelagerte Insel.

Erst einmal gibt es einen tropischen Regenguss mit Blitz und Donner. Also werden wir mit Ganzkörper-kondomen versorgt: Plastikhüllen für den Körper und Rucksack.

Dann kann das Boot nicht starten: Maschinenscha-den. Also werden wir nach einer halben Stunde auf ein kleineres umgeleitet, so etwa für 20 Passagiere. Wir sind zwölf, mit Skipper, Bootsmann und noch einem Besatzungsmitglied also fünfzehn.

Dann stellt sich heraus, das Boot hat kein Benzin mehr. Also schippern wir zu einer Anlage mit Zapfstelle. Dort nehmen dann sechs Fidschis unter viel Palaver die Zapfsäule auseinander, denn es fließt kein Sprit.

Nach etwa einer halben Stunde ist wohl doch Benzin da, und es kann losgehen.

Inzwischen ist der Regen so heftig geworden, dass man kaum noch die Hand vor Augen sieht. Das gilt auch für den Skipper.

Also kommt, was kommen muss: Nach 20 Minuten Fahrt laufen wir auf Grund. Das Boot sitzt fest auf einer Sandbank. Mitten in der Südsee!

Also alle Passagiere ganz nach vorn ins Boot!

Der Motor heult auf! Sonst nichts!

Alle nach hinten!

Wieder nichts.

Alle wieder nach vorn, und der Bootsmann geht hinten über Bord. Freiwillig!

Dann taucht er mehrmals ab. Viel Palaver, das wir nicht verstehen können. Es stürmt und gießt weiter, aber nach weiteren zehn Minuten ist das Boot frei.

Alle zwölf Passagiere klatschen!

Und dann geht es richtig los, der Skipper dreht voll auf.

Das Boot geht mit dem Bug hoch und knallt jedes Mal mit ohrenbetäubendem Lärm in die nächste Welle, sodass wir denken, das Schiff bricht auseinander. Das Boot ist ein Speedboot.

Wir steuern den ersten Stopp an. Ein kleines Boot legt an und man klettert an und von Bord, und das bei heftigstem Geschaukel.

Weiter geht die Achterbahnfahrt.

Wieder kommt ein kleines Boot, diesmal nur, um uns beide abzuholen.

Es hat auch inzwischen aufgehört zu regnen und die Sonne strahlte wieder vom Himmel.

Am Strand steht eine kleine Gruppe Menschen und als wir näher kommen, spielen sie und singen zu unserer Begrüßung. Und die können singen! Mehrstimmig! Es ist so schön, dass wir eine Gänsehaut bekommen.

Dann gibt es wieder eine Muschelkette über die Gänsehaut und eine persönliche Einweisung in unsere *Bure* im Fidschi-Stil mit wunderschön handbemalten Deckentapeten und Wandverzierungen und natürlich die Fenster ohne Scheiben, aber mit Moskitogittern. Hier werden wir fünf Tage bleiben.

Matamanoa Island ist eine kleine Insel, die wie eine Baseballkappe aussieht mit einem felsigen Anhängsel, oval, in der Mitte ein Berg, auf den wir natürlich schon gekraxelt sind und auf der Krempe die kleine Hotelanlage für 33 Paare. Fast alle davon waren zwischen 20 und 30 und die meisten verbrachten hier ihren Honeymoon. Sie hatten auf der Hauptinsel geheiratet, was bei Aussies und Kiwis sehr beliebt ist.

Rund um die Insel ist schneeweißer Muschelkalksand mit einigen runden Felsen, und draußen vor der Insel liegt das Riff, das für das Speedboot nicht passierbar ist, deshalb das Umladen der Passagiere außerhalb des Riffringes. Unsere Bure liegt in einem Wald von Kokospalmen, und zweimal hatte es richtig aufs Dach gerumst. *Die Kokosnuss auf dem heißen Blechdach.* Sollte man verfilmen. Mit 'ner Katze gab's das schon. Hier werden mehr Leute von Kokosnüssen erschlagen als von Haien gebissen.

Apropos Hai: Am 20.12. ging es zum Schnorcheln draußen ans Riff. Das war schon ein Erlebnis; es ist ein noch völlig intaktes Korallenriff mit allem, was dazugehört: Hunderte bunter Fische, wie man sie sonst nur in großen Aquarien zu sehen bekommt – und man selbst mittendrin. Zwei Stachelrochen schwebten unter uns gemächlich dahin, und ich sah das Weiße im Auge des Haies, wenn ich denn meine Brille aufgehabt hätte. So sah ich nur zwei kleine Exemplare, höchstens 50 Zentimeter lang, die ebenfalls unter uns in zirka sechs Metern Tiefe vorbeischwammen und sich keinen Deut um uns scherten.

Gestern Abend war nach dem Essen Spieleabend angesagt, und wir beiden Alten saßen mit lauter jungen Pärchen zusammen. Einheimische machten Musik, und es wurde viel palavert und noch mehr gelacht.

Another day in paradise:
Wir sind wieder unterwegs zum Schnorcheln draußen am Riff. Und da tauchen sie auf: Delfine! Sie umkreisen ständig unser kleines Boot, teils so dicht, dass man sie beinahe anfassen kann.

Alle sind hin und futsch. Doch als die Ersten von uns ins Wasser springen verschwinden sie und man kann ihre Finnen nur noch von weitem sehen.

Am Riff diesmal keine Haie, dafür aber Muränen, die ihre scharfen Zähne fletschen und auf unseren kleinen Zeh warten und dazwischen *Little Nemo* und seine Brüder, die sich zuhauf in den Korallen tummeln.

Zum Abschluss des Tages war wieder viel Hallo oder besser Bula und Spiele mit zwanzig Paaren aus acht Nationen angesagt und wir mussten das Nationalgetränk Kava probieren. Es wird aus einer Wurzel hergestellt und hat zwar keinen Alkoholgehalt dafür aber irgendeine Droge. Doch die wirke erst nach etwa zwanzig Kavas, wurde uns versichert. Die meisten von uns schüttelten sich, einige spuckten sogar und die Fidschis lachten sich kringelig.

Am letzten Abend spielte die Band für uns am Tisch beim Abendessen *Guantanamera*, denn wir hatten vorher einmal danach getanzt und das gesamte Personal hat dagestanden und gestaunt. Das hatten sie noch nie gesehen. Auch die anderen Gäste staunten, und danach kannte uns jeder in der Anlage. Die Kellner riefen schon von weitem: »Bula, Ulli! Bula Iso!« Männer immer zuerst, die tragen ja auch Röcke und Blumen im Haar, und zum Abschied kamen etliche mit zum Boot.

Wir waren sehr gerührt, als sie dann alle vom Strand und von der Anlage aus zum Abschied winkten.

Jetzt sind wir wieder im *Radisson* in Port Denarau, aber diesmal in einem ganz normalen Zimmer. Morgen geht es ganz weit raus zur Blue Lagoon auf *Nacula Island*, eine der äußersten der *Yasawa-Inseln*. Und heute ist Heiligabend. Den verbrachten wir mit Karen und Roy im Restaurant im Hafen von Port Denarau. Wir hatten sie auf Matamanoa kennengelernt und uns verabredet. Mit dabei waren ihre Tochter Sarah und deren Verlobter Ben. Eine Band spielte Oldies und überall standen Gruppen von Weihnachtsfrauen in roten Hot Pants mit weißem Kunstpelzbesatz herum und sangen Weihnachtslieder. Es war ein sehr netter Abend, nicht nur wegen der Hot Pants, sondern alle vier an unserem Tisch waren sehr, sehr kommunikativ.

Erster Weihnachtstag: fünf Stunden Schifffahrt durch die Trauminselwelt. Überall legten Boote längsseits an und Passagiere kletterten von und an Bord. Wir fahren auf einem größeren Schiff für zirka 80 Passagiere. Die Sonne scheint und wir genießen die Südsee, stehen im warmen Wind an der Bugreeling, und Iso nennt sich Kate Winslet und ich bin der Leonardo aus Capri. Nur das Schiff geht nicht unter. Es heißt ja auch nicht Titanic und Eisberge zählen hier in der Südsee eher zu den seltenen Naturphänomenen, dafür gibt es reichlich Sandbänke (!) und Korallenriffe.

In der Blue Lagoon bei 35 Grad kamen wir gerade rechtzeitig zum Weihnachtsessen: Ein tolles Buffet am Strand, mit roten Blumen und grünen Blättern weihnachtlich dekoriert. Dann erschien Santa Claus auf dem

Meer in einem Motorboot stehend. Alle Kinder rannten an den Strand und bekamen kleine Geschenke aus einem Sack, der bei der Landung beinahe ins Wasser gefallen wäre. Die Eltern knipsten sich die Zeigefinger wund.

Unsere Bure ist recht spartanisch eingerichtet, es gibt nicht einmal einen Tisch oder Stühle, obwohl reichlich Platz ist. Unser Badezimmer ist im Freien unter einem Vordach. Auch der Duschplatz ist nach oben offen, aber rundum durch hohe Mauern vor Einsicht geschützt. Das ebenfalls offene Restaurant und die Bar sind direkt am weißen Sandstrand mit Blick auf die Südsee in traumhaften Blau- und Grüntönen.

Das Riff mit tausend bunten Fischen reicht direkt bis an den Strand. Ideal zum Schnorcheln bei Flut; bei Ebbe würde man sich den Wanst aufschrammen.
Fünf weitere schweißtreibende Südseetage zum Relaxen und Genießen! Wir sind wirklich zu bedauern, dass wir das alles ertragen müssen!

Vicente (weiblich!) und Phillipe reisen heute ab, und sie hat mächtig Angst vor Seekrankheit, denn das Wasser ist recht unruhig. Aber die Sonne ist wieder dabei. Vicente ist Französin, 58 Jahre alt und arbeitet auf Wallis Island. Das liegt etwa zwischen Fidschi und Samoa und gehört zu Französisch-Polynesien. Auch sie haben wir auf Matamanoa Island kennengelernt, wo sie mit ihrem Sohn Nicola einige Tage verbrachte. Doch Nicola bekam Heimweh nach seiner Geliebten auf *La Réunion*, wo er zu Hause ist und wollte nicht mit zur Blue Lagoon. Also rief sie ihren Freund Phillipe an. Der ist Pilot und kam flugs zur Blauen Lagune. Wir haben mit beiden den gestrigen Abend und den heutigen Morgen verbracht. Sie spricht ein bisschen Deutsch und Englisch, er spricht Französisch und sehr gut Englisch (klar, als Pilot), also hörte man ein Palavergemisch aus Deutsch, Französisch und Englisch.

Gestern Abend gab es dann als Vorspeise *Pawpaw mit french stick,* und Vicente hat sich schlapp gelacht. Pawpaw ist eine Suppe aus Papaja und der french stick war ein Miniatur-Gummi-Baguette, das schlaff über dem Suppenteller lag. Vicente konnte sich gar nicht wieder einkriegen über den *french stick;* so etwas hatte sie vorher noch nie gesehen, geschweige denn davon gehört. Und gegessen hat sie ihn auch nicht. Als Baguette war er ihr zu pappig.

Die letzten zwei Tage waren wieder so richtig heiß gewesen, mit viel Sonne und wahnsinnig hoher Luftfeuchtigkeit. Das schlug sogar den Fidschis aufs Hirn, denn das Personal vergaß so ziemlich alles, was man von ihm wollte. Dafür war der Abschied mit Gesang wieder so richtig was fürs Herz.

Zurück in Auckland und allen ein Frohes Neues Jahr!
Wir waren die Ersten, die das Neue Jahr auf diesem Globus begrüßten, denn Neuseeland liegt unmittelbar hinter der Datumsgrenze. Wir hatten es aber fast verschlafen, da wir um halb fünf Uhr morgens aufstehen mussten. Doch um Mitternacht war so viel Lärm auf

der Straße, dass wir wach geworden waren und aus unserem Hotelfenster geguckt hatten. Überm Hafen erstrahlte ein Feuerwerk und überall liefen junge Leute schwer angeschlagen durch die Straßen und grölten. Privates Feuerwerk gibt es hier nicht. Auch heute Morgen, als wir mit dem Taxi zum Flughafen fuhren, belebten die Straßen angetrunkene Youngster.

Während ich hier im Jahre 2012 um sieben Uhr morgens in die Tasten haue, ist zu Hause immer noch das alte Jahr und man trifft sich vielleicht gerade zum Silvesteressen.

Nach siebeneinhalb Wochen sind wir zurück in Hongkong. Der Schock: Vom dünn besiedelten Neuseeland und noch dünneren Fidschi ins überbevölkerte Hongkong. Die Chinesen müssen sich während unserer Abwesenheit weiterhin kräftig vermehrt haben.

Unser Zimmer in unserem eher kleineren Hotel – es umfasste lediglich 32 (!) Stockwerke – war recht eng, für chinesische Verhältnisse offenbar aber ein Salon. Wir wollten gleich mal die 29. bis 32. Etage erkunden. Dort befanden sich Panorama-Lounge, Schwimmbad und Fitnesscenter.

Der Blick von unserem Zimmer auf Hongkong Island geht über den Victoria-Park mit echten Bäumen hinüber über das Wasser nach Kowloon, dem Zentrum.

Und im Victoria-Park dann das Allerverrückteste: Um zehn Uhr morgens sah man zwei Langnasen mit lauter Chinesinnen, im Alter von 30 bis 70 Jahren, Cha-Cha-Cha tanzen!

Das kam so: Wir machten uns auf, Hongkong Island zu erkunden und spazierten erst einmal durch den Victoria Park gegenüber. Überall joggende, thai chi, kao lung und jington diddeldi peu gymnastizierende Chinesen! Aus einer Ecke dringt Musik. Hier steht eine Gruppe von zehn Frauen, die nach Musik Bewegungen machen, die schon sehr an Cha-Cha-Cha erinnern.

Wir sehen uns das eine Zeitlang an. Dann geht Iso zu der Dame, die offenbar das Sagen hat, und fragt, ob das Cha-Cha-Cha sei, was sie da machen, und ob wir mitmachen dürften.

»Ja, gern«, erwidert sie, aber sie könnten das noch nicht so richtig.

Wir fragen sie, ob sie einmal sehen wollten, wie Cha-Cha-Cha in Europa getanzt würde? Und das wollen sie natürlich. Sie sind begeistert und alle wollen sofort alles gezeigt bekommen. Also sieht man morgens um zehn Iso und Ulli und zehn Chinesinnen im Park von Hongkong Cha-Cha-Cha tanzen. Das war schon sehr skurril! Uns passieren aber auch immer die unmöglichsten Sachen! Und morgen haben wir ein Date mit zehn Chinesinnen.

Am Nachmittag erlebten wir Tausende von jungen Chinesinnen im Kaufrausch. In der Kaufhausmeile ist etwa nur jede Fünfzigste älter als 30.

Iso, obwohl schon ein bisschen über 30, wurde angesteckt und erstand ein Paar Schuhe (na klar!) und eine Fake-Tasche, die aussah wie ein Einkaufsbeutel. Aber sie fand sie toll, vor allem aber den Preis. Ich hatte sie darauf hingewiesen, dass bei uns im Supermarkt der Plastikbeutel nur zehn Cent kostete, aber dafür hatte sie überhaupt kein Verständnis.

Am selben Abend aßen wir spottbillig im Viertel beim einzigen Chinesen, dessen Speisekarte englische Untertitel zierten. Wir waren auch die einzigen Touristen hier, und ebenfalls die Einzigen über dreißig.

Der nächste Tag: Rendezvous mit neun Chinesinnen, eine war nicht gekommen. Und dann merkte ich, dass, bis auf eine, nämlich die jüngste, keine der Damen auch nur ein Wort Englisch sprach.

Sie hatten gestern alle immer gestrahlt wie Honigkuchenpferde, ständig ›hai, hai‹ gesagt, obwohl im Victoria Park definitiv kein Hai anzutreffen war, und einfach alle Schritte nachgemacht. Und ich hatte mir einen abgebrochen mit meinem Englisch für Tanzschritte!
Dann sind wir mit der Fähre nach Macau übergesetzt. Die war eine Turbo-Jet-Fähre, die mit einem Affenzahn in einer Stunde über das Südchinesische Meer nach Macau düste und innen eher einem Flugzeug glich, als einem Schiff.

Also kam erst gar nicht ein *Ferry-To-Hongkong-Feeling* auf, nach dem gleichnamigen Film mit Curd Jürgens, Orson Welles und Sylvia Syms.

Macau war nicht so mein Ding: Skurrile Spielbank-Hotelpaläste, in denen die Chinesen ihrer exzessiven Spielsucht frönen können. Aber das lag daran, dass ich mich nicht so recht fühlte.

Der Pilot des Flugzeugs von Sydney nach Hongkong hatte nämlich seine Maschine mit einem Eisschrank verwechselt. Ich fror wie ein Schneider. Wieso frieren Schneider eigentlich?

Ich packte mich dann später, leider zu spät, wie eine Schildkröte in Wolldecken ein, aber zum Essen und Trinken musste ich meine Vorderfüße und meinen Kopf aus dem Wollpanzer herausstrecken.

Also hatte ich mir eine Erkältung eingefangen. Und Halsschmerzen und Macau passen nicht gut zusammen.

Letzter Tag und letzte Möglichkeit, ein Bad in der Menge zu nehmen.

Wir kommen nun doch noch zum *Fähre-nach-Honkong-Feeling*. Wir nehmen erst die doppelstöckige Straßenbahn, ein absolutes Highlight, und dann die Fähre von Hongkong Island nach Kowloon. Dort schlägt Iso noch einmal zu: noch eine Handtasche, noch ein paar Schuhe und alles spottbillig. Iso ist happy und *ich habe Rücken* vom vielen Herumstehen. Die sind hier noch nicht so weit wie die Aussies und Kiwis, die in den Schuh-, Handtaschen- und Damenbekleidungsge-schäften *Männerabstellplätze* eingerichtet haben.

Nun sitzen wir in der Qantas-Lounge, es ist sieben Uhr morgens, zu Hause also zwölf Uhr nachts, und ich schreibe die letzten E-Mails. Unser Flug geht um acht, und wir hoffen, dass nichts Ungewöhnliches mehr passiert.

360

Nachwort (2019) – Da waren's nur noch drei

Wenn ich zurückblicke, möchte ich eine Sache besonders hervorheben, und ich bin dankbar dafür, denn ich empfinde es als etwas sehr Kostbares: Das sind *Die Fünf Freunde*: Axel, Mecki, Piet, Robert und Kämmi. Wir haben uns in der Schule kennengelernt – Robert schon vorher – und sind bis ins hohe Alter befreundet geblieben und haben uns immer wieder getroffen. Wir sind alle in Niendorf oder dem Nachbarstadtteil Schnelsen geblieben, einmal abgesehen von Axels vorübergehendem Aufenthalt in den Vereinigten Staaten. Solch lang andauernde Freundschaften sind selten und ich empfinde es als ein großes Glück. Auch wenn dieses Glück inzwischen getrübt ist, aber in unserem Alter bleibt das eben nicht aus, denn der Tod gehört zum Leben dazu. Axel ist vor vier Jahren und Mecki vor fast drei Jahren gestorben. Übrig geblieben sind wir drei, Piet, Robert und ich. Wir sehen uns immer noch regelmäßig, obwohl Piet und Maren vor zwei Jahren nach Hitzacker gezogen sind. Aber sie sind alle paar Wochen in Hamburg. Sie haben hier noch eine kleine Wohnung in Piets Elternhaus.

Ebenfalls nicht mehr am Leben sind meine beiden älteren Schwestern Ursel und Elke sowie deren Ehemänner. Alle sind vor wenigen Jahren gestorben.

Nahegegangen ist mir auch der viel zu frühe Tod meines Neffen Andreas, dem einzigen Sohn meiner Schwester Ursel. Er hat seine Mutter nur kurz überlebt.

Aber so ist das Leben. Es bereitet Höhen und Tiefen,

die man

durchlebt, durchliebt und durchlitten hat,

damit man gegen Ende seiner Tage weiß,

dass einem das Leben

QUER DURCHS HERZ

geflossen ist.

Weitere Bücher von Ulli Kammigan:

SELENA ODER ALIENS SIND AUCH NUR MENSCHEN
ISBN 978-3-74120-809-6, Taschenbuch 296 S. € 10,99
Erster Band einer SF-Trilogie, der die Unfähigkeit der Menschen mit
allem Fremden umzugehen, aufzeigt.

SELEN II ODER AUCH WIR SIND ALIENS! FAST ÜBERALL!
ISBN 978-3-74311-834-8 Taschenbuch 292 S. € 11,00
Zweiter Band. Die Suche nach fremden Zivilisationen, die aber gar
nicht so fremd sind.

SELENA UND DIE IRDISCHEN AUßERIRDISCHEN
ISBN 978-3-74120-809-6 Taschenbuch 296 S. € 10,99
Dritter Band. Der Kampf gegen sowohl fremdbestimmte als auch
selbstgemachte Unterdrückung.

DAS MÄDCHEN, DER KOMET UND DIE CHAOTISCH INFERNA-
LISCHE AGENTUR.
ISBN 978-3-74489-043-4 Taschenbuch 305 S. € 11,00
Ein SF-Thriller über die mörderischen Machenschaften eines auslän-
dischen Geheimdienstes.

AUS DER GRIECHISCHEN MYTHOLOGIE
ISBN 978-3-73924-467-9 Hardcover, 102 Seiten,€ 16,00
Die Sagen des klassischen Altertums auf respektlose und eigenwillige
Art nacherzählt.

FRAUEN SIND NICHT VON DIESER WELT ODER MIT EINEM
ALIEN IM SCHUHGESCHÄFT UND ANDERE SATIRISCHE
GESCHICHTEN.
ISBN 978-3-75040-830-2 Hardcover, 176 Seiten, € 18,00

Satirische Kurzgeschichten aus Alltag, vom Lesen und Schreiben,
aus der Physik und pointierte Mini-Geschichten (Drabbles).